高校信息素质教育丛书

医药信息检索与利用教程

周金元　主编

江苏大学出版社

图书在版编目(CIP)数据

医药信息检索与利用教程/周金元主编. —镇江:江苏大学出版社,2008.1
(高校信息素质教育丛书/刘红光主编)
ISBN 978-7-81130-005-5

Ⅰ. 医… Ⅱ. 周… Ⅲ. 医药学—情报检索—高等学校—教材 Ⅳ. G252.7

中国版本图书馆 CIP 数据核字(2008)第 014272 号

医药信息检索与利用教程

主　　编/周金元
责任编辑/徐红星　陈丹娥
出版发行/江苏大学出版社
地　　址/江苏省镇江市梦溪园巷 30 号(邮编:212003)
电　　话/0511-84446662
排　　版/镇江文苑制版印刷有限责任公司
印　　刷/丹阳市兴华印刷厂
经　　销/江苏省新华书店
开　　本/787mm×960mm　1/16
印　　张/20
字　　数/358 千字
版　　次/2008 年 1 月第 1 版　2008 年 1 月第 1 次印刷
书　　号/ISBN 978-7-81130-005-5
定　　价/28.00 元

总序

Preface

我们已经站在以知识和信息的生产、分配和使用为标志的知识经济时代的门槛之上。处在这样一个知识信息快速增长、快速演化的新环境，要想顺应潮流，抓住机遇，赢得挑战，实现发展，一个重要的前提和基础就是具有良好的信息素质。因此，大力开展信息素质教育，应当引起全社会的关注。高等学校作为高素质人才的培养基地，理所当然应成为信息素质教育的主导力量。高校图书馆是大学的文献信息中心，具有得天独厚的文献信息资源优势和信息人才优势，在高校信息素质教育中责无旁贷地将成为举足轻重的主要承担者。

高校信息素质教育是一项科学性很强的工作，有自身内在的特点和规律。同时，信息素质教育开展时间不算太长，有许多问题需要我们进行认真研究和积极探索。加强教材建设，编写出与时俱进，符合实际需要的、全新的、高质量的信息素质教育读本，是一件十分有意义的事，也是广大信息素质教育工作者的热切呼唤。值得欣喜的是，在这种期待之中，《高校信息素质教育丛书》令人耳目一新地陆续与读者见面。幸蒙编者厚爱，萦绕在心头的一点感受得以借该丛书付梓之际一吐为快，权且作序。

实践告诉我们，要使信息素质教育达到预期的效果，教育者必须具有一定的教育智慧和前瞻性的先进教育理念，并且能够巧妙运用科学的教育方法和教育艺术，正确把握和调控信息素质教育的方向、时机和节奏。《高校信息素质教育丛书》的编者深谙此理，不是简单地、就事论事地看待信息素质教育，而是从系统论出发，将大学生入馆教育、信息检索与利用课程等不同教育阶段和教育方式纳入信息素质教育系统工程，着力构建由浅入深、互为衔接的教育体系，并创制与不同教育阶段、不同学科方向的受教育者相对应的系列教材，适应了受教育者的个性化学习需求。本书编者长期从事高校图书馆工作，具有一定的管理、服务和教学工作经验，对大学生信息素质教育工作关注和研究已久，从本丛书可清晰地看出其定位准确，匠心独运之处。我觉得本书的编者做了一件开创性的工作。

衷心祝愿本丛书在推进高校信息素质教育的过程中发挥应有的功能作用。

2007年8月

前言 Foreword

进入21世纪,科技飞速发展,信息、知识呈爆炸性增长,信息技术和手段也日新月异,网络和电子资源蓬勃发展,全球信息化趋势日益加快。信息化浪潮一方面为我们带来了丰富的信息资源,另一方面也为信息检索与利用带来了新的挑战。

医药信息检索与利用是一门实践性很强的课程,内容更新快,其目的是全方位、多途径培养医药专业的大学生及相关科研人员的信息素质,即增强信息意识,强化信息检索技能,提高信息分析和实际应用能力。

作为《高校信息素质教育丛书》的一部分,本书在内容安排上充分考虑用户需求,以数字资源检索为主,吐故纳新。与国内同类医药学信息检索教材相比,本书具有以下特点:第一,全面性。本书以信息素质教育为核心,以信息利用为主线,全面介绍信息素质的基本内涵、信息检索的基础知识、各种常用的数据库、信息分析与情报调研等内容。第二,系统性。全书内容丰富,安排紧凑,力求全面反映网络环境下医药学信息资源检索与利用的新特点与新变化。第三,重点突出。本书适应了数字资源发展的形势,在概要介绍文摘型数据库的基础上,重点介绍了医药学中外文全文数据库。第四,直观性。所有数据库的介绍都是围绕“概述—进入检索界面—检索方法”展开，配以相应的检索实例，使用户一目了然。第五，注重自主学习和研究性学习的结合。在培养信息意识和提高信息能力的同时，注意创新性思维的培养，强调医学信息资源的分析与利用。

全书共12章，是集体创作的成果，由周金元担任主编，参加编写的还有潘颖、王秀红、刘骥、杨国立、纪彦萍、朱安青、柳翔等同志。全书的修改统稿工作由周金元和纪彦萍完成。

本书的编写借鉴了许多专家、同行的研究成果和教材内容，得到了江苏大学相关领导及图书馆、教务处的大力支持和帮助，杨晓琴老师进行了相应的资料整理工作，南京大学信息管理系教授、博士生导师郑建明先生在百忙中欣然为本丛书作序，在此一并深表谢忱！江苏大学出版社的同志为此书出版付出了艰辛的劳动，在此向他们表示衷心的感谢！

在本书的编写过程中，虽然我们参阅了许多专著和期刊论文，但囿于时间和编著者水平所限，书中肯定有许多不足之处，敬请读者谅解和惠正。

编　者

2007年12月

目录

Contents

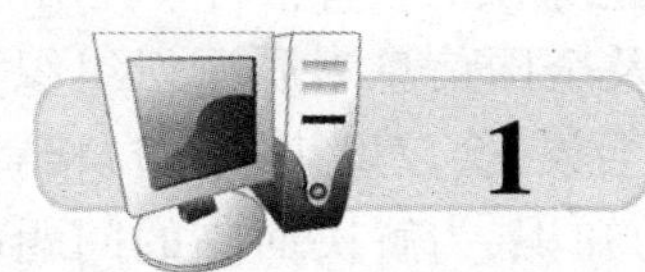

1 信息素质概述

信息素质是伴随信息产业的形成而出现的一个名词术语。信息产业的形成和发展,大大改变了国家的产业基础结构。信息产业在成为一种增值产业的同时,要求国民具备与信息产业相适应的信息素质,以推进社会信息化进程和信息产业的进一步发展。为了迎接由信息产业的形成和发展所导致的社会物质生产结构的变革以及对教育提出的挑战,西方发达国家在20世纪70年代初就开始着手信息素质教育的研究。进入20世纪80年代,信息素质的含义不断深化,涉及领域更加广泛。20世纪90年代,人们对信息素质的认识更是扩展到人的整体素质这一层面。

目前,有关信息素质及相关术语在国际上还没有统一的定义和评价标准。本章介绍近几年国内外比较认同的有关信息素质及相关术语的定义。

1.1 信息素质的含义及构成

1.1.1 信息素质(Information Literacy)

美国威斯康星州教育传媒协会对信息素质的定义是:"解决信息问题的技能"。这是该协会在1993年的一份关于信息素质的形势报告中提出的,并被美国信息素质国家论坛采纳。

Shapiro, Jerew J 和 Sheley, K. Hughes 对信息素质的定义是:"从知道怎样使用计算机查找信息,到对信息本身的性质、技术基础,它的社会的、文化的甚至哲学的起因和影响进行批判性思维而引申出来的一种新的丰富的艺术。"这个定义是他们在1996年3—4月份的《教育能力评论》上发表的论文中提出的。

美国学院和学校协会南部分会的学院委员会对信息素质的定义是:"具有确定、评价和利用信息的能力,成为独立的终身学习的人。"这一定义是该学院委员会在1996年12月认定的标准定义。

纽约州立大学图书馆馆长理事会对信息素质的定义是:"能清楚地意识到何时

需要信息,并能确定、评价、有效利用信息以及利用各种形式交流信息的能力。"这一定义是1997年9月30日该理事会在一份有关信息素质的教育报告中提出的。

2003年,在美国图书馆和信息科学委员会及全国信息素质论坛组织下,由联合国教科文组织资助召开了国际信息素质专家会议,会议发表了布拉格宣言。宣言认为:"信息素质包括对信息重要性和需要的知识,为解决面临的问题确定、查寻、评价、组织和有效生产、使用与交流信息的能力,这是有效进入信息社会的前提条件,是终身学习的基本人权的组成部分。"

1.1.2 信息能力(Information Competence)

美国加利福尼亚州立大学的学习资源和教育技术委员会信息能力研究组对信息能力的定义是:"以各种形式发现、评价、利用和交流信息的能力。"此定义是该信息能力研究小组在1995年12月向委员会提交的一份"加利福尼亚大学信息能力"的报告中提出的。在该报告中,对信息能力的另一个定义是:"信息能力是图书馆素质、计算机素质、传媒素质、技术素质、伦理学、批判性思维和交流技能的融合和综合。"

1.1.3 传媒素质(Media Literacy)

加拿大安大略省教育部对传媒素质提出的定义是:"以各种形式破译、分析、评价密码信息并进行交流的能力。"这一定义是该教育部在1989年的"关于传媒素质认识趋势"的报告中提出的。

1.1.4 计算机素质(Computer Literacy)

美国北肯塔基大学的学术计算局对计算机素质的定义是:"已获得知识和经验的大学生及教师在其学科领域内必须具有熟练地和有效地利用计算机的能力。"这是该学术计算局在其编制的《学术计算机策略和程序手册》中提出的。《韦氏新大学词典》第二版对计算机素质所下的定义是:"利用计算机及其软件完成实际工作任务的能力。"美国南佛罗里达大学在其编写的《教育技术》一书中对计算机素质的定义是:"微机应用规律的利用能力,如文字处理等。"

1.1.5 视觉素质(Visual Literacy)

加利福尼亚西南部波姆那市教育局在其联机视觉计划中指出:"视觉素质是

通过基本视觉要素理解映像的含义和构成的能力。"

1.1.6 终身学习(Lifelong Learning)

Candy 等人在 1994 年发表的《通过大学教育培养终身学习者》一文中指出:"终身学习就是学习者自己有意识地计划、自我管理,并为与其有效实习相一致的审慎而做的有意识的努力,即审慎地学习。"

1.1.7 利用资源自学(Resource-Based Learning)

加拿大安大略省金斯敦王室大学的斯托弗图书馆在其编制的《什么是利用资源学习?》手册中指出:"利用资源自学就是通过开发各种资源并用其训练,使学科和信息素质达到目标的一种学习方式。"

1.2 信息素质的特点

1.2.1 信息素质的层次性

信息素质包括了意识与情感、道德伦理、知识、能力等方面,它是一个非常广泛的概念,实际上包含了对于所有用户利用信息技术的基本要求,即信息素质是对信息时代所有人的要求。那么,是不是所有人都需要同样的信息素质呢?尽管在信息时代,人们与信息技术的关系十分密切,但是其密切程度也有所不同,因此信息素质可以根据密切程度来划分。信息素质可分为公民信息素质、应用者信息素质、开发设计者信息素质、个人信息素质 4 个层次,它们反映了不同层次的人们利用信息技术的不同程度。只有了解不同用户群的信息素质要求,才能适当地培育以及合理评估人们的信息素质。

1. 公民信息素质

在信息社会,任何人在日常生活与工作中必然要接触各种各样的信息技术。在阅读报纸、观看电视、收听广播以及与朋友和同事交谈时,都会涉及信息技术这个话题。人们如果不了解信息技术,就可能有许多不便,仿佛游离于社会之外,因此必然要对信息社会中所有公民的信息素质有一个基本的要求,我们称之为公民信息素质。这是对于所有公民的最低信息素质的基本要求,也是基础教育的基本要求。

公民信息素质的内容同样包括了信息意识(敢不敢与想到没想到)、信息道德伦理修养(对不对)、最基本的信息知识(知不知)以及最基本的信息技术能力(会不会)等许多方面。对于什么是最基本的信息技术能力,人们的看法不尽相同,一般认为信息技术系统的操作能力(主要指具体的安装、启动、运行以及退出信息系统的工作等)是最基本的能力,还包括一些软件的操作能力以及基本的信息资源利用能力。这些组成了基本的公民信息素质,但人们的认识也是各有侧重的。有些人认为信息理解能力、信息选择能力、信息收集能力、信息处理能力、信息生成能力、信息表达能力属于较高要求的公民信息素质。当然,随着信息技术与时代的发展,公民信息素质的具体内涵也会有所发展。

无论其内涵怎样,公民信息素质是信息社会中所有公民应该具有的基本素质,也是基础教育阶段学生素质培育的重要部分。如果没有在基础教育阶段普及公民信息素质教育,就可能需要在学生毕业以后进行第二次信息知识与信息能力的扫盲,即人们所说的功能性扫盲。在从工业社会向信息社会发展的过渡阶段,进行功能性扫盲是不可避免的一种社会现象,但对于将要进入信息社会的学生,应该力图避免他们重蹈覆辙。

2. 应用者信息素质

在信息社会,各种信息技术的应用人员更需要培育公民信息素质。他们利用信息技术查阅所需要的科技资料,撰写各种报告、论文等,因此,他们对信息技术有着比公民信息素质更高的要求,即信息技术系统应用人员所需要的信息素质——应用者信息素质。

信息技术系统应用人员所需要的信息素质,是在公民信息素质的基础上建立起来的。尽管在范围上同样包括了信息意识、信息道德伦理修养、最基本的信息知识以及最基本的信息技术能力各个方面,但是对应用者信息素质的要求更高。例如,他们要了解计算机等信息系统的特点与局限性,一般的工作原理与所需要的工作环境,计算机病毒及其防治办法等。

至于应用者信息素质的信息技术能力就更加复杂。一般说来,应用者信息素质在这个方面是因人而异的,它通常包括通用工具软件的应用能力,而对于专业软件系统的使用,应用人员应该十分熟练,并且了解该软件各种特殊信息所具有的意义以及对用户的各项具体要求(如各个菜单选项的含义、如何进行输入、所输出的信息代表的意义)。另外,应用者信息素质更加强调在利用信息技术系统中的信息理解能力、信息选择能力、信息收集能力、信息处理能力、信息生成能力和信息表达能力等较高要求的技能。

对于一般信息技术应用人员，各人的信息知识与信息能力的侧重点可能并不相同。例如，有的人对于声音媒体信息的采集与编辑工具软件的使用非常熟悉，能够创造出十分美妙的音乐素材；有的人对字符编码记忆特别好，一分钟可输入一两百个汉字；有的人比较熟悉各种网络浏览工具的使用，并且了解各个网站上的信息特色，可以较快地查找到所需要的信息。一般说来，他们对于某一类工具软件比较熟悉，能够充分发挥工具的功能，制作开发出各种各样的信息产品。

3. 开发设计者信息素质

对于一部分信息技术系统开发设计人员来说，其所需要的信息素质则应比一般信息技术的应用人员要更高一些，我们把它称为开发设计者信息素质。

信息技术系统开发设计人员把信息技术系统的开发设计作为他们的职业或者个人的爱好，因此他们通常具有十分强烈的信息意识，而且也相当注意信息产业的知识产权问题与安全问题。应该注意的是，开发设计人员只有具有高度的信息技术道德伦理修养，才能使他们的信息产品有益于人类社会的发展。此外，他们需要更多的信息技术知识，了解信息技术系统的工作原理，甚至各个部分的细节，从而可以更好地发挥信息技术系统的潜力，提高系统的工作效益。

信息技术系统开发设计人员对信息能力的要求更高，在信息理解能力、信息选择能力、信息批判能力、信息收集能力、信息处理能力、信息生成能力、信息表达能力中，更加注重他们的信息处理能力。作为信息技术系统开发设计人员，应该具有比较强的程序设计能力与系统设计能力，通俗地说，强调的是“能不能”的问题。

信息技术系统开发设计人员的信息能力通常各不相同，有的可能非常熟悉某一种程序设计语言的使用，有的可能非常熟悉某些数据库管理系统的应用，有的可能十分熟悉硬件系统的工作。此外，在信息技术系统开发设计人员的信息能力方面，对不同层次有着不同要求。低层次的开发人员一般是指可以在他人指导下进行局部系统的设计开发的工作者；中级层次的开发人员是能够独立完成指定开发任务，并且能够指导初级开发人员的那些工作者；高层次的开发人员则是那些能够进行原理性研究，且能领导大规模的工作团队开发出高水平的信息系统的工作者。

4. 个人信息素质的发展

尽管我们讨论了信息素质的层次性特点，但是对于具体的某一个人来说，其所处的层次会随着自身的认识与能力的发展而变化。每个人在开始时都是信息技术的生手，对信息技术的认识十分肤浅，而且信息素质的伦理道德认识只是停留在理论上，信息意识的敏感度不高。这时，自觉加强培育公民信息素质就是他们的第一步工作。

在具备了公民信息素质以后，一部分人可能会由于工作而多接触信息技术，也可能由于一些业余爱好，需要经常利用信息技术解决自己的问题，使用一些工具进行工作。使用以后，一部分人觉得相当麻烦，可能会放弃，他们便停留在公民信息素质的层次；另一部分人由于自己的钻研和其他人的帮助而入了门，提高了应用能力，遇到问题马上就想到使用信息技术，信息意识已经相当强烈。通过使用信息技术，他们对信息素质的伦理道德等方面的认识也有所提高，而且对涉及的信息技术知识的了解也不断深入。这样他们已经发展到了应用者信息素质的阶段。

这些人中间，有一部分人特别是年轻人，他们爱好信息技术，不满足于应用制作好的软件工具，决心以信息产业为自己的工作领域，因此努力工作与钻研，成为信息系统的开发者。他们的信息素质可以说已经发展到了开发设计者信息素质的阶段。

之所以这样分析信息素质组成的层次性，主要是要指出：在进行信息技术教育时，首先必须考虑其教育目标是培养哪一类对象，究竟是信息社会的一般公民、信息技术应用人员，还是信息技术开发人员。这样才能拟定教育计划，确定教学内容。

1994 年，国际信息处理学会第三技术委员会（IFIP - TC3）在联合国教科文组织的支持下，制定了《中学信息学课程》。其中指出，在政府内部、商业或更广泛的社会中使用信息技术，有以下三个不同的阶段：

自动化阶段——基础结构正处在发展状态中，现有管理制度的改革以及信息学解决的办法等纯属科技人员自己的职责；

信息化阶段——其特点是计算工具的使用趋向于让更多的个人所接受，在自动化系统的设计中，使用者有很强的影响力；

通信化阶段——最先进的阶段就是计算机联网，其特点是用户之间互相合作，而信息学是最基础的部分。

1.2.2 信息素质的普及性

信息素质的另一个特点是强调普及，即它是公民应有的一种广泛的基本素质。具体地说，包括以下一些特点。

1. 普遍存在

首先，信息素质是信息社会文明人应该具备的一种基本素质。在信息社会中，人们的工作与日常生活离不了信息技术，会经常接触各种各样的信息系统，遇到问

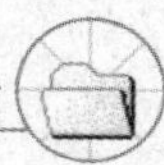

题时常常利用信息技术去寻求答案与获取帮助。在工作岗位上，领导可能吩咐你去查找一份资料，或是发一份电子邮件；某些同事可能与你讨论哪一个软件的使用更加方便且功能强大；等等。这说明，信息技术的发展与信息系统的使用方法是信息社会中的一个常见话题。一个不了解信息技术发展情况的人，可能会影响自身与周围其他人的交往，这样不利于他们的生活与工作。

2. 无绝对权威

在讨论读、写、算所表达的文化素养时，一般说来，教师的文化素养比学生高，读、写、算能力也比较强一些，年龄大的文化素养比年龄小的要高。但是，信息素质没有年龄、职务等区分，没有绝对权威。有许多年轻人学历可能比较低，但是他们的信息素质远远超过了年龄比他们大许多的成年人；在许多学校中，学生的信息能力超过了教师。这是由于信息素质的广泛普及决定的。正是因为信息技术无处不在，人们可能不经过学校教育就接触信息技术，培育信息素质，而且他们可以自我学习，发展到较高的层次。信息领域与信息产业是如此广阔，即使是专家，当某种新的软件、新的信息技术方法、新的信息学观念出现，也仍需要进一步学习钻研；而一个年轻人如果肯钻研，在一个领域中深入探索，就可能取得独特的成就，成为这方面的专家。回顾信息技术领域，许多人都是由名不见经传的小人物迅即发展成为一方霸主的。苹果公司、微软公司、网景公司（Netscape）都是这样发展起来的。可以预见，同样的现象还会不断出现。

1.2.3 信息素质的操作性

尽管信息素质包括了意识情感、道德伦理、知识能力等多方面，它本身主要还是体现在信息技术系统的操作上面。这主要表现为以下几点：

1. 信息素质集中表现在操作能力上

所有的信息素质最终必然表现在人们能不能自由地操作信息系统上。一个人如果遇到机器有一点小毛病就手足无措，那只能说他的公民信息素质较低；相反，如果一个人能够方便地查找到各种有用的信息并且加以利用，可以说这个人具有一定的信息素质。这就是说，在评估个人信息素质时，能力方面的素养权值比其他方面的素养权值更高一些。同时，在判断不同层次的人们的信息素质时，信息能力在综合判断中所占的权值是逐渐提高的。对于公民信息素质来说，信息能力方面的要求是基本的，综合判断中可能比较强调信息意识情感，也要求有一定的信息知识与正确的伦理道德观念与行动；对于应用人员来说，尽管信息意识情感、知识、伦理道德等方面的要求提高了许多，但是对于信息能力方面的要求更高。因此，在进

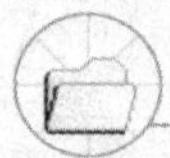

行综合判断一个应用人员的信息素质时,信息能力的权值已经占有比较大的比例;而在评估信息技术的开发人员的信息素质时,信息能力方面的素养甚至可能是综合判断中的最主要部分。

2. 信息素质的表现具体落实在使用与操作上

信息素质要看具体的行动。这就是说,信息素质高低的表现具体落实在一个人对于信息技术的使用与操作上。例如,信息意识情感方面的操作性也十分强,公众关心的不是这个人怎么说,而是他实际上想不想、敢不敢使用信息技术,对于信息技术的使用是否热心与积极。也可以说,人们要看他自己每一天使用信息系统多少次,使用信息技术做什么,有什么成果。如果一个人作报告时,大谈信息技术对于自己工作的重要性,但从来不是自己去查找信息,而是一切让其他人去做,那就很难说他有很强的信息意识。同样,人们在评价一个人的信息伦理道德时,也十分注意他的所作所为,而不是他的言论。对于信息技术知识方面的素养更是这样。人们在判断一个人的信息技术知识的高低时依据的是他能够知道多少,能不能够帮助解决问题。因此,只能空泛地谈论信息技术的人并不被看做是有信息知识的人。

3. 信息素质的培育必须通过大量的操作

信息能力必须通过操作信息系统才能提高。就信息技术知识来说,也只有通过具体地操作信息系统,才可以从具体上升到抽象,从实践上升到理论,才能使人们有比较深刻的认识与理解。至于伦理道德,也只有让人们去利用信息技术才能发现与解决问题。因此,信息素质的培育必须要具备提供学习者操作信息系统的条件,不提倡无机操作。

1.2.4 信息素质的发展性

信息素质的另外一个特点是不断发展性。也就是说,信息素质是不断发展的。当人们具有初步的信息素质以后,必然会不断地提高与发展。

1. 信息技术发展的必然结果

一方面,信息技术是有着广泛应用的科学技术。各行各业都在利用信息技术,因此也对信息技术的发展提出了各种各样的要求,吸引了多方面的人力、物力的投入,同时也吸引越来越多的科技人员从事信息技术的开发与应用研究,促进了信息技术的不断发展。另一方面,信息技术是现代科学技术的集成技术,本身是一种高度知识化的技术,也就是说,它具有类似于滚雪球的效应,知识越多,发明越多,发展就越快,因此,信息技术的发展日新月异。

2. 信息素质发展的必然趋势

其实,信息素质本身也具有滚雪球效应。刚刚接触信息系统的使用者如果能够在开始时多尝试,遵循那些规则,进行最简单的应用,就已经具有了基本的信息意识与情感,而且有了最基本的信息系统操作能力。在了解一些工具的使用以后,他们的愿望可能会发生分流,有的人愿意在因特网上浏览,有的人愿意使用光盘进行电子阅览,有的人希望使用信息技术为自己建立家庭记事簿,有的人希望利用信息技术开展自己的营销活动等,因此他们可能去寻找适用的软件工具使用。具有一定的软件工具的应用能力后,他们的信息意识与情感更加强烈,然后,在使用过程中,他们会自主开发一些信息资源,这时他们对于信息技术已经具有相当广泛而细致的了解,具有一定的开发能力。

信息社会中利用信息技术的人数众多,信息技术的发烧友将会不断增加,能够使用信息技术进行工作的人也会越来越多,而其中有许多就是通过基础教育中的信息技术教育(计算机教育)培养的。

1.3 信息意识

"信息意识"一词源于"情报意识"。我国对情报意识定义的研究始于 1983 年卢太宏的《社会的情报意识和社会的情报能力》一文,文中指出:"社会情报意识是情报与情报事业在人们头脑中反映的总和,它对应着社会的情报需求,属于意识形态范畴,是社会科学意识中的一部分。"然而,20 多年过去了,对于"情报意识究竟指的是什么"这个基础理论问题,我国图书情报学界众说纷纭,并无定论。而且,1992 年国家教委改"情报"为"信息"的举措又加剧了这种概念上的模糊性,人们对"情报意识"的说法开始向"信息意识"演变。这些现实状况导致了"信息意识"与"情报意识"在我国图书情报学界并存。

1.3.1 "信息意识"与"情报意识"

材料、能源、信息是组成社会物质生产活动和精神生产活动的三大重要资源。在以往的社会里,人们只把材料和能源作为最重要的战略资源,而在信息社会里,人们能否意识到信息的作用、价值和开发信息资源的战略意义,能否有效地组织信息资源开发活动,能否充分地利用各种信息资源,将从根本上制约各项事业的发展,信息将成为促进经济发展的最重要的战略资源。然而情报并不等于信息,情报

包含于信息之内。信息涉及人类所有的活动,无论是情报的信息,还是其他的信息,都可以以不同的形式出现,如文字、语音、视频等;也都可以采用不同的方式来传递,如报纸、邮政、电话、广播、电视、计算机网络等,最终都能使用户接收、了解并加以利用。因此,在信息社会里,信息是整个社会生活的灵魂,如果只讲"情报意识"而不讲"信息意识",那就缩小了其范围。从这个意义上来说,"信息意识"与"情报意识"理应规范为"信息意识"。

另外,从用户教育这个角度来看,也应采用"信息意识"。以往对用户开展情报意识的教育总是效果平平,其中一个比较重要的原因是:用户大都为非图书情报界人士,他们对"情报"这个概念的认识局限于间谍活动中的情报,这种认识的后果是难以理解和接受"情报意识"一词。但如果我们使用"信息意识"而不是"情报意识",这种状况就有可能发生变化,用户会认识到21世纪是信息社会的时代,信息社会中最重要的就是信息,那么具有信息意识也就是理所应当、自然而然的了。这样,用户很容易接受"信息意识"这个概念,也就会自觉地培养、提高自己的信息意识,这有利于信息教育工作的顺利进行。

因此,从发展的观点来看,我们的最终目的是促进社会全体成员信息意识的普遍提高。将"情报意识"规范为"信息意识",并不是否定情报意识。

1.3.2 信息意识的定义

由于人们对信息意识理解的角度不同,国内外的专家学者对信息意识下的定义也有所不同。大致分为以下三种。

第一,从哲学角度来谈,以卢太宏为首倡者,强调"意识反映论",认为信息意识是"社会意识的一种特殊形式,是意识术语在情报科学领域中的具体运用","是人们在社会意识中反映的总和,是人们对情报的认识过程和反映能力","是人们在社会意识中不可缺少的一部分,是人们对于作为外部世界的情报关系和作为外部事物之一的情报与情报之间的关系的理解,是人们认识世界和改造世界中开发和利用情报的观念和自觉能力","是人脑对客观存在的新信息的自觉反映","是信息主体对信息的认识过程,也是其对外界信息环境变化的一种能动的反映"。

第二,从生理学角度来谈,强调信息意识是高级神经系统高度发展的表现,"是情报心理的升华,包括被动的接受状态和自觉的活跃的状态两种形式","包含脑生理机制对人体各感受器官的信息刺激作用,从而产生神经冲动又会在人脑中转化为心理活动的对象和内容","用户针对自身的需要,把知识激活为情报,进而消化吸收它的思维过程","有目的、有方向、有预见性地指导自己行动的思维过程”。

第三,从心理学角度来谈,强调反映的自觉性和有意识性,“是人们捕捉、判断和利用情报的自觉程度”,“指人们对情报信息所具有的特有的自觉和反映”,“是对信息的敏感性,尤其是对信息反映出的客观变化规律的敏感性”。

通过综合分析众多学者对情报意识、信息意识定义的阐释,可以得出这样的结论:信息意识是一个具有多种含义的概念,不能只是简单地从某一方面来解释,而应从不同层次、不同角度来把握。我们认为,信息意识至少应具有以下几种含义:

(1) 是信息在人脑中的集中反映,即社会的人在信息活动中产生的认识、观点和理论的总和。这一点是就其作为社会意识形态的一种而言的。马克思主义哲学认为,意识是物质世界长期发展的产物,是客观世界在人脑中的反映,意识包括认识的感性阶段和理性阶段。信息意识属于意识的一种,自然应具有意识的本质属性,也就是说,在对信息意识下定义时理应牢牢把握住它的哲学含义。在信息社会里,信息充斥于社会生活的各个方面,人们的各项社会活动都离不开信息,信息活动融于各项社会活动之中。信息意识产生于人们的社会实践,是社会发展和信息产业兴起的必然产物。

(2) 是人们捕捉、判断、整理、利用信息的意识,即人脑作为高级神经系统在生理上对知识转化为信息具有兴奋性,同时,人脑有特有的兴奋点去促进信息的转化及利用。从生理学角度来看,意识是人脑的机能,是人所特有的对客观现实的反映,那么,信息意识就是人所特有的通过脑生理机制对信息的反映,这与人们的观察力、注意力、联想能力、分析能力等有一定关系。通过观察,捕捉到可能成为有效信息的“源信息”,再经过人脑的判断、分析、整理,从纷繁芜杂的“源信息”中提取出有效信息并加以利用。

(3) 是对信息与信息价值所特有的敏锐的感知力、感悟力和较强的亲和力,也就是对信息所特有的自觉反映。信息意识是一种心理上的潜意识,这是因为,信息过多会降低人们对信息的敏感度,这就要求个体的自身调节意识。另外,人们对信息的心理需求越强,意识就越明确,自觉性、能动性就越大。实际上,信息意识的强弱经常表现为人们捕捉、判断、整理、利用信息的自觉程度的高低。

(4) 是对现代技术的快速的认知力,也就是说,有意识地关注信息技术的最新发展并主动地加以利用。需要指出的是,社会发展的各个时代都有反映该时代的基础设施。在信息社会,信息技术的迅速发展,尤其是计算机和通信技术的发展及其结合形成了信息基础设施。目前,信息技术的广泛应用正在改变人们的生活、学习、工作方式,今后,人们获取信息将在很大程度上依赖信息技术。因此,在定义信

息意识时,应对信息技术加以强调。

基于上述考虑,我们将信息意识定义为:信息意识是信息在人脑中的集中反映,即社会成员在信息活动中产生的认识、观点和理论的总和,是人们凭借对信息与信息价值所特有的敏感性和亲和力,主动利用现代信息技术捕捉、判断、整理、利用信息的意识。

1.4 信息能力

1.4.1 信息能力的定义

信息能力并不单纯指信息的获取、处理能力,而是指一种综合性的能力,涉及获取信息、处理信息、完善信息等一系列的能力。不同国家、不同民族、不同社会、不同行业、不同年龄的人的信息能力存在一定的区别。但可以看到,只有信息能力强的国家,才能富强昌盛;只有信息能力强的民族,才能兴旺发达;只有信息能力强的社会,才能不断进步;只有信息能力强的行业,才能稳固发展,推陈出新,呈现繁荣之势;只有信息能力强的人,才显得充满朝气和活力……

1.4.2 信息能力的构成

1. 事业心、责任心,即品性

如果人没有事业心或责任心,就不会积极地获取信息、处理信息、运用信息,也不会利用信息去解决问题、进行创新,根本就谈不上信息能力。反之,一个有事业心、责任心的人,为了干好工作、不断进步,就会勇于面对问题和困难,积极主动地获取相关信息,并有选择、有技巧地运用起来,为了保持其优势,还会不断积累知识和信息,进行创新活动,充分运用信息能力并使之提高。这时再谈信息能力才是有意义的。

2. 大脑的思辨能力,即通过对事物的观察、分析、判断等能够较全面地抓住信息的能力

主要包括观察能力、辨证思维能力、反应能力、分析能力、判断能力。目光敏锐、观察细致,不但能够注意到细节,而且能注意整体形势,看问题既细致又全面;不但能够看到表层问题,而且能够究其根本性问题,由表及里,把问题、形势看得通通透透。从多个角度思考问题,找出矛盾关键所在。敏锐于信息的出现,分析其产

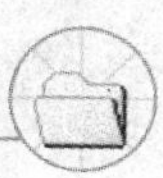

生的原因、时机，预测其带来的结果和影响，判断其真伪、价值如何，并立即作出反应：是吸收、运用，还是舍弃；若要想吸收、运用信息，又要思考对信息如何处理等问题。

3. 信息获取、处理的工具

最初，人们是通过感官来获取信息，如看到、听到、闻到、通过身体接触到事物而从中获取信息。这些都是最基本的方式。随着科技的发展，出现了人的感官的延伸物，如计算机、传输工具、处理工具、存贮工具等繁多的工具和手段。现在，人们可以通过多种工具和方法获取、处理信息。而信息获取工具、处理工具是否完善，以及人们对这些工具的运用能力等，都会直接影响信息质量及效用。

4. 信息的种类和内容

这涉及到信息是否齐全，其范围是否宽广，内容是否深刻，基本要点、核心内容是否已经包含在内，内容是否突出、全面。而信息的种类和内容、质量，又与获取、处理信息的能力、手段有关。如果信息获取手段先进、处理能力强，那么信息的种类就会多，内容广泛全面，信息的失真、被歪曲的可能性变小。

5. 信息环境的优化

信息环境涉及有关文化、制度、政策、心理意识等方面的因素。文化反映人的生存状态和精神风貌，对信息环境有直接影响，而一些制度和政策对信息环境也有影响。不良的心理意识，如闭塞、从众心理、贪图安逸、盲目忍耐等心理，严重地阻碍信息竞争，不利于信息环境的发展；而积极向上、勇于创新、不断探索等健康心理，则会促进信息竞争，有利于信息的流通和运用以及信息质量的提高。信息环境的优化对促进信息环境本身的发展、信息处理、决策等都很重要。

以上5方面因素共同构成信息能力，而且它们相互作用、密不可分。品行德性是信息能力的基石。人的大脑思辨能力直接影响信息能力。信息的获取工具、信息的种类和内容都关系到信息活动的进行，是信息能力的要素。而信息环境的优化是信息能力得以培养和发挥的外在环境和重要的构成要素。

1.5 信息道德

伴随着信息技术所带来的物质生活的巨大改变，与信息道德相关的问题层出不穷。任何社会的健康发展都不能脱离道德观念、道德情感、道德意志、道德信念、道德理想的自律，网络信息社会更是如此。

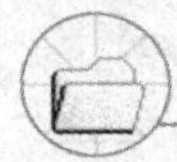

1.5.1 信息道德的定义和基本内涵

1. 信息道德的定义

信息道德是指整个信息活动中的道德，是调节信息生产者、信息服务者、信息使用者之间相互关系的行为规范的总和，它是信息社会中基本的伦理道德之一。其基本内容包括：信息交流与传递目标应与社会整体目标协调一致，承担相应的社会责任和义务，尊重知识产权，尊重个人隐私，遵循信息法规和抵制各种各样的违法、淫秽、迷信、反动信息等。

现在，人们在信息活动中的不道德行为比较普遍，信息道德失范现象较为严重，主要表现在：出于好奇和冲动心理，寻找色情、暴力信息；沉迷于网络空间，嗜网如命；抄袭论文，侵犯别人的知识产权；在网上发表一些不负责任的言论或传播谣言；上传粗俗、非法、淫秽或侵犯他人隐私的图片、文字和资料；甚至利用信息网络从事高科技犯罪活动；等等。

2. 信息道德的基本内涵

信息道德意识是信息道德的第一层次，包括与信息相关的道德观念、道德情感、道德意志、道德理想等。它是信息道德行为的深层心理动因。信息道德意识集中地体现在信息道德原则、规范和范畴之中。信息道德关系是信息道德的第二个层次，包括个人与个人的关系、个人与组织的关系、组织与组织的关系。这种关系建立在一定的权利和义务的基础之上，并以一定的信息道德规范形式表现出来。如联机网络条件下的资源共享，网络成员既有共享网上信息资源的权利，也要承担相应的义务，遵循网络的管理规则。成员之间的关系是通过大家认同的信息道德规范和准则维系的。信息道德关系是一种特殊的社会关系，是被经济关系和其他社会关系所决定、派生出的人与人之间的信息关系。信息道德活动是信息道德的第三层次，包括信息道德行为、信息道德评价、信息道德教育和信息道德修养等。这是信息道德的一个十分活跃的层次。

信息道德行为即人们在信息交流中所采取的有意识的、经过选择的行动；根据一定的信息道德规范对人们的信息行为进行善恶判断即为信息道德评价；按一定的信息道德理想对人的品质和性格进行陶冶就是信息道德教育；信息道德修养则是人们对自己的信息意识和信息行为的自我解剖、自我改造。信息道德活动主要体现在信息道德实践中。

1.5.2 信息道德的失范及成因

1. 信息道德的失范

信息道德的失范主要表现在三个方面:

第一,网络社会的虚拟性弱化了人们的道德意识,导致人们道德情感冷漠,个人主义日趋严重。人是社会性的动物,人的生存发展离不开社会交往。人需要与他人进行情感的交流,得到他人与社会的尊重。但网络所构建的虚拟社会打破了现实社会中的交往模式,它扩大了人们的交往空间,使人们摆脱了社会地位上的差异,摆脱了民族地域等的限制。由于交往不再是面对面的直接交流,更多的是人与机器之间的对话,会促使人们忽略现实中的社会关系,久而久之则会使人们把虚拟作为现实,甚至忘记了自己的真实身份,最终会产生情绪低落、思维迟钝、孤僻冷漠等严重的心理问题。同时,由于网络让人们体会到了一种前所未有的自由感,使人们认为道德和法制是对自由的限制,要求取消道德、取消法制、无视政府,将个人视为道德行为标准的唯一判断者。

第二,现实中的道德规范无法解决网络虚拟社会中的问题。现实中,人们的交往具有直接性,人们的相貌、职业、地位等特性都可以充分地展现在交往对象面前,而借助于社会舆论的监督和人们的内心信念的推动来维持的道德规范很容易起到相应的制约作用。但在网络所构建的虚拟社会中,人们的真实身份被掩盖,道德主体变得模糊不清,直面的社会舆论抨击难以进行。当人们内心的个人主义意识超越了其内心的道德信念时,传统道德规范机制的运行则会遇到重重障碍。

第三,网络不道德行为蔓延。可以说,正是因为上述两方面失范现象的存在,才促使了大量不道德行为的产生。网络不道德行为,是指网络主体出自不正当动机而进行的不利或危害他人和社会的网络行为,如在网络上撒谎、谩骂和人身攻击、传播无聊的信息、发布虚假的电子邮件、网络赌博、侵犯个人隐私等。随着网络不道德行为对社会造成的危害程度不断加大,其有可能转变为网络犯罪行为。

2. 信息道德失范的成因

现实社会是一个由下往上机构逐渐减少而权力却逐级集中的金字塔式结构,每一个基层组织的运行都服从于更高一级的指挥和命令。总体的社会结构必须依赖于一个权力高度集中的中央机构。而网络社会采用的是分散结构,所有计算机都处于平行的地位,以各自为中心,这使得对人们网络行为的管理和控制变得异常艰难。网络虽然提升了人们的自主意识,但同时也增长了人们的个人主义意识,让人们无视他人的存在,不受任何约束。这同时也暴露了网络社会规范不健全的问题,即网络社会缺乏对行为主体进行约束的规范机制。由于现实中的社会规范无法对网络社会起到应有的约束作用,而网络社会的规范体系又未完全建立,因而造成了网络社会规范的脱节现象,即某些网络规范和现实社会中的各种规范、新的网络规范与旧的网络规范之间存在着分歧、差异甚至冲突,相互之间衔接错位。因此,由于内心道德信念的减弱和外在约束的不力,人们往往经不住外在利益的诱惑,而做出种种违反道德甚至法律的行为。

3. 信息道德建设的相应对策

(1) 明确信息道德建设的基本原则

网络赋予人们自由,也正因为这种自由才使得网络始终具有绵延不绝的生命力,而人类的生存同样离不开自由。当信息技术、网络不仅仅是工具,而成为人们的生存状态时,它所提供给人们行为的自由方式更成为人们生存所必不可少的东西。平等与自由是信息社会的人们应享有的最基本的权利,也是信息道德建设所依据的两条基本原则。但是自由是一个相对的概念,并不是毫无限制的自由。如果我们的自由妨碍了他人正常的工作和生活,就是不道德的行为。

所以,我们在享受自己权利的同时,不能忘记自己应尽的义务。这就是信息道德的第三个原则,即集体主义原则或互利原则。它体现了网络行为主体道德权利和义务的统一。社会的和谐需要大家的共同维持,每个社会成员都集权利与义务于一身。网络加强了社会一体化的趋势,把世界各国、各地区及社会各部门、各行业联成一个不可分割的整体。所以,集体主义是人类文明发展的必然。每个人都必须尊重集体的共同利益,明晓自己所享受的权利及自己应尽的义务,个人与集体互利互惠,做到"我为人人,人人为我",和谐发展。

(2) 加强对信息道德意识的培育

道德意识其实是人们内心一种善的观念,也即人们的良知。所以,对信息道德意识的培育,其实就是人们道德良知的培育。

一个人只有拥有了自觉的良知,有了明确的道德判断力,才会有道德的行为。但人们的道德判断力不是与生俱来的,它是在后天的社会教育中逐渐形成和发展的。这就需要我们加强对人们道德意识的培育,使他们形成良好的道德意识,并使这种意识在其内心牢牢扎下根基,形成最基本的道德判断力。

(3) 加强对信息道德规范的建设

网络社会与现实社会相比存在很大差异,传统的道德规范已不能完全适应网络信息社会的发展。因此,除了发扬有效的传统道德之外,还必须根据网络的特点制定一些适合网络社会的道德规范和规则。

美国伦理研究者 R. N. 巴格认为，对具有不同世界观的人来讲，同意相同的标准还是有可能的。他提出了三条基本原则：诸如诚实、公正和真实等这些一致同意原则；把这些原则运用到对不道德行为的禁止上；通过对违背规则行为的惩罚和（或）对遵守规则行为的鼓励来加强对不道德行为的禁止。这就是说，我们必须建立完善的社会赏罚机制。社会赏罚就是社会以种种现实利益作为对网民信息行为的奖惩，以利害为中介来促使网民选择社会所期待或接受的信息行为。它最为现实、有力地影响着网民的道德面貌和网络社会的道德状况。社会赏罚可以对不该发生的信息行为起到禁止、警戒和劝阻的作用，还可以鼓励和推动人们进行高尚的信息行为，感化人们的道德心灵，从而促使社会形成一种弃恶扬善的道德风气，塑造良好的社会道德氛围。

4. 注重对信息道德自觉行为的培养

道德对社会的调节根本上是以人们的道德自觉行为为基础的。尤其是在当今的网络信息社会，在信息法律这种他律性的制约显得孤立无援的情况下，道德自觉性显得极为重要。因为信息法律调节的是构成明确的法律关系的信息行为，而在网络信息社会中，行为主体的真实身份被网络的虚拟所掩盖，而法律由于无法确定行为主体，因而对于网络上的失范和越轨行为显得无能为力。况且网络犯罪智力性强、隐蔽性高，网络信息又浩如烟海，致使举证起来困难重重，法律显得苍白无力。而且，相对于层出不穷的新的信息行为，立法要经过长期的实践才能最终确定，因而表现出滞后性，造成目前的信息法律极不健全。所以，在当今社会，我们更加需要培育道德的自觉行为。

1.6 信息交流与信息素质

1.6.1 信息交流

信息交流就是个体之间借助于共同的符号系统所进行的信息传播、交换和分享。人类社会的信息交流活动大致经历了三个时期：口语时期、文字时期、电了时期。在每一时期，信息交流与人类社会的发展都具有极大的同步协调性。

信息交流过程涉及四个基本要素：信息高速通道（信道）、信息资源（信源）、信息处理与控制、信息服务对象（信宿）。

信息社会的最基本特征是信息交流的全球化。它改变了信息交流的时间、空间,改变了传统信息交流方式和信息流动的速度。越境信息流(Transborder Data Flow,简称 TDF)就是指点对点、点对面的跨越国家政治疆界的数字化电子数据传递。

1.6.2 信息交流模式

人类的信息交流是非常复杂的社会现象,要想深入了解这种复杂现象,就必须借助于交流模式。模式是对现实事物的内在机制及事物间关系的直观和简洁描述,它是再现现实的一种理论性的简化形式,可以向人们提供某一事物的整体形象和简明信息。

模式具有结构型(试图描述某事物的结构)和功能型(试图从能量、力量及其运动方向来描述事物整体及各部分之间的关系和相互影响)两种类型,属于功能型的模式较多。著名的信息交流模式有 6 种。

1. 拉斯韦尔模式

1948 年,美国政治学家拉斯韦尔(Harold D. Lasswell)在其论文《传播在社会中的结构与功能》中提出一个著名的命题,即描述传播行为的一个简便方法是回答五个问题:谁?说了什么?通过什么渠道?对谁?产生什么效果?该模式对于分析政治宣传十分有用,是引导人们研究信息交流过程的一种综合性方法。它的缺点是,作为一种单向流动的线性模式,过高地估计了传播效果,忽略了反馈作用。

2. 申农-韦弗模式

1949 年,美国贝尔电话实验室的申农和韦弗提出了一个通信系统模型。在该模型中,信源发出讯息,经过发射器把讯息变换成信号。信号在信道中传递的过程会受到噪音干扰,所以接收到的信号实际上是"信号 + 噪音"。经过接收器,把信号还原成讯息,传递给信宿。在该模式中,提出了一个新的因素"噪音",表示信息在传递过程中受到干扰的情形,但这仍然是一个单向的线性模式。1966 年,德福勒发展了这一模式,增加反馈的因素,适用于通信系统,也可以推广到其他信息系统。

3. 施拉姆模式

1955 年,著名的传播学家施拉姆在论文《传播如何得以有效进行》中提出 3 个信息交流模式。按照他的观点,交流双方都必须将想要表达的意义制成代码,传递给对方,同时须将对方传送来的信息译码作出解释以产生意义。通过信息的传递与反馈,个体之间形成了信息互动。该模式在信息交流中传送了一种相等的感觉。

事实上,信息交流经过一个完整的循环,并不会回到它原来的出发点。该模式适用于信息传播。

4. 米哈依洛夫模式

前苏联信息科学家米哈依洛夫认为,各种各样的科学交流可以归纳为两大基本形式:一是非正式过程,基本上由科技人员自己来完成,如口头交流、参观考察、技术展览等;二是正式过程,是以文献为基础完成的,如科学出版物、图书馆和档案事务等。非正式交流传播范围有限,缺乏有效的社会监督;正式交流传递速度慢,反馈不及时。米哈依洛夫模式主要应用于科学交流。

5. 兰开斯特模式

美国信息学家兰开斯特提出了一个"信息传递循环圈"来说明文献的正式交流过程,其中图书馆、信息中心和二次文献服务出版社对收集的信息进行编目、分类、标引及其他组织管理,并根据用户的需要,提供各种形式的信息服务。用户通过信息的分析将之应用于研究,这些研究产生出新的信息,使得信息交流的循环圈又继续下去。该模式比较完整地总结了目前文献信息的交流状况,强调信息用户既是信息产品的吸收者,又是信息产品的创造者。适用于信息传递的正式过程,但没有说明信息交流的非正式过程。

6. 维克利模式

英国信息学家布鲁克斯认为,信息是使人原有知识结构发生变化的那一小部分知识,并由此提出了著名的信息科学方程:

$$K(s) + \Delta I = K(s + \triangle s)$$

公式表明一个人原有的知识结构 $K(s)$,在受到某些信息增量 ΔI 的作用后,形成新的知识结构 $K(s + \triangle s)$。

信息学家维克利接受了布鲁克斯的观点,提出了"信息源(S)—通道(C)—接收者(R)"的基本交流模式,揭示了信息源与接收者之间的相互寻求关系,指明了传输通道和反馈的重要作用,并特别强调信息吸收的影响作用。后来,在广泛的信息环境中,维克利又探讨了人、文献、机器和自然界的信息交流关系,在这种模式中,人、文献、机器、自然界是相互作用着的四个信源兼信宿,形成广义的信息交流模式。

1.6.3 信息需要

信息需要,就是指人们在从事各项实践活动的过程中,为解决所遇到的问题而产生的对信息的需求。美国心理学家马斯洛将人的基本需要划分为生理需要、安全需要、社交需要、尊重需要、求知需要、求美需要和自我实现需要七个层次。当人们在行动中遇到某些问题时,就必须获得各种信息的支持才能使问题得到解决。

1. 信息需要的特征

(1) 广泛性:人类实践活动的广泛性决定了信息需要是普遍存在的心理现象。

(2) 社会性:信息需要的产生和发展是由社会环境和社会活动决定的。所以信息需求不仅仅是个体的特性,更是一种社会需要。

(3) 发展性:社会实践活动的发展,社会现象日趋复杂,刺激了信息需要的日益增长。

(4) 多样性:信息用户的知识结构、专业、地位、职责等的多样性决定了信息需要的千差万别,即使对于同一信息用户,在不同的时间、地点和环境条件下,由于具体任务的变化,其信息需要也会有很大的差别。

2. 信息需要的层次

现实生活中,人们随时都会产生信息需要,只不过有的人能够意识到,有的人没有意识到。这就是信息需要层次结构的反映。

(1) 未知的信息需要:有些现实问题过于复杂和隐蔽,或个人的认知能力有限甚至缺乏信息意识,因此没有意识到自己处于信息需要的状态,属客观信息需要。

(2) 潜在信息需要:有些人可能认识到了自己的信息需要,但却没有表达出来,致使信息需求无法用信息符号表达出来而处于“意会”的状态。人们认识到而未表达出来的信息需要称为潜在信息需要。

(3) 现实的信息需要:当人们意识到信息需要,并且明确表达出意愿,称之为现实信息需要。用户表达出来后,向信息服务机构提出具体的信息要求称为信息提问,用户自己动手寻找信息称为信息自问。

用户能够认识到信息需要的层次结构是十分重要的。在日常工作中,潜在信息需要和未知的信息需要是经常存在的。如果用户没有这种意识,就不会有足够的激发动力向信息机构作出信息提问或设法信息自问,那么工作中的问题就不会得到解决。在许多情况下,用户对存在的问题熟视无睹,根本没有想到如何去解决,就是没有意识到这两个层次的信息需要。

需要特别提出的是,信息需要和信息需要表达常常不是完全一致的。我们常常遇到这样的问题:当信息需要是“糖尿病足的护理”,但信息需要表达出的概念也许是“糖尿病人的足部护理”。信息表达往往不能充分或完全地表达信息需要的全部内涵。

3. 信息需要的内容

对信息本身的需要是用户信息需要的最终目标。人们在从事各种社会活动的

过程中，为了解决所遇到的问题，就需要了解情况，增长知识，及时做出有效的决策。由于信息本身的诸多属性，用户对信息的需求也涉及许多方面，如在内容上要求有助于特定问题的解决，在类型上要求各种类型的信息，在质量上要求准确、可靠、完整、全面的信息，在数量上要求适度、能够有效消化的信息，避免“信息过载”等等。

4. 各类信息用户的信息需要的特点

各类信息用户的信息需要在内容、质量、数量和类型上根据解决问题的属性均有所区别。同时，各类人员的信息需要特点也有所差异。如科研人员需要的是理论性强、原始的、完整的信息；管理决策人员需要内容广泛、具有战略性、全局性和预测性的涉及决策对象各方面的信息；工程技术人员的信息需要主要集中于某一专业方向，是具体的、经过验证的数据、技术信息，信息的类型往往是专利、标准、技术报告、工程图纸、产品样本等；医务人员注重解决临床难题的方法、数据等具体情报信息，如疾病诊断和治疗方法，特别注重信息的准确性与可靠性。

1.6.4 信息行为

信息行为是人们满足自己信息需要的社会活动的过程。用户的信息行为主要有信息检索行为、信息选择行为和信息利用行为。

1. 信息检索行为

信息检索行为，指的是用户自己查找、采集和寻求所需信息的活动。由于在实际查找过程中有许多查找信息的路线，用户在查询时就面临着查找路线的选择。通常，人们总是首先在自己的信息源中查找，比如个人藏书、本单位藏书和资料室、档案室等；然后转向非正式渠道，取得同行、朋友、同事的帮助；最后才考虑利用信息机构的信息服务。

在寻找信息源的过程中，信息查询者往往总是首先选用最便于接近的信息源，而对于这些信息源的质量与可靠性的考虑，则处于次要地位。此外，信息查询者比较注重信息源系统的易用性，这是接近性的延伸，两者相辅相成，决定着某个信息源系统能否得到利用。

2. 信息选择行为

信息选择行为指的是信息采集者从某一信息群中把符合自己需要的那一部分信息挑选出来的过程。信息选择的核心标准是相关性和适用性。

3. 信息利用行为

信息利用是用户寻求信息的根本目的。信息利用行为指的是用户利用信息解决其所面临问题的过程。

由于信息利用的过程就是问题解决的过程，所以关于信息利用的研究就集中在问题解决上。问题解决的过程一般包括：问题提出、问题空间确立、问题空间搜索、问题解释、问题解决。

(1) 问题提出

用户在有了信息需要并进一步在信息动机的驱使下产生信息行为时就已经提出了具体的"问题"。

所谓"问题"就是问题解决者(即用户)在面临一项任务而又没有直接的手段去完成时所产生的复杂的心理活动。

需要明确指出的是，信息利用行为中所说的问题提出，要求所提问题必须具有明确的目标，并受这一目标的导引。有些人冥思苦想，虽然也是一种复杂的心理活动，由于没有明确的目标，不能认为是"问题解决"中的"问题提出"。

(2) 问题空间确立

问题空间是问题解决者对一个问题所达到的全部认识。人们要解决问题，首先要理解这个问题，明确问题的初始状态，构想问题的目标状态，从记忆中提取相关信息，对问题进行解释和表征，构成问题空间。

问题空间不是自然生成的，它是问题解决者根据所掌握的信息自我主动构造的。所以，问题解决者的素质、修养和能力对问题空间的构建有很大的影响。不同的人，对于同一个问题可能构成不同的问题空间；而同一个人，对同一个问题所构建的问题空间在问题解决之前也会不断发生变化，甚至会由于情况的变化而重新构建新的问题空间。

这里最重要的问题是，用户如何构建一个适宜的问题空间。因为适宜的问题空间对解决问题有直接的影响。

(3) 问题空间搜索

问题空间搜索就是查询解决问题所需要的信息，以找到一条从问题的初始状态达到目标状态的通路。

在问题空间中，需要被解释的信息称作"被解信息"，而解释本身所含的信息称作"解含信息"。所谓"解释"，就是寻求被解信息与解含信息之间的关系。要获得圆满的解释，就要对问题空间中的被解信息和解含信息进行不断的搜索。

问题空间搜索的范围，一般首先是用户的大脑，然后是已有的社会信息流总库。搜索的结果，会获得新的被解信息，接下来就是运用新信息进行解释。

(4) 问题解释

问题解释是整个问题解决过程的核心环节。解释就是变本来不可理解为可以理解而进行思考和陈述的信息激活工作。认知心理学认为,思维主体在接收到新信息之后,就开始了对问题的解释。解释过程不是照相式、录音式的机械过程,而是一个对感知的信息加以理解、选择、组织,使之成为一个统一体的复杂过程。显然,人具有主动性和选择性,所以人的心理因素、文化背景、阅历经验、知识修养等素质、修养和能力都会对解释产生影响。

在解释中,由于获得的新信息的信息量大于信息管理者原有知识结构的信息量,或者是新信息导致原有知识向深层发展,或者是新信息与原有的预测相反,因而需要对新的被解信息进行激活加工,提出新的合理解释,由此形成新的知识结构。当然,这个过程不是一次就完成的,是在反复思考、不断获取反馈、不断修正信息行为的过程中实现的。

(5) 问题解决

问题得到圆满或相对圆满的解释就是最后的问题解决。问题的解决关键在于对问题作出有价值的解释。这就要求所获得的信息必须是相关、合适的。这种与问题直接相关的、适量的信息被称为合适的信息度。要达到完全的合适信息度是困难的,但尽可能地接近这个合适信息度、减少偏离度是可能的。

整个信息行为过程是"信息需要、信息检索、信息选择、信息利用(问题解决)"的过程。

1.6.5 信息动机

1. 信息动机的含义

信息动机是指激励和推进个体发动并维持其信息行为导向某一目标的心理过程。信息需要是信息行为发生的根本基础,而信息动机则是信息行为发生的根本动力。

2. 信息动机的形成

个体的内在条件(信息需要)和外在条件(环境刺激)的存在导致信息动机的形成。

个体的内在条件就是信息需要。每个人随时都有很多信息需要,只是这些信息需要在不同的时间、地点条件下,表现出不同的需要强度,它们中最强烈的那一个需要决定着个体的实际信息行为。信息需要一旦达到较强的程度,并被个体意识到之后,就会转化为信息动机。由此可见,信息动机是由一定的信息需要转化而来的。信息需要向信息动机的转化取决于信息需要的强度。如果信息需要的强度不大,就不会产生信息动机。

个体的外在条件，指的是个体所处的信息环境。信息环境是影响人类信息行为的所有因素的总和，具体包括信息资源、信息技术、信息系统、信息政策和信息法规以及各种自然的、社会的和经济的环境等。人的任何信息行为都发生在信息环境之中。如果个体有了某种信息需要，却缺乏满足该需要的信息环境，那么该信息需要还是不会转化为信息动机的。

3. 信息动机的转化

信息动机的转化，是指信息动机向信息行为的转化。信息动机形成后，具有两种功能：一是激励功能，信息动机可以激发个体产生某种信息行为，并对个体的实际信息行为起着推动和控制作用；二是指向功能，信息动机可以帮助个体朝着特定的方向、预期的目标进行信息行为。

即使是同一个个体，其信息动机也不会是单一的，在同时存在的各种各样的信息动机中，它们的强度在变动着，其中最具推动力的信息动机决定着个体信息行为的性质和方向。我们把这种最具推动力的信息动机称之为"主导性动机"。在实践中，当主导性动机受到阻碍时，动机的强度可能会发生变化。个体的个人素质因此受到考验。首先是产生对抗倾向，尝试克服这一障碍，如果尝试成功，信息动机的理念得到强化，信息行为就可以继续下去，并最终达到目标。这时，个体会有一种"成功的喜悦"。这种心理状态能够巩固个体的信息意识和兴趣。如果尝试不成功，信息动机的力量就会减弱，使个体暂时改变甚至放弃信息行为。此时，个体会有挫折感，影响其下一次信息行为。所以，信息动机向信息行为的转化，个体的素质、修养和能力起着很大的作用。

思 考 题

1. 何为信息素质？信息素质包含哪些内容？
2. 信息能力包含哪几个方面？
3. 信息道德的定义是什么？不道德信息行为有哪些？
4. 信息需要与信息动机的关系如何？

2 信息素质培育概述

当今世界,信息科学已成为自然科学、社会科学之后的又一大显学。与此相应,信息素质培育与人文教育、科学教育同等重要,共同构成信息社会"大教育"模式。随着知识经济时代对人才信息素质要求的提高,人们的信息素质培育越来越引起人们的关注与重视。科技人才承担着全面建设和谐社会的重任,培育他们的信息素质有利于提高他们的自学能力、研究能力和创新能力。

2.1 信息素质培育的必要性

2.1.1 从信息社会的需求看信息素质培育的必要性

1. 信息化社会的需要

信息化正逐步上升为推动世界经济和社会全面发展的关键因素,成为人类进步的新标志。一个国家的信息化程度,代表着其社会生产力的发展水平,也决定着这个国家生存与发展的实力和地位。而国家的信息化需要大批高素质的信息人才。国力的竞争就是高素质人才的竞争,要增强国力、与时俱进,必须具有完备的人才教育体系,培养出具有信息素质和创新意识的现代化人才。

2. 科学技术发展的需要

世界范围内的科学技术发展迅速。不断创新的科技成果让人目不暇接,这就需要人们不断学习新知识、新技术。所以,教育不仅是传授前人积累的知识,而且最重要的是教给学生学习、掌握知识的方法,培养他们准确、快捷获取、接收和组织所需信息的能力。掌握了学习知识的方法与途径,就意味着掌握了通向人类知识宝库的金钥匙。

3. 个人自我发展的需要

在信息社会,信息素质不仅是人们生存的基础,更是人们适应信息社会和在高

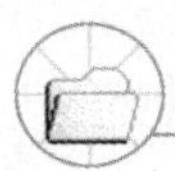

科技产业快速发展的背景下创业发展所必备的基本条件。信息素质作为终身学习的基础和促进因素,是所有学科学习都需要的。拥有较高的信息素质不仅能更好地掌握学习内容,拓展研究范围,而且还能使学习者对自己的学习进行自我指导和自我控制,也就是终身学习所强调的"自我导向学习"。因此,面对复杂而多变的社会信息环境,教育必须通过信息素质的培育,使学生成为具有终身学习能力的人。

2.1.2 从信息素质的现状看信息素质培育的紧迫性

目前,大部分高校开设了计算机应用基础课和文献检索课,专业人才的信息素质得到了很大提高。但目前专业人才的信息素质还处在一个较低的水平,具体表现在:

1. 信息意识淡薄

学生的信息源主要还是来自课堂,有的学生根本没有利用计算机网络获取信息的意识。山东工商学院图书馆 2005 年对大学生读者利用图书馆主页的调查发现,只有 12.7% 的同学经常浏览图书馆主页,有 40.8% 的同学偶尔浏览,有 35.3% 的同学基本上不浏览。这从一定程度上表明,高校学生的信息意识还比较淡薄。

2. 信息能力较低

目前,许多科技人员虽然对信息资源有一定的认识,但其获取和利用信息资源的能力还处于较低水平:一是获取信息的能力参差不齐;二是利用信息盲从无目的;三是对信息的需求存在应急心理。

3. 信息道德缺失

在对信息道德和信息法规内容的认识上,有相当多的科技人员仅认为"计算机犯罪"属违法问题,只有少数科技人员了解"对知识产权的侵犯"、"对个人隐私权的侵犯"和"网络上的人为恶习"等也属于违法或不道德范畴。再如,有的科技人员不清楚或不遵守信息行业的网络社交安全规则,以致网络欺诈等网络社交不安全的情况屡屡出现。一些科技人员甚至大搞恶作剧,擅自改变计算机设置等,严重影响正常的教学和实验工作。由此可见,随着信息时代的到来,努力提高科技人员的信息素质已迫在眉睫。

2.2 信息素质培育的可行性与途径

2.2.1 高校在大学生信息素质培育中的优势

1. 多元化的文献信息源

高校图书馆是学校学术信息资源的集散中心，收藏丰富的各类型文献信息，其文献信息资源的系统性和完整性是其他教育机构无法比拟的。在文献种类上，既包括专业性强、学术信息含量大的资源，也包括普及性强的资源。在文献载体上，既包括纸张载体，也包括非纸张载体（如电子文献、视听文献和多媒体资源）以及系统完整的专题数据库。在馆藏建设上，既包括实体馆藏（如传统意义上的图书馆藏书），也包括虚拟馆藏（如网络文献资源等）。这为高校开展信息素质教育提供了强有力的文献资源保证。

2. 现代化的高校图书馆设备

现代高校图书馆已经基本完成了由传统图书馆向现代图书馆的转变。借助于计算机和图书馆管理软件，图书馆实现了现代化管理。借助于网络和现代化通讯手段，图书馆已经打破了时间和空间的限制，使文献资源的查询更加迅速、快捷和准确。借助于各类文献资源整合平台，用户可以利用单独的计算机，将图书馆的文献资源“显示”在自己的桌面上。图书馆先进的网络设备、方便的管理软件和应用软件为图书馆开展信息素质教育提供了全面的保证。

3. 经验丰富的馆员队伍

在这个以信息为重要发展要素的知识经济时代，馆员的角色已经从传统的图书管理员转变为文献资源的挖掘者、编辑者，信息资源利用的导航者，新信息技术的尝试者和推广者，社会先进文化知识的管理者和应用者。在长期从事文献信息资源的管理、推广过程中，图书馆馆员积累了丰富经验，能够将自己利用计算机技术的经验、使用信息技术的技巧、查询文献资源的窍门传授给图书馆用户，为高校图书馆开展信息素质教育提供了师资保证。

4. 良好的环境条件

信息素质教育是对人的品质的养成教育，它是一个长期的潜移默化的教育过程，需要一个良好的信息环境来激发学生的求知欲和上进心。高校图书馆大都环境优美，建筑庄重典雅，宽敞明亮，清静整洁，书香四溢。丰富浩瀚的馆藏信息资源，文明有序的服务部门，条理分明的规章制度，热情礼貌的周到服务，自由宽松的阅读空间，良好浓厚的学习氛围，不但能使学生尽情畅游知识和信息的海洋，完善知识结构，而且使学生的气质、修养、情操受到美的熏陶和熔炼，同时也使学生的信息意识、信息能力、信息道德得到不断提高。

2.2.2　高校图书馆对大学生进行信息素质培育的有效途径

1. 优化馆藏体系

在文献信息资源建设上，应根据学校的发展目标和教学、科研的需要，制订文献信息资源建设方案，形成具有本校特色的馆藏体系。在文献采集中应兼顾纸质文献、电子文献和其他载体文献，兼顾文献载体和使用权的购买，保持重要文献和特色资源的完整性和连续性。开展特色数字资源建设和网络虚拟资源建设，整合实体资源与虚拟资源，形成网上统一的馆藏体系。对采集的文献信息资源应及时进行科学的加工、整理，并尽快发布，提供使用。应重视目录体系建设，使之成为全校的书目数据中心；建立完善的文献信息检索系统，满足用户多途径检索的需求。应科学合理地组织馆藏，为信息素质培育提供基本物质保障。

2. 改革文献检索课教学

首先，应当提高文献检索课的地位，把它作为对学生进行信息素质培育的重要手段，列入公共必修课，给予充分的学时保证。目前，大多数高校的文献检索课还是选修课，影响了课程的普及率。其次，要进行文献检索课内容的改革，增加信息素质培育内容，以适应信息时代发展的要求。再次，要将信息素质培育渗透到相关课程教学中。此外，应将文献检索课与学生的具体专业相结合，促使教学内容具体化。在具体教学中，要根据不同对象分阶段教学。对入校新生，重点进行图书馆认识和利用的教育，使他们掌握最基本的文献信息检索方法；对二、三年级的大学生，应重点进行所学专业检索工具的熟练应用，培养学生在专题调研方面的能力，使其掌握利用计算机查阅电子文献和获取网上信息的技能；对于高年级的学生，应强调其信息意识、信息道德和信息分析能力的综合培养。另外，还要注重利用图书馆的电子阅览室、多媒体阅览室、光盘检索系统和因特网等进行教育培养工作。

3. 抓好新生入馆教育

为帮助新生尽快了解、利用图书馆，要向全校新生进行“怎样利用图书馆”等教育，介绍图书馆的部室设置、馆藏分布、服务内容和图书馆规则等，还应当教会新生利用图书馆获取文献的基本能力，为今后的学习打好基础。可通过录像和授课结合进行，使学生在知道怎样利用图书馆的同时，对信息有一个基本的认识。

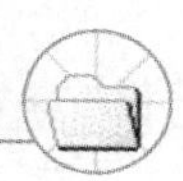

4. 定期举办各种讲座

高校图书馆为实施信息素质培育，满足大学生对信息知识的需求，每学期都应定期开办专题讲座。可根据不同年级的学生对象，开设不同内容的学术讲座，如针对大一新生开设“馆藏图书的排架与查找”、“常用社科工具书及其利用”、“信息资源的类型及获取方法”等讲座。

5. 建好图书馆网站

目前大部分高校图书馆都建立了自己的网站，校内任一上网的计算机用户都可以得到图书馆的信息服务。图书馆应根据本馆特点，增设一些切实可行的读者服务项目和内容，如馆藏书刊查询、读者借阅信息查询、图书续借、预约催还、新书通报、读者荐购、数据库检索、常用软件下载、学科导航等服务，满足网上用户的信息资源需求。应根据馆藏信息资源和读者需求，不断更新主页内容，使图书馆网站真正成为培育大学生信息素质的主要窗口。

2.3 信息素质培育的原则与要求

2.3.1 目标性原则

目标是一个组织根据其任务和目的，确定在未来一定时期内所要达到的效果。目标是协调人们行动的依据，明确的目标是采取有效行动的基础。培养大学生信息素质的目的是为了提高大学生的信息意识和信息能力。在此基础上，我们认为，大学生信息素质培养的目标应该是通过学习和教育使大学生具备适应信息化社会的信息意识、信息知识、信息能力和信息道德。

2.3.2 整体性原则

整体性原则强调系统内各个部分的协调，使系统形成具有一定结构的有机体，充分发挥整体功能，以达到整体目标。高校是一个有组织、特殊的有机整体，在对大学生进行信息素质培养时，要考虑把这些组成部分合理地组合，整体优化，围绕信息素质培养的整体目标，发挥各自的最大效能。坚持这一原则应做到以下三点。

第一，把信息素质培养对象的全体作为一个整体。信息素质教育是面向全体大学生的教育，它要使每个大学生在原有的基础上都得到全面的发展。目前，尽管有部分大学生信息意识较强，信息知识丰富，但就整体而言，信息素质水平还不高。

所以，应把信息素质培养对象的全体作为一个整体，各级组织、各个部门相互配合，互相合作，协调一致，充分发挥整体功能，积极努力探索，走出一条信息素质整体培养、全面提高的新路子。

第二，把信息素质培养内容作为一个有机的整体。信息素质的内容相当丰富，一般包括信息意识、信息知识、信息道德、信息能力四个部分，这四个部分不是孤立存在的，而是互相作用、互相促进、互相联系，共同构成一个有机整体。信息意识是前提，信息知识是基础，信息道德是要求，信息能力是手段。不具备信息意识或信息意识较差的人，缺乏对信息知识的敏感性，就不可能去努力学习信息知识，所拥有的信息知识必然贫乏；反之，信息意识较强的人善于捕捉信息，努力学习信息知识，其所掌握的信息知识也必然丰富。缺乏信息知识的人，在信息社会只能是个信息盲，信息能力也就失去了根基；反之，信息知识丰富的人，必然不断促进其信息能力的提高。信息能力较差的人，必然影响其对信息知识的获取；反之，具备较强信息能力的人，其获取信息知识的手段必然先进，其信息知识也就必然深厚。信息意识的增强，信息知识的学习，信息能力的提高，都是在信息道德的约束和规范下进行的。离开了信息道德的约束和规范，一切都无从谈起。因此，大学生信息素质培养应该树立整体培养的观念，强调整体培养意识。

第三，实施信息素质培养的主体在认识上取向一致，以形成整体培养教育的合力，使其协调发展，互相促进。由于实施信息素质培养教育的主体比较复杂，所具有的信息素质高低不同，所拥有的信息素质培养资源也不同。在这种条件下，如果在认识观念上达不成一致，甚至反差很大或存在相反认识，就很难在实施信息素质培养教育的过程中形成合力，甚至还会出现内耗，势必影响全体大学生信息素质的全面提高。另外，高校是社会的一部分，仍然受到社会大环境的影响和制约。因此，大学生信息素质培养需要各方面的重视和支持，需要全社会协调一致，需要全体信息素质培养者、教育者的共同努力，达成共识。

2.3.3 开放性原则

开放性是一个社会系统充满活力的基本条件。虽然科研学术信息有相对的独立性和保密性，但是，高校的信息知识教育和大学生信息素质培养也应当是开放的。邓小平曾经指出："现在的世界发展一日千里，每天都在变化，特别是科学技术，追都追不上。把自己封闭起来，连信息都不灵，只能越来越落后。"科学技术是人类共同创造的财富，任何一个民族、国家，都需要学习别的民族、国家的长处，学习人家的先进技术。因此，开放培养原则是大学生信息素质培养的一个原则。

大学生信息素质培养坚持开放性原则，是指高校管理教育人员或组织在实施信息素质培养教育的过程中，必须解放思想、更新观念，走开放式、兼容性育才之路，吸收整个世界和社会上最先进的科技文化成果，吸收先进的育才理念、手段和方法，以提高培养质量，培养出更多的、适应未来信息发展需要的高素质信息化人才。坚持开放培养教育的原则，是贯彻落实邓小平提出的"教育要面向现代化、面向世界、面向未来"的新时期高等教育根本指导方针的需要。随着信息技术的不断发展，各种信息交流更加快捷，社会的开放程度越来越大，培养教育的开放性、国际化已成为现代信息社会一个非常鲜明的时代特征。贯彻开放原则，要做到以下几点：

第一，树立开放培养的观念。开放培养，实质上就是博采天下培养教育之长，为我所用。搞好开放培养，面临很多问题，如空间问题、时间问题、领域问题、内容问题等，但首要的是要解放思想，牢固树立开放培养的观念。因此，我们一定要树立积极开放的观念，树立勇于革新、努力进取的观念；要充分利用社会和家庭的教育力量，形成培育合力的局面，加强相互之间的联系和协作，取长补短，共同发展。

第二，突出开放培养的内容。在开展信息素质培养教育的过程中，必须突出开放培养的内容。如果说解放思想，树立开放培养观念，主要是从思想上明确为什么要坚持开放培养的问题，那么，突出开放培养的内容，则是在实际操作层面上明确通过开放培养，提高大学生的信息能力的问题。一要突出信息意识教育，培养大学生强烈的信息意识；二要突出基本信息知识的教育，打牢大学生的信息能力根基；三要突出信息能力的培养，提高大学生整体信息素质，特别是提高部分人员、部门的信息能力水平。

第三，探索开放培养的方式。坚持开放培养原则，必须积极探索21世纪开放培养的方式。针对信息技术的通用性，高校应充分发挥人才和资源优势，采取"走出去学"、"请进来教"的方法，以联合办班的形式，定期为大学生开办信息本科班、研究生班、短期轮训班等，全面提高大学生的信息素质。

2.3.4 统一性与多样性相结合的原则

统一性与多样性是素质培养教育中长期存在的一对矛盾。统一性有两个方面的含义：一方面是高校领导机关针对高校建设和未来社会对人才质量标准颁布统一要求，以确保培养方针的贯彻落实；二是高校根据自身的性质、任务、特点进行人才培养目标的统一规划，以确保正确的培养方向。多样性也包含两个层次：一是由于各高校培养人才规格不同，构建不同的人才培养素质目标，以体现其人才培养

特色;二是根据各专业层次的不同和培养对象的差异,构建各具特色的素质教育目标体系,以突出其丰富多彩。

统一性与多样性的辩证统一,是高校开展信息素质培养应遵循的一条基本规律。各高校必须在统一的信息素质总目标指导下,构建起多种多样的信息素质培养分目标,以促进信息素质培养朝着正确的方向前进。

2.3.5 现实性与超前性相结合的原则

大学生信息素质培养既要立足于当前,又要面向未来的发展,它既具有现实性,又具有长期性,更具有超前性。在构建大学生信息素质培养目标时,应该建立在尊重客观现实的基础上,着眼于社会发展对人才素质要求的变化,着眼于未来科技的发展趋势,超前构建大学生的知识结构、能力结构、素质结构,超前研究人才素质发展的趋向,使大学生尽可能发展,超前发展。因此,大学生信息素质培养只有立足当前,着眼未来,致力发展,并找到它们之间的结合点,才能形成科学的素质目标体系。

2.3.6 信息素质培育的要求

大学生信息素质培育的要求包括以下几个方面:注重针对性,实现跨越式发展;注重长期性,适应人才培养规律;注重广泛性,打牢复合型人才的根基;注重超前性,适应未来信息化社会的需要;注重效用性,满足信息化建设的需要。

2.4 信息素质培育的分类

信息时代充斥着海量的信息和知识。快速、准确、全面地利用有用信息,剔除信息污染,从而创新发展是信息人员能力培养的重要组成部分。20 多年来,文献检索课为推动高校的信息素质教育,提升高校的教学科研水平作出了重要贡献。但在新时代下,特别是在网络环境下,传统文献检索课教材、教学内容、教学目标和教学方法已经不能适应新世纪对大学生信息素质培育的要求。因此,增加信息素质培育的内容就势在必行。

2.4.1 信息意识培育

信息主体意识、信息更新意识、信息传播意识、信息获取意识等是个体适应外

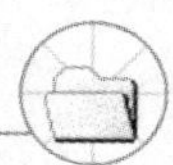

界信息环境、实现自我发展的基础,也是信息素质教育的重要组成部分。

信息主体意识培育是重点,倡导与培养人们在信息活动中的独立性、自主性,以培养他们作为信息主体的主人翁精神。信息获取意识是人们在意识到信息对自身有价值的情况下,主动去占有信息的一种能动反映。信息获取意识的教育就是要培养学生积极的、强烈的占有、获取对自身有价值的信息,从而用于自身的学习、生活、社会实践等方面。信息时代,信息稍纵即逝,信息与知识的更新周期非常快,加强信息更新意识的培养就是要使人们适应社会飞速变化发展的趋势,即时更新自身掌握的信息量与知识结构。信息传播意识的教育就是要让学生认识到,信息只有被传递、流动、传播才能具备价值,同时还应让他们认识到信息传播的方式、方法,尤其是在网络环境下的信息传播方式的改变,即可通过互联网传播信息与知识。由于信息的共享性,人们既可以享用别人的信息与知识更新,也可让自己占有的信息与知识和别人共享,从而扩大信息与知识的交流,促进社会文明的传播与发展。

总之,信息意识培育的目的在于培养与加强人们对信息的敏感程度,使其对信息的认识从感性上升到理性,使其潜在的信息需求得以呈现,并转化为能表达出来的信息需求,以至具体实施的信息行为。

2.4.2 信息观念培育

信息观念培育就是要使学生充分了解信息、信息资源、信息技术、信息产业、信息基础设施、信息服务业、信息化等基本概念,了解信息化的发展速度、趋势及影响,理解信息的社会功能及信息资源、信息技术对社会变革、社会经济、文化发展所起的巨大作用,树立"信息就是资源,信息就是财富"的观念。从而在学习、工作和生活中,能意识到自身信息需求的存在,充分有效地利用信息,真正树立正确的信息观念。

2.4.3 信息知识培育

其主要内容包括三个方面:一是信息基本知识、计算机常识、网络基本知识(如 Internct 等)的教育。二是信息资源管理机构及其服务,如国内外信息服务业的现状,我国重要的信息服务系统、机构(包括图书馆、情报所、专业信息中心、ISP 和 ICP 等)的发展概况及其收藏、开发的各种信息资源,所提供的各种信息服务项目、方式及特点等。三是信息资源的形式及存取特征,包括了解各种形态的信息载体(如印刷型、缩微型、光盘型、网络型等)及其信息存取的特征;各学科、各类型信

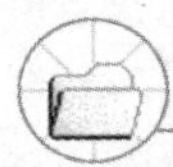

息资源的主要分布、传播方式、特点及其使用价值,如科研信息、经济、管理领域的各种信息资源类型和信息产品等。信息知识培育是信息素质教育的重要组成部分。

2.4.4 信息能力培育

信息能力培育是信息素质教育的实践体现。信息能力培育就是要培养、提高学生熟练应用、驾驭信息技术的能力,使他们在面对大量无序的信息时,能充分利用自己所掌握的信息知识、信息能力等迅速有效地判断、获取和利用信息。信息能力培育是信息素质培育的核心,它包括信息获取能力、信息加工处理能力、信息交流与信息组织能力、信息评价能力、创造新信息的能力和信息利用能力等的教育,尤其应重视网络环境下的信息组织能力和信息资源评价能力的培养。

1. 信息获取能力教育

信息获取能力教育又称信息检索教育,这是信息素质教育中最重要的部分,是构成学生信息能力的重要方面,也是我国目前实施信息素质教育中所采用的最普遍、最主要的教学形式——高校文献检索课的主要内容。有研究表明,大学生获取文献信息的途径单调,信息检索知识和技能的水平不高,独立操作信息检索系统的能力不足,因此需要在这些方面予以强化。在以数字化、网络化为特征的信息环境下,更应加强利用互联网来检索和获取所需信息的有关方法和技术,如了解网络信息资源与服务的范围、分布、类型、特点,各类型网络信息检索工具的检索性能、检索方法、发展趋势等。这也正是信息素质内涵中的“网络素质”(Network Literacy),是信息素质教育中不可或缺的部分。

2. 信息加工处理能力教育

这方面的主要内容包括:在众多文献信息中找到适应自身需求的能力;二次文献信息与三次文献信息的基本知识与编制;文献信息的组织与表达(如文献信息的分类、主题的标引等);信息的存贮;等等。

3. 信息交流的能力教育

这方面的主要内容包括:信息传播渠道的基本知识与技能,利用计算机与网络(主要是因特网)传播交流信息的能力,如发送 E-mail、电子公告栏 BBS、文件传输FTP、网络电话、网络会议、网上聊天、远程登录等。

4. 信息组织能力教育

这里主要指的是网络信息的组织能力,即在网络环境下,将网络中处于无序状态的特定信息,根据一定的原则和方法,使其成为有序状态的过程,其目的是将无

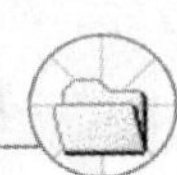

序的信息变为有序信息，方便人们利用信息和有效地传递信息。主要包括：一是网络信息搜集，然后将这些相关信息加以组织，供用户浏览和查询，主要形式有手工搜集、自动化搜集、半自动化搜集。二是信息筛选和信息过滤，是用户根据自己的需求选择服务项目与内容，通过筛选与过滤机制找到所需的信息资源。三是信息组织的方式，主要有自由文本方式（Freetext）、超文本方式（Hypertext）、主题树方式。四是采取数据库方式组织网络信息，即将所获得的信息按固定的记录格式存储组织，用户通过关键词及其组配找到所需信息线索，再通过信息线索连接到相应的网络信息资源。五是分类法方式，如利用网络分类系统组织网上信息。六是利用书目控制方式，如利用适应网络资源标识的 DC 元数据方式对网络信息进行组织。

5. 信息评价能力教育

在网络环境下，具备对信息的鉴别能力是相当重要的，即要掌握评价信息、选择信息的标准和方法，会使用有关的辅助性信息评价、鉴选工具。要通过网络信息资源的评价体系来选择网上信息资源，即应从网络信息资源的外部特征和内部特征（信息内容特征）来评价，主要指标有：信息的深度与广度，引用数据或事实的准确性，表达观点的客观性、创新性，网站、网页的稳定性等。

6. 创造新信息的能力教育

这是指在对掌握的信息作深层次加工处理的基础上，对信息进行去伪存真、去粗取精，从中择取自己所需的特定信息，进而产生新信息的能力。创造建立在对原有信息与知识的占有、分析、鉴别，即辩证的否定的基础之上，而创造新信息同样需要建立在对现存信息的分析、鉴别的基础之上。创造新信息的能力是一种综合的信息能力，是以上几种能力的综合体现。它主要包括面向信息的创新性思维的培养和以上几种能力的综合培养。

7. 信息利用能力教育

信息化社会要求人们具有较强的利用信息的能力，能依据掌握的信息技术和信息工具，迅速有效地获取、使用这些信息。对大学生来说，这种能力主要表现为平时的课程学习、专业研究、科研活动、学位论文写作等方面的信息应用能力。

2.4.5 信息道德培育

信息道德培育的目的是促进人们遵循一系列的信息伦理与道德准则，以规范自身的信息行为与活动。

1. 网络的负面影响与信息道德培育

随着信息技术的飞速发展,因特网在社会活动中得到广泛应用,并逐渐成为现代社会的重要信息基础设施之一,整个社会信息化与网络化的特征越来越明显。应该说,网络对社会的影响是巨大的,它促进了社会经济、文化和人们生活方式的变革。但它在极大促进人类文明进步的同时,又使社会遇到了前所未有的挑战。正如学者程焕文所说:"随着信息社会化和社会信息化的飞速发展,过去潜在的信息和信息技术在人文与社会层面的问题已越来越显现出来。这些问题虽然在表面上已不再是纯粹的信息科学问题,而是比较突出的'社会问题'、'心理问题'和'健康问题',即常见的'信息污染综合症'和'信息技术恐惧症'两种。"

事实上,因特网给社会带来的负面影响是多方面的,比较突出的是:一是信息垃圾泛滥,如美国的《今日美国》曾报道,美国垃圾邮件猖獗,使人们深受其扰。同时,相关立法正在进行,如弗吉尼亚州已通过了全美最严厉的反垃圾邮件法律。二是黄色信息蔓延,如网络上有个人性广告、淫秽故事,还有惊人的色情图片,网络色情的蔓延已引起了社会公众与各国政府的密切关注。三是网上侵权突出,主要包括隐私权、域名、著作权和犯罪。四是网上欺诈和勒索,如网络上的虚假广告等。五是网络破坏和攻击,如私自穿越防火墙,侵入计算机网络系统进行破坏性活动,制造和传播计算机病毒等。六是网络的窃取和盗用,如犯罪分子通过网络对军事、经济信息、电子银行、电子货币等的窃取和盗用。七是"网瘾综合症"现象,也称"互联网成瘾症"(Internet Addiction Disorder),主要表现为网络游戏成瘾,网上聊天成瘾,浏览不良信息成瘾,网络强迫行为成瘾,网恋成瘾等。

目前,我国大学生上网成瘾并非个别现象,这势必对大学生的身心健康、人身安全及人格意识和思想等造成严重影响。因此,必须对大学生进行信息道德培育,通过各种途径规范他们的伦理行为,使其能自觉维护网络文明,树立自律意识,营造良好的网络道德氛围,对网络信息传播中的不道德现象进行抵制,做到自律、自控、自我约束。

2. 信息道德培育的内容

我国从1991年起颁布实施了《计算机软件保护条例》、《计算机信息系统安全保护条例》、《中国公用计算机互联网管理办法》、《中国公众多媒体通信管理办法》、《计算机信息网络国际联网出入口信道管理办法》、《中国互联网域名注册暂行管理办法》等法律、法规,这为高等学校对大学生进行信息道德培育提供了相应的依据。

学校应结合实际,制定如《校园计算机网络管理办法》、《学生公寓网络管理条

例》、《学生网上文明公约》等网上道德自律规范，弥补目前我国网络立法尚未完善之处，从而规范大学生网络利用行为。因此，教育的主要内容应包括：大学生的信息活动目标应该与社会整体目标协调一致；应承担相应的社会责任与义务；遵循信息法律法规，抵制信息违法行为；在信息活动中坚持公平、真实原则；知识产权尤其是网络环境下的知识产权教育，信息伦理学的教育，尊重个人隐私权尤其是网络环境下的个人隐私权的教育；恰当使用与合理开发信息技术的教育；对网络信息的心理控制能力的教育；等等。

2.5 信息素质培育的途径

在确定了信息素质的目标以后，就要确定信息素质培育的途径。信息素质的培养有多种方式。归纳来说，学校中的信息素质教育一般可以采取学科教学、信息技术教学应用、信息技术在学校管理中的应用等三种方式，它们都是学校中经常使用的素质培养方法。同时，社会与家庭教育也是培育信息素质的一个重要方面。

2.5.1 学科课程与教学

设置信息技术方面的课程，进行信息技术方面的学科教学，是目前各个国家与地区进行信息素质培育的最主要的手段，是素质培育的基础。

首先，应开展信息技术方面的学科教育。在现在的教育体系中，要真正地突出信息素质培育的重要性，使之在现有的学校教育体系中占据一个比较重要的位置，将它作为一门重要学科开展教学是十分必要的。实际上，无论是计算机文化论者还是计算机工具论者，都十分重视信息技术学科教学。计算机文化论者认为，应把计算机与信息技术作为人类应该具有的一种文化素养来进行培育。而计算机工具论者则认为，计算机是人们生活、工作不可缺少的通用工具，应该把信息技术教育列入学校教育的课程。现在，越来越多的教育决策者已经认识到信息技术教育的重要作用。

其次，设置信息技术方面的专门课程。应在课程内有系统、有计划地安排各项教学内容，规定具体的信息素质评价方法与标准，同时组织一支正式的教师队伍，有序进行信息技术知识、伦理道德与基本能力的培育工作。

此外，由于信息技术的迅速发展与应用普及，教学内容需要不断变化，因此必然带来不断更新教材、经常培训教师、不断变化教学评价内容等一系列问题。必须及时解决这些问题，才能使信息课程发挥效用。

2.5.2 信息技术教学应用

自从“教学技术”(Educational Technology)的概念提出以来，人们十分重视技术在教学中的应用，认为它是提高教学效果与效益的重要因素之一。上世纪50年代末产生的以信息技术为主的计算机辅助教学(Computer-assisted Instruction，通常简写为CAT)的新型教学信息技术，已逐渐发展成为十分重要的现代教育技术，并得到越来越广泛的应用。20世纪90年代，网络与多媒体的出现与广泛应用使人们开始整体考虑信息技术在教学中的应用。许多国家与地区的教育部门积极支持和推动信息技术在教育中的应用。许多教育技术研究人员也在工作中发现，以计算机辅助教学为主的信息技术教学应用，不仅丰富了教学技术的应用模式，提高了教学效果，而且可以改变学生的学习态势，培养学生主动学习与自主学习的能力。因此，教学技术逐渐发展成为教学信息技术。

同时，人们还进一步意识到，推广以计算机辅助教学为核心的现代教育信息技术本身就具有培养学生信息素质的功能与任务，可以说，在学校大力开展信息技术教学应用是信息素质培育的主要途径。

1. 课堂教学是学校教育的主流

信息素质脱离不了具体操作，因此，如果能够在学校教育中充分运用信息技术，不但能够提高教学效果，而且能够提高学生与教师的信息素质。例如，在语文与外语教学中推广信息技术教学应用，学生不但能够学习语文和外语知识，而且由于需要使用电脑检索有关信息，能够提高学生的信息操作能力；由于体会到信息系统的方便、快捷，学生会增强自身的信息意识与情感。学校之所以能通过信息技术辅助教学来培育学生的信息素质，主要原因是学校的信息应用频率比较高，有利于形成信息利用的氛围，特别有利于培育学生信息素质中的意识情感。

2. 与具体的知识范畴相结合

从信息能力的培育来说，除了信息系统的使用能力以外，获取信息、理解信息、处理信息、表达信息等能力均与具体的知识范畴有关。以信息获取能力来说，一方面要能够使用信息技术进行浏览，查找有关的信息资源；另一方面，还要能够了解与具体知识有关的信息资源的“5W”，即了解在这个知识领域内需要获取什么信息(What)，从谁那里能够获取信息(Who)，从什么地方能够获取信息(Where)，为什么需要获取这些信息(Why)，怎样获取这些信息(How)，而这些都与具体学科知识的学习有关，所以要在学科教学中培育学生这方面的信息获取能力。

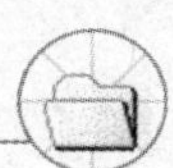

2.5.3 信息技术在学校管理中的应用

以计算机为核心的信息技术在企事业管理中得到广泛的应用,并迅速被引入教育管理和学校管理,成为学校教学管理的有效工具。计算机管理教学有效地提高了学校师生使用计算机与信息技术的意识。因此,在学校中加强计算机管理教学有利于培养学生与教师的信息素质。主要表现在:

首先,在学校管理中广泛使用信息技术,有利于营造信息素质培育的环境。无论是学校的成绩、课表,还是图书馆借书,都应用了信息技术,这本身就为学生营造了一个信息技术应用的氛围,对培育学生的信息意识与情感有着巨大的潜在影响。同时,学校中的各种资源,特别是图书馆的信息化管理,更为学生提供了信息技术的使用场所,有利于培育学生的信息能力。

其次,在学校管理中广泛使用信息技术,提高了学校教职工的信息素质,给学生起到示范作用。使学校各个部门的管理人员、教师培育一定的信息技术应用能力,能使用其开展工作,进而提高信息意识与情感,实际上是培育了学校教职工的信息素质,而这种示范有利于提高学生培育信息素质的积极性。

但是,计算机管理教学只局限于普通操作能力的培养。

2.5.4 社会家庭中的信息教育

实际上,学生不但在学校接受教育,而且在社会上也得到多种多样的教育,这是信息素质培育的重要补充途径。

大众媒体具有信息教育作用。由于信息技术是一门发展很快、应用面十分广泛的新兴技术,必然引起社会各方面的关注,电视、广播、报纸、杂志以及网络等各种媒体都在讨论信息技术。因此,人们能从这些媒体学习到信息技术的各种知识,了解信息技术发展的新动向,很好地补充了学校教育的不足之处。

同时,学生在社会生活中到处都会接触信息技术,如在商店里使用 POS 系统结账,利用信息技术进行阅读,或者是利用信息技术进行各种各样的休闲娱乐活动。

社会、家庭中的信息教育本身就是一种培育信息素质的环境,对丁培养信息意识情感有着十分明显的作用。同时,许多社会活动,如信息技术知识比赛、操作比赛等选拔与培训活动,对于培育拔尖人才也有着巨大的影响。

社会、家庭的信息教育的一个重要特点是同步性,即学习与培育的信息能力可以与信息技术发展基本同步。这种同步造成了一种十分有趣的现象：一些信息技术的生手可能与专家相互交流启发，不仅生手从专家那里学到许多知识，而且新手可能提出新问题，不断给信息素质增加新内容。这充分体现了信息素质的无绝对权威与普及性等特点。

但是，这种培育途径没有明确的教育目标，也难以评估不同人的学习效果，因此很难把它作为一种主要的信息素质培育途径，而通常作为必要的补充。

概括来说，各种途径在信息素质的培育中有着各自的作用。信息学科教育是基础，以信息技术教学应用为核心的现代教育技术是主渠道，信息技术在学校管理中的应用提供了环境，而社会、家庭的信息教育是重要的补充。只有正确认识它们之间的关系，信息素质培育的目标才能顺利实现。

2.6 信息素质的评价

在信息素质的研究与培育中，一个重要的问题是如何评价信息素质。这包括应该采用什么标准来评价以及采取什么样的方法来评价，还有如何评价一个学校与地区的信息素质培育工作。

2.6.1 什么是评价

如《辞海》所述，评价（Evaluation）泛指衡量人物或事物的价值。美国教育评价专家斯克里汶（Scriven）对评价的定义是："决定事物、产品或过程的优点和价值的过程。作为一种特殊的调查的评价，其特色（不同于传统的社会科学的经验研究）包括关注于成本、比较、需要、伦理，以及关心其本身的政治、伦理、表达与成本方面的特点；而且支持和宣告其价值判断，而不只是进行假设与测试。有时（在科学的范围内）该术语使用范围较为狭窄，仅仅表示那些系统的科学的评价，或是仅仅由一些人们称之为'评价人员'的人所进行的工作。"

由此可以看出，评价是一种调查分析的过程。其目的是对事物的优点和价值进行判断和估计，并以宣布该判断来引起公众的注意。

1. 评价的含义

评价除了可以判断评价对象的优良差劣之外，还决定着评价对象本身的价值性。评价需要在经过实地访问、调查，对评价对象的计划、要求等了解之后方可作出。如今评价又扮演着更重要的角色：准备接受评价的对象需先行自己评价本身

的优劣，并设法改进，然后由专家小组（评价小组）进行访问和调研，依照规定的序列和规则做出认可与否的决定。所以，早期的评价仅立足于表现（如课程计划、设计、实验等）与目标之间的一致性，即作为一过程的评价，它涉及的是确定课程和教学方案实际达成教育目标的程度。

自20世纪60年代之后，评价观念大为改观。专家们认为，新的评价概念无论是作为方法还是过程，必须包含以下四个方面：

第一，评价应对对象作出优劣和价值的判断，而不是技术性地纯客观地叙述事件过程。对同一对象而言，其优劣性和价值性都是对象自身社会地位和价值的体现。

第二，评价不只是评定对象的业绩效果，更是为了作出决定，以对其本身和社会负责。所以，评价是“瞻前顾后”的全方位的行为。

第三，评价可以对人、对事、对学校工作作出判断，或是对其某一点（某一方面）作出判断，也可以对具体课程、个案、行政管理的设计措施作出判断。

第四，评价需要一定的时间和各种工具，在对评价对象各方面的情况作了翔实调查、访问、测评等确认之后，方可对评价对象进行评判描述。而在评价和判断过程中，可以包含对评价对象的质和量的描述，以使评价过程更具科学基础。

总之，评价是一个复杂的概念，评价可以有不同的目的，但是评价的最后结果都是对于评价对象的优劣和价值的判断。

2. 评价的类型

为使评价工作更实际有效，根据对象发展的进程，根据不同时期有不同进度、目的和重点的实际情况，评价被分成了三类：诊断性评价、形成性评价和总结性评价。

（1）诊断性评价（Diagnostic Evaluation）

诊断性评价是对事件（物）进展过程中可能出现的互有关联的一系列问题作出评价诊断，也是在事件（物）进行之前或进展至某一阶段之前所作的评判，以求发现问题所在并且确定下一阶段的任务。诊断性评价的目的是要在摸清情况、条件、基础和可能性等前提下，设法发现问题，诊断原由，利用诊断性评价的结果进一步修订、完善后一阶段发展目标，并帮助指导今后发展的计划。

在学校教学中常常进行学前考测，以了解学生对准备学习的新课程内容的兴趣、爱好、要求、期望，学生已有知识水平、技能程度等，然后修订教学目标、方法或作出必要的调整决策等。这里的“学前考测”就是一种诊断性评价。

（2）形成性评价（Formative Evaluation）

形成性评价发生在事件的形成过程之中，是在事件进行和实施到一定阶段之后必须作出评判的阶段性评价，它包含对目标的需求评价、方案设计评价、计划实施评价和价值推广评价等项目。这类评价是按原来预定的发展目标为评判依据的。例如，在课程教授和学习过程中的各种问卷、测验、作业、讨论等就是进行形成性评价所必需的手段和方法，它可以起到督促学生学习、帮助教师改进授课方法的作用。

(3) 总结性评价(Summative Evaluation)

总结性评价是以评价整体为对象，以确定它的价值、效果、需要为宗旨，以选择、采用及判定绩效为依据的评价。总结性评价可采用横向比较方式或非比较方式进行。总结性评价往往又具有对持续阶段的诊断性评价作用。例如，对期末考试、毕业作业、教学活动过程有效性的评价，都是总结性评价的必要的具体手段。

尽管评价有诊断性评价、形成性评价和总结性评价之分，但应看到，有些形成性评价也提供了对事物发展的某个阶段的效果分析，即含有属于总结性评价范畴的内容；而总结性评价关于事物的判断，也许就是下一次设计修订的依据。这种评价关系可以区分却又难舍难分。

3. 信息素质的评价问题

信息素质的评价问题，可以是对于一个国家或地区的群体的评价，也可以是对于一个具体人的评价。这里讨论的主要是对于具体学生的信息素质的评价，它是与基础教育中培育学生的信息素质相互关联的，具体地说，是要判断学生信息素质的程度与水平，衡量这些信息素质可能对于学生在信息社会中工作和生活的价值与意义。

信息素质的评价本身也有着各种不同的目的，因此有着各种类型的评价。例如，为了搞好信息素质培育的计划，需要进行诊断性评价；在培育过程中需要进行形成性评价，以帮助他们了解自己的进展，督促他们的学习；最后需要总结性评价，判断他们的信息素质水平。

信息素质评价的关键在于，确定收集有关学生信息素质方面的数据的方法与过程，以及如何根据这些数据作出对于他们信息素质水平的判断。

2.6.2 信息素质评价方法

信息素质的评价过去主要是检查学生的信息知识与信息能力，因此所采取的方法主要是测验，而且很大程度上是依靠笔试进行的。这样就产生了一系列问题：首先，对于信息素质的信息意识与信息伦理道德的程度与水平没有认真判断；其

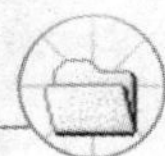

次，依靠测验方法，特别是笔试来衡量与判断，比较难以判断学生的实际操作能力；而且，由于是用笔试进行考核，就可能使一部分学生只注意知识方面，而对能力方面有所忽视。下面分别讨论各个信息素质项目的评价方法。

1. 信息意识

对信息意识与情感的评价十分困难，目前还没有专门涉及信息意识与情感的评价问题的讨论。信息意识的评价必须通过实践才能真正实现，但是作为学生素质的一部分来评价，考虑到学习周期比较短，可以通过观察学生应用信息技术的积极性，记录学生上机次数，学生能不能主动应用信息技术解决学习问题等来判断与衡量。其中一部分评价工作可以依据校园网的使用记录进行分析，而其余则需要教师日常观察与调查。

2. 信息伦理道德

与信息意识相类似，信息伦理道德的水平判断主要依靠教师的观察与调查。当然，一部分理论上的认识可以靠笔试测验结果分析，如让学生分析、研究典型的信息技术应用中的伦理道德问题。

3. 信息知识

它是信息素质评价中最适合于进行笔试测验的部分。同时，在有条件的情况下，还可使用计算机辅助测试的方法来进行。一方面可以节省批阅与记分等繁琐劳动，同时也是培育信息素质的一个实际行动。

4. 信息能力

目前对于信息能力的判断主要还是通过笔试进行，我国部分省市还配合使用了上机操作考试来判断学生的信息能力。这样可以比较客观地评价学生使用信息系统完成一定工作的能力水平。

2.6.3 信息素质评价标准

有关信息素质评价标准的研究和制订，国外也刚刚开始，目前的成果多为标准草案，如美国加利福尼亚大学和研究图书馆协会 1997 年起草的信息素质标准草案；美国威斯康星州大学图书馆协会起草的信息能力和标准草案；美国加利福尼亚大学圣马科斯分校起草的信息素质构成草案和评价；德尔塔学院起草的信息素质构成草案和评价；马萨诸塞大学起草的信息能力草案；等等。

目前，比较成型和规范的信息素质标准是 1998 年美国学校图书馆协会和教育交流技术协会为大学生学习而研究制订的信息素质标准，它用来检验和评价大学生信息素质的培养结果。该标准分三部分，每个部分都有具体的标准要求。关于

大学生学习的这9个信息素质标准是：

1. 信息素质

标准1：具有信息素质的学生有能力有效地确定信息。

标准2：具有信息素质的学生有能力批判地评价信息。

标准3：具有信息素质的学生能准确和创造性地利用信息。

2. 独立学习

标准4：有独立学习能力的学生具有信息素质，能寻求与个人兴趣有关的信息。

标准5：有独立学习能力的学生具有信息素质，能鉴别文献和对其他信息的创造性表达。

标准6：有独立学习能力的学生具有信息素质，在信息查找和知识生产方面占有优势。

3. 社会责任

标准7：对学习化社区和社会积极尽力的学生具有信息素质，并能认识到信息对一个民主社会的重要性。

标准8：对学习化社区和社会积极尽力的学生具有信息素质，并能实践关于信息与信息技术的伦理学行为。

标准9：对学习化社区和社会积极尽力的学生具有信息素质，并在集体中积极参与跟踪和生产信息。

思 考 题

1. 何为信息素质培育？为什么要进行信息素质培育？
2. 信息素质培育的途径有哪些？
3. 信息素质评价的方法和标准有哪些？

3 信息资源概述

3.1 信息及相关概念

3.1.1 信息

1. 信息的定义

信息无处不在,无时不有,已成为使用频率最高的词汇之一。信息一词是从英文"Information"翻译而来,它来源于拉丁文"Informatio",这是作为一种广义的理解,如作为狭义的理解,通常被翻译为"情报"。

信息是什么?随着人们对信息的利用和研究越来越广泛、深入,对信息的认识和理解也是多样化的。据不完全统计,信息的定义有100多种,它们从不同的侧面、不同的层次揭示了信息的某些特征和性质,但至今仍没有统一的、能为各界普遍认同的定义。

国内专家在比较了中外各家各派的信息定义后,倾向于取中国学者钟义信的解释。1988年,钟义信在《信息科学原理》一书中认为,信息是事物运动的状态与方式,是物质的一种属性。在这里,"事物"泛指一切可能的研究对象,包括外部世界的物质客体,也包括主观世界的精神现象;"运动"泛指一切意义上的变化,包括机械运动、化学运动、思维运动和社会运动;"运动方式"是指事物运动在时间上所呈现的过程和规律;"运动状态"则是事物运动在空间上所展示的形状与态势。

2. 信息的特点

(1) 普遍性:信息是普遍存在的,只要有事物存在和运动,就会有其运动的状态和方式,就存在着信息。信息存在于自然界,存在于人类社会,也存在于思维领域。

(2) 无限性:一切事物运动的状态和方式都是信息,而宇宙时空中的事物是无限丰富的,因而它们所产生的信息也是无限的。

(3) 相对性:对于同一事物,因不同观察者的观察能力、理解能力和目的性不同,所获得的信息也可能各不相同,从而易产生虚假信息。因此,获取信息时,一定要注意信息的来源和信息的筛选,防止虚假信息污染。

(4) 转移性:由于信息具有脱离母体而相对独立的能力,因而可以通过一定的方法使其在时间上或空间中进行转移。在时间上的转移称为存储;在空间中的转移称为通信。

(5) 时效性:信息所反映的是事物运动的状态和状态改变的方式,而事物本身是在不断发展变化的,因此信息也会随之变化。一切信息,包括信息的发出、接收到利用的时间间隔和效率,及其自身更新的速度,都随时间而变化。因此,如果信息传递和利用的速度很慢,再有用的信息也会失去其应有的价值。

(6) 转换性:信息在一定的条件下可以转换为物质、能量、时间、金钱和效率。正确而有效地利用信息,就可能在同样的条件下创造更多的物质财富,开发或节约更多的能量,节省更多的时间。

(7) 共享性:在信息的扩散和用户分享信息的过程中,信息载体本身的信息量并不因此过程而减少,各用户分享的信息份额不会因分享的人的多少而受影响。因此,促进信息资源的共享,在极大地推进人类文明发展的同时,可提高文献信息资源的利用率,减少重复购买造成的浪费。

3. 信息的功能

信息的功能主要体现在三个方面:一是可深化人们对于世界的科学认识,有助于人们不断揭示客观世界。二是可以用来消除人们在认识上的某种不确定性。人类认识世界的过程,实际上就是不断地从外界取得信息和加工信息的过程,而人类改造世界的过程是把加工外部信息所取得的"主观"信息(如政策、计划等)反作用于外部世界的过程。三是信息可以向人们不断提供知识和情报。如果说材料、能源提供的是具体物质,那么信息提供的则是知识和智慧。信息和材料、能源一样,是一种重要的资源。随着人类社会的发展,信息在社会中发挥的作用将越来越重要。

21 世纪将是高度信息化的社会。信息就是商品,信息就是财富,信息就是资源,信息就是机会,信息更是竞争力。

3.1.2 知识

1. 知识的定义

与信息密切相关的另一个概念是知识。知识,是人类对于客观世界的认识。

在这里,知识作广义的理解,包括消息、情况、事实、数据。知识可分为理性知识和感性知识。理性知识,是对客观事物的本质和规律性的认识,是经过思维、逻辑加工的知识,构成知识体系;感性知识,是对客观事物的描述和对现象、事实的感知,是未经逻辑加工的知识。

2. 知识与信息

知识的存在必须有一定的物质形式。人脑、文献、实物这三种知识载体都是物质的。人们为了进行知识的传递和交流,还必须使知识具有能为感觉器官所感知的形式,即借助于文字、语言、符号、代码、电磁波、图像和实物等形式加以表现,这种表现形式也是信息。

信息是知识的重要组成部分,但只有将反映自然现象和社会现象的信息经过加工,上升为对自然和社会发展客观规律的认识,这种再生信息才构成知识。英国著名情报学家 B. C. 布鲁克斯这样表述信息与知识的关系:“信息是使人原有的知识结构发生变化的那一小部分知识。”

根据经济合作与发展组织(OCED)出版的《以知识为基础的经济》报告,知识又可分为四种类型:

第一类是“知事(Know-what)”,指关于事实方面的知识,也可理解为在什么样的时间(Know-when)、什么样的地点或条件下(Know-where)能解决什么样的问题。这类知识通常被近似地称为信息。

第二类是“知因(Know-why)”,指自然原理和规律方面的科学理论,这类知识的生产是在专门研究机构如实验室和大学完成的。

第三类是“知道怎样做的知识(Know-how)”,指做某些事情的技艺和能力,其典型是企业开发和保存于其内部的技术诀窍或专有技术,是一种特殊类型的信息,往往被称为技术情报和商业秘密。

第四类可理解为“谁(Know-who)以及是怎样创造知识的”,侧重对创造思想、方法、手段、过程以及特点等的了解。

上述四种类型的知识都与信息存在着密切的关系。

3.1.3 情报

1. 情报的定义

有关情报的定义有多种说法。前苏联情报学家米哈依洛夫认为:“情报是作为存储、传递和转换对象的知识。”著名科学家钱学森说:“情报就是为了解决一个特定的问题所需要的知识。”我国情报界近年提出:“情报就是一种信息”,“情报,即为一定目的，具有一定时效和对象，传递着的信息”，等等。我们认为，情报就是人们在一定时间内为一定目的而传递的有使用价值的知识或信息。情报是一种普遍存在的社会现象，人们在物质生产和知识生产的实践中，源源不断地创造、交流与利用各种各样的情报。

2. 情报的属性

（1）知识与信息性：情报的知识与信息性是指情报的本质是知识和信息。凡是人们需要的各种知识与信息，如事实、数据、图像、信息、消息等，都可以成为情报的内容。反之，没有一定的知识和信息内容，任何东西都不可能成为情报。

（2）动态性：情报的动态性是指知识和信息要变成情报必须经过运动，即传递。无论多么重要的知识和信息，如果不被人们所知就不可能成为情报。钱学森说“情报是激活的知识”，就是指人们通过主动搜集情报、研究情报和传递情报，促使静态的知识和信息成为动态情报。

（3）效用性：情报的效用性是指能满足特定需要的知识和信息才可称为情报。人们利用情报是为了获得实际效益，在多数情况下是为了竞争，情报的针对性越强，越能发挥其应有的效用。

（4）时间性：特定的情报只有在合适的时间内传递和利用才会产生效用，随着时间的推移，情报的效用就会降低。

3.1.4 文献

1. 文献的定义

“文献”一词在中国最早见于孔子的《论语·八佾》篇，其含义千百年来几经变化。1983 年颁布的国家标准《文献著录总则》将“文献”定义为“记录有知识的一切载体”。关于文献的比较全面的解释为：文献是“记录有人类精神信息的、且便于存贮或传递的人工固态附载物”。即文献应属于存储型的固态载体，如印刷件、缩微制品、磁盘和光盘等，而不是可承载和传递同样信息的电话、语音信箱、图文电视、电子公告板、网络等瞬时信息的附载物。

2. 科技文献的特点

（1）科技文献数量大、增长速度加快。科学技术的飞速发展使人类知识的总量迅速增长。科技文献的数量随着知识总量的增长也在激增。其结果一方面丰富了文献信息资源，另一方面也给人们有效地选择、利用文献造成了一定的障碍。

（2）交叉重复性。现代科学技术相互交叉、相互渗透，与之相应的知识和文献内容也相互交叉重复。具体表现在：同一内容的文献以不同的文字发表，以不同的

形式出版。仅以专利为例，世界各国每年公布的专利说明书的重复率高达65%~70%。

(3) 时效性增强。科学技术迅猛发展，新知识、新技术不断涌现。这使得知识的新陈代谢加快，从而造成文献的新陈代谢加快，文献的时效性增强。

(4) 科技文献的载体及语种增多。随着新技术、新材料的发展和应用，新型文献载体不断涌现。新型的文献如缩微型、机读型、视听型等，不仅增大了信息存储密度，延长了保存时间，而且加快了信息传递速度，实现了资源共享。除此之外，文献的语种不断增多。据估计，目前全世界出版的科技文献有一半是用非英语发表的。

3.2 信息资源的类型与分布

信息广泛存在于自然界、生物界和人类社会。信息是多种多样，多方面、多层次的，信息的类型也可根据不同的角度来划分。

3.2.1 按信息表现形式划分

可分为文字信息、图像信息、数值数据信息和语言信息。

1. 文字信息

文字是人们为了实现信息交流、通信联系所创造的一种约定的形象符号。广义的文字还包括各种汉字、编码、电报代码以及计算机中的数字编码等。这些符号、文字等均是信息的表述形式，其内容再现于它们的结构属性之中。

2. 图像信息

图像(形)是一种视觉信息，它比文字信息直接，易于理解。人们创造的图像(形)，如一幅画、一部电影或大自然的客观景象都是抽象或间接的图像信息。随着多媒体技术的发展，各类图像信息库将会极大地丰富人类生活。

3. 数值数据信息

数值数据信息是“信息的数字形式”或“数字化的信息形式”。狭义的数据是指有一定特性的信息。广义的数据是指在计算机网络中存储、处理、传输的数字编码、文字信息、图像信息、语言信息等，网络中的数据通信、数据处理和数据库等就是广义的数值数据信息。

4. 语言信息

人讲话是一种最普通的信息表现形式。音乐也是一种信息形式，是一种特殊的声音信息，它通过演奏的方式表达丰富多彩的信息内容。

3.2.2 按信息所依附的载体划分

可分为文献信息、口头信息、电子信息等。

1. 文献信息

文献信息就是文献所表达的内载信息，以文字、符号、声像信息为编码的人类精神信息也是经人们筛选、归纳和整理后记录下来的信息（Recorded Information）。文献信息也是一种相对固化的信息，一经“定格”在某种载体上就不能随外界的变化而变化。这种性质的优点是易识别、易保存、易传播，使人类精神信息能传播开来，世代流传下去；缺点是不能随外界的变化而变化，固态化是文献信息老化的原因。

2. 口头信息

口头信息指存在于人脑记忆中，通过交谈、讨论、报告等方式交流传播的信息。它反映了人们的思考、见解、看法和观点，是推动研究的最初起源。口头信息具有出现早、传递快、偶发性强的特点，但缺乏完整性和系统性，大部分转瞬即逝，一部分通过文献保存，一部分留存在人类的记忆中代代相传而称为口述回忆或口碑资料（Oral Tradition）。作为信息留存的一种形式，口头信息无时不在，无处不有，承载着人类的知识、经验和史实，是一种需要重视和开发的极为丰富的资源。

3. 电子信息

电子信息是计算机技术、通信技术、多媒体技术和高密度存储技术迅速发展的产物。在这里，电子信息特指通过电视、计算机、数据库、网络等传播的瞬时信息，以区别于相对固化的电子文献（光盘等）。这是当今发展最快、最具应用价值和发展前途的新型信息源。

3.2.3 文献的类型

文献的类型繁多，按不同的划分标准可分为不同的类型。

1. 按文献载体的物理类型划分

文献可分为印刷型（Printed Form）、缩微型（Micro Form）、声像－视听型（Audio-Visual Form）、电子型（Electronic Form）。

2. 按文献生产加工层次划分

(1) 零次文献

未经出版发行的或未进入社会交流的最原始的文献，如私人笔记、底稿、手稿、个人通信、新闻稿、工程图样、考察记录、试验记录、调查稿、原始统计数字、技术档案等。零次文献与一次文献的主要区别在于其记载的方式、内容的价值以及加工深度有所不同。其主要特点是内容新颖，但不成熟，不公开交流，难以获得。

(2) 一次文献(Primary Literature)

也称一级文献或原始文献，是人们对自然和社会信息进行首次加工(固化)而成的文字记载，如专著、报纸、期刊、专利文献、标准文献、会议文献、科技报告、样本等成品文献都属于一次文献。一次文献都有详尽具体的学术内容与研究数据，参考和使用价值较高，是科研人员追踪的主要目标。一次文献是文献信息源的主要部分，数量极为庞大，由于在内容上是分散的、无系统的，因此不便于管理和传播。

(3) 二次文献(Secondary Literature)

也称二级文献或检索性文献。为了控制文献，便于人们查找，对一次文献进行再加工，通过整理、提炼和压缩，并按其外部特征(题名、作者、文献物理特征)和内容特征序化，形成另一类新的文献形式——目录、题录、索引、文摘，这就是二次文献。二次文献不是一次文献本身的汇集，而是一次文献特征的汇集，通过它们可以很方便地找到一次文献，或了解一次文献的内容。

(4) 三次文献(Tertiary Literature)

也称参考性文献。它是利用、选择有关的一次文献，再加以分析、综合而编写出来的第三个层次的文献形式——专题报告、综述、手册、百科全书、年鉴等工具书，这就是三次文献。三次文献具有系统性、综合性、知识性和概括性的特点，它从一次文献中汲取重要内容提供给人们，便于他们高效率地了解某一领域的状况、动态、发展趋势和有关情况。因此，要在浩瀚的一次文献中查找所需资料，往往离不开二次文献和三次文献。

从知识加工的角度看，一次文献是对知识的第一次加工(创造性)；二次文献是对知识的第二次加工(有序化)；三次文献是对知识的再加工，它既是有序化，又带有一定的创造性，并往往又返回到一次文献(如专著、综述文章等)。

从一次文献到二次文献、三次文献是一个由博到约，由分散到集中，由无序到有序，由有序到有机的结构化、系统化的过程。从文献检索的角度看，一次文献是检索对象(目标)，二次文献是检索工具(手段)，三次文献是情报研究成果(既可作为检索目标，又可作为检索手段)。

3. 按出版类型划分

文献可分为10种类型，即图书、期刊、专利文献、标准文献、产品样本、会议文献、档案文献、科技报告、政府出版物、学位论文。

(1) 图书(Book)

图书是最古老、最主要的文献,它的信息承载量大,便于存放、携带,可不受空间、时间和设备限制。这些优点使图书过去、现在和将来都是人类社会最主要的信息交流媒介之一。

通过图书可以了解别人关于某个专题的研究或对实践经验的系统论述。与其他形式的文献比,图书的特点是知识内容更成熟、更稳定、更可靠。如果要获得对某些问题较全面、系统的了解,或对不熟悉的领域有个初步、基本的了解,阅读有关图书是个较好的办法。出版周期长,内容不便于随着时间的变化而更新,是图书的缺陷。近年来,电子图书的种类和数量在迅速增长,普及前景比较广阔。国内的超星、书生、方正等公司均发行电子图书。现各大型图书馆(公共图书馆和大学图书馆)都陆续购进电子图书,在其主页上可阅读、下载。

图书一般分为两类:阅读型,如教科书、专著等;工具型,如字典、百科全书、年鉴、手册。图书的识别主要是依据著录项中的 ISBN 号(国际标准书号,International Standard Book Number)、出版社名称、地址、出版年、页数等。

(2) 期刊(Journals or Magazine or Periodical)

期刊是一种有固定名称,定期或按宣布的期限出版,并计划无限期出版的连续出版物。与图书相比,期刊最突出的特点是出版周期短,报道速度快,内容新颖,能迅速反映科技新信息。目前,全世界每年出版各类期刊达 15 万种以上,科技期刊约占 10 万种。据统计,科研人员从期刊中得到的信息约占 70% 以上,期刊已成为十分重要的情报源。

期刊作为重要的文献信息源还体现在,世界上主要检索工具都以期刊为主要收录对象(约占 90% 以上),人们可以比图书更快、更方便地查到所需资料。

期刊的识别主要依据著录项中的 ISSN 号(国际标准连续出版物号,International Standard Serial Number)。期刊的刊名一般都采用缩写形式并以斜体字印刷,刊名后著录有卷号、期号、出版年月及起止页码。

(3) 专利文献(Patent Document)

专利文献是记录有关发明创造信息的文献,蕴含着技术信息、法律信息和经济信息。广义的专利包括专利申请书、专利说明书、专利公报和专利检索工具,以及与专利有关的一切资料;狭义的专利仅指各国专利局出版的专利说明书。

专利文献的特点是新颖性、先进性和实用性。由于构成专利起码要符合三个条件,因此,专利反映的发明都是首先取得、在此之前不曾发表过的有关文献,在技术上有独到之处并对实际应用有重要价值。

专利文献的特点使它在传递经济信息和科技信息方面发挥了重要作用。据统计,专利文献只占期刊文献的10%左右,却能提供40%左右的新产品信息量。全世界新技术的90% ~95%是通过专利文献公之于世的。

另据统计表明,只要系统地搜集美、日、英、法、德五国专利,就可以了解西方科技发展情况的60% ~90%。因此,专利文献成为制订科研规划、产品组合战略、确定工艺路线、实施技术改造的一个主要技术信息源。

日本的市场战略同专利战略密切相关,不少企业每实施一项专利技术可连锁产生多项革新,他们在1956—1976年只花20年时间和60亿美元引进国外13 955项专利,掌握了发达国家用50年时间和200亿美元的代价所研究发明的新技术。日本实施的专利战略已使1989年全世界40%的专利属于日本人。

专利文献的特征是拥有专利号,专利号由两个字母的国别代码(如US美国,GB英国,CN中国,DE德国,CM喀麦隆等)流水号和公布阶段代码组成。一般还有patent一词,还有专利优先日期(公开日期)、出版时间等。

例如:Roger A F. United Kingdom Patent. GB 2179 200A,1987.

(4) 标准文献(Standard Literature)

狭义的标准指按规定程序制订,经公认的权威机构批准的一整套在特定范围内须执行的规格、规则、技术要求等规范性文献;广义的标准指与标准化工作有关的一切文献,包括标准形成过程中的各种档案,宣传推广标准的手册及其他出版物,揭示报道标准文献信息的目录、索引等。

标准文献的第一个特点是具有约束力,这是标准文献的最主要特征。标准文献由权威部门经过有计划、有组织、有步骤地工作,并多次修改制定后,就具有法律性质,是生产的法规。

时效性强是标准文献的第二个特点。它所反映的水平只能是当时技术所能达到的水平,随着经济发展和科学技术水平的提高,标准要不断进行修订、补充、替代或废止。

针对性是标准文献的第三个特点。一个标准一般只解决一个问题,不同种类和级别的标准只能在不同的范围内贯彻执行。

标准文献的特征为标准号,标准号通常由代号、序号、年代号构成。代号如国家军用标准(GJB)、国家标准信息(GB)、国家建筑标准(GBJ)、国际标准化组织标准(ISO)、国际电工委员会标准(IEC)、美国国家标准(ANSI)、美国军用标准(DOD)、美国材料与试验协会标准(ASTM)、美国电气与电子工程师协会标准(IEEE)、欧洲标准信息(EN)、德国标准信息(DIN)、日本工业标准(JIS)、法国标

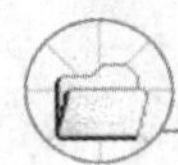

准信息(NF)、英国标准信息(BS)。常有 standard, recommendation 等词出现。

例1:GB/T 50269 97. 地基动力特性规范. 北京:中国计划出版社,1998.

例2:ASTM A401-87(1993)Standard Specification for Chromium-Silicon AlloyS-teel Spring Wire.

(5) 产品样本(Products Data)

产品样本是厂商为向客户宣传和推销其产品而印发的介绍产品情况的文献。根据内容和出版情况,产品样本可视为各国厂商出版物,包括产品目录、单项产品样本、产品说明书、企业介绍和广告性厂刊,其中产品样本最为重要。

产品样本文献的特征主要体现在三个方面。

首先是可靠性较强。样本介绍的大多是已经投产或正在行销的产品,工艺已经成熟。这与专利文献所介绍的产品多属未定型、未成熟的产品有很大区别。

第二是产品样本的产品和技术信息较完整。作为一种宣传材料,厂家要使客户全面了解该产品的性能、特征、参数、型号,就要在样本上尽可能全面地公布有关技术情报(少数技术机密除外)和商业贸易信息,如研制背景、产品说明、特性、操作、维修、售后服务,甚至还有与其他同类产品的比较。

第三是及时性及相对新颖性。产品样本大多是在投产之际或进入市场前印制的,而且为了最快地送到客户手中往往采用现场散发的形式。

此外,通过产品样本汇编,可以知道产品生产厂家的情况,该产品与同类产品相比的优缺点,从而推测该企业的技术实力、产品开发能力和水平、销售状况,这些又都构成了企业竞争情报的来源。

产品资料可从公司名称、地址、产品名称等方面加以识别。

(6) 会议文献(Conference Document/ Conference Paper)

会议文献是指在各种学术会议上发表的论文。会议文献按其出版时间的先后,分为会前文献、会间文献和会后文献三种类型。

会前文献包括会议日程预告、会议论文预印本和会议论文摘要;会间文献包括会议期间的开幕词、讲演词、闭幕词、讨论记录、会议决议等,大多数为行政事务性材料,学术价值不大;会后文献是指会议结束后出版的会议文献,包括会议录、专题论文集、会议论文汇编、会议论文集、会议出版物以及会议辑要。

会议文献的特点是专业性强、内容新、针对性强、学术水平高、出版发行较快、传递信息及时。会议文献大部分是本学科领域内的新成果、新理论、新方法,一部分科研成果就是通过学术会议首次发表的。

此外,会议文献通常经过会议主办者审查、推荐,经过专家学者提问、讨论、评

价、鉴定,再由本人修改后出版,所以可靠性也较高,因而越来越受到人们重视,成为了解新动向、新发现的重要信息源。

(7) 档案文献(Files Document)

档案是国家机构、社会组织以及个人从事政治、军事、经济、科学、技术、文化、宗教等活动直接形成的具有保存价值的各种文字、图表、声像等不同形式的历史记录,是完成了传达、执行、使用或记录现行使命而备留查考的文件材料。

档案以其记录性和原始性于一体的特点而区别于遗留下来的实物,又因其可靠性和稀有性而区别于一次文献,这就使相当一部分档案在一定时间内是受到保护的,在利用上有特殊的要求和价值。

档案的信息价值体现为凭证作用。档案是实践活动留下的记录,保存着真实的原始标志,具有无可争辩的客观性和可靠性,是查考和处理事务的真凭实据。

另外,档案还可以提供大量情报和知识。例如,学术部门利用历史档案研究历史发展中的问题;企业利用技术档案了解技术开发系统在科研和引进新技术、新工艺、新材料方面的情况;经济学专业人员利用会计档案了解产品生产成本、原材料价格的变化,并通过归纳、分析,预测企业活动的发展趋势和市场对企业的影响。

档案文献主要依据档案号查询。

(8) 科技报告(Science & Technical Report)

科技报告是科学研究工作中阶段性或最终研究成果的总结。科技报告的内容比较新颖、详尽、专深。其中可以包括各种研究方案的选择与比较,成功与失败的体会,有些内容涉及到军事、国防、尖端技术、重要工程、新材料、新工艺等方面,大部分属于保密或控制发行之列,等到内容已无保密必要时才可转为公开。

许多发达国家都有自己的科技报告,如英国航空航天委员会 ARC 报告、法国原子能委员会 CEA 报告、德国航空研究报告 DVR、瑞典国家航空研究报告 FFA、日本原子能研究报告 JAERI 等。但美国政府四大报告却一直雄居首位,是世界上科技人员注目的重心,它们分别是行政系统的 PB 报告、军事系统的 AD 报告、航空与宇航系统的 NASA 报告、原子能和能源管理系统的 DOE 报告。这四大报告每年公开和解密部分约 6 万件。科技人员对科技报告的需要量约占其全部文献量的 10% ~20%,通过刚刚解密的报告,可以获得一些其他途径无法获得的尖端科技情报。

科技报告信息的特点是:第一,迅速反映新的科技成果。由于有专门的出版机构和发行渠道,科研成果通过科技报告的形式发表,通常比期刊早一年左右。第二,内容多样化。科技报告几乎涉及整个科学、技术领域以及社会科学、行为科学和部分人文科学。第三,基本上都是一次文献。科技报告报道的是科技人员创造的成果和原始资料,数据详尽可靠,有较大的情报价值。尽管科技报告的质量因多种因素影响而参差不齐,但从总体上看,一般涉及的都是最新研究课题和尖端技术,因而能充分反映一个国家的科学技术成果、动向和发展水平。

科技报告一般有报告编写单位代码,如 AD,PB,NASA,DOE 及报告号,还有表示报告的特征词,如 report, notes 等。

(9) 政府出版物(Government Publication)

政府出版物是由政府机构制作出版,或由政府机构编辑并授权指定出版商出版的文献。大致上可分两类:一类是行政性文献(包括宪法、司法文献),主要涉及政府法律、经济方面的国会和议会记录、议案、决议、司法资料、听证记录、法律、法令、规章制度、政策、调查统计资料等;另一类是科学技术文献,主要指政府部门出版的科技报告、标准、专利文献、科技政策文件,公开后的科技档案、经济规划、气象资料等,约占政府文献的 30%~40%。

由于政府出版物与其他科技文献(如科技报告)有一定重复,有书、报告、会议录等多种文献,因此可根据具体情况按具体出版形式加以识别。

(10) 学位论文(Dissertation/Thesis)

学位论文是高等院校或研究机构的学生为取得各级学位,在导师指导下完成的科学研究、科学试验成果的书面报告,是著者为获得某种学位而撰写的科学论文。

有价值的学位论文,尤其是较高层次的学位论文,具有独创性、新颖性、科学性的特色,其质量要经过学位或学术委员会的考核。如博士论文具有较高的参考价值,一般偏重于理论,附有大量的参考文献,借此可以看出有关专题的发展过程和方向。

前苏联对 2 万名科技人员的调查表明,对学位论文感兴趣的占被调查总数的 28.6%,仅次于标准和专利文献(44.1%),高于会议文献(23.5%),这表明学位论文是一个重要的文献信息源。

学位论文的特征一般有表示学位论文的名称,如 thesis, dissertation 以及授予学位的单位及其地址、授予学位时间等。

例如:Martinez L G T. Ph. D. Dissertation, Massachusetts Institute of Technology, Cambrige, MA. 1990.

除了以上 10 种文献类型外,还有报纸、新闻稿、统计资料等类的科技文献。在以上 10 种文献中,一般将图书、期刊作为普通文献,其余 8 种都列为特种文献。

3.3 网络信息资源的组织

随着网络的发展,图书馆与外部连接成巨大的信息库,形成一个无限的信息空间——虚拟图书馆。然而,网络信息资源最大的特点是无限和无序。在混沌无序的网络环境下挑选出各种有价值的信息资源并加以组织,创建规范有序的信息空间,实现信息资源效用的最佳和最大化,已经成为广大信息用户共同关注的问题。对于信息组织的方法,图书馆在长期分类和编目工作实践中积累了不少经验,但对网络信息资源的分类、编目和书目控制的特殊性、关联性等方面的研究还处于起步阶段。一般来说,网络信息资源的组织方法既要继承和保留传统信息资源组织的思想和方法,更要有创新和发展。目前,网络环境下信息资源的组织方法主要包括以下几个方面。

3.3.1 网络信息资源的分类组织法

1. 网络环境下分类法的生命力

分类法是将各种知识领域的类目根据知识分类原理进行系统排列,并以表示类目的数字、字母符号(即分类号)作为文献的主题标识,直接体现了知识分类的概念标识系统。在网络环境下,分类法已由传统的利用目录、文摘、索引等工具对印刷型文献进行一般特征的描述,发展到了利用数据库、信息库、搜索引擎等工具对知识单元和信息单元的描述。分类法的主要目的并不只是为了方便检索,也是为了使用户宏观地了解信息资源的知识内涵,为用户提供一张“知识地图”,用户沿着这张“网上地图”可以逐步浏览,直至定位到所需的文献信息。这是解决目前网络信息组织混乱的一项重要措施,是实现科学浏览的必然要求。此外,随着网络技术的迅速发展,数值、图形、图像等非文献型信息在网络信息资源中的比重越来越大,分类法独有的类聚功能和代码标识,为组织和揭示网络信息资源提供了一条行之有效的途径。分类法限定了信息资源的范围,可以提高检准率;其等级分类结构又起到了提供上下文检索词的功能。这说明分类法同样适用于网络信息资源的组织,在网络环境下仍具有旺盛的生命力,具有其他信息资源组织方法不可替代的作用。

2. 立类与列类

目前,网络信息资源的分类多以事物和问题为中心进行划分,这并不是严格意义上的科学分类。网络分类体系采用超文本技术为相关类目建立了参照关系，将传统文献分类法中的一维空间扩展为网络信息分类的二维空间。网络分类体系改变了一些传统分类法中具有上下位隶属关系的类目的关系，一些类目下的内容也有较大的变化。在利用分类法对网络信息资源进行分类的过程中，并不像传统的分类那样仅以《中图法》作为依据，而是还有一个具有自学功能的控制词表。该控制词表的词语只是属于分类法中的某一类目，并且在用户检索的实践中不断吸收新的词汇，又成为一个后控词表。

3. 分类标记分类法

网络信息资源的组织，都没有使用标记符号，其标记系统的分类条目有两个标记：一是字母数字符号，类似于计算机程序语言中的指针，每个字母数字符号指向一个分类条目；二是类目名称本身，这种分类标记隐含在系统内部，具有高容量和高弹性，符合网络信息资源动态性的特点。分类法组织网络信息资源所显示的机读化、国际通用性、兼容性和灵活性，目前已经成为现实。在即将到来的新一轮信息化浪潮中，网络分类法将会更加显示其组织网络信息资源的活力。

3.3.2 网络信息资源的主题组织法

1. 主题法组织虚拟图书馆网络信息资源的优势

主题法是以词语为检索标识，按照主题字顺组织与揭示信息。主题语言的产生弥补了分类法在检索特定事物、特定主题方面的不足。在主题词表作为一种检索机制组织网络信息资源后，其优点也得以充分显示，即利用词汇关系链来获取相关领域知识以提高检索效率，尤其是关键词(自然语言)检索在组织网络信息资源的过程中发挥了十分显著的作用。和分类法一样，主题法在组织网络信息资源方面也有一定优势，在虚拟图书馆网络信息资源的组织过程中也同样具有不可替代的作用。

2. 主题法在网络信息组织中的应用

网络信息资源的组织主要依据关键词，而关键词检索则要靠搜索引擎提供支持。这里的核心问题就是关键词的生成及其组织方式。网络信息资源的关键词标引方式主要有自动标引和专业人员标引两种。其中专业人员标引的质量较高，但成本也高。在自动标引的情况下，搜索引擎中的 HotBot 对网页的文本内容以完全或部分匹配的方式搜寻索引数据库，最终以统一的形式显示检索结果。

3. 主题词表综合性与专业性的实现

主题词表参照系统和标引系统的日臻完善，基本上适应了网络信息资源组织、管理和检索的需要，但仍有其局限性。首先，一般主题词表规模庞大、词汇丰富，有限的计算机内存难以将主题词表及其参照系统全部输入；其次，在网络环境下，不可能完全采用规范用词来组织和检索信息资源；再者，网络环境下使用检索语言的人员不再仅仅局限于情报专业技术人员，还包括各个层次的终端用户。鉴于此，对网络信息资源的组织和揭示，更现实、更实用的方法应该是关键词和主题词的有机结合。具体的做法是：在组织与揭示网络信息资源时，把关键词和主题词同时作为标引词标出，而后建立二者之间的参照关系；对每个主题词用多个关键词进行解释，使关键词较准确地覆盖主题词。关键词和叙词的有机结合，既便于用户利用自然语言和检索文献，又便于情报人员对网络信息资源进行准确、科学的管理。

3.3.3　网络信息资源的分类主题一体化组织法

分类法和主题法各有其优缺点，将二者进行有机结合，扬长避短、优势互补，是网络信息资源组织在理论和实践上的又一项重要课题。

1. 分类主题一体化

在网络环境下，单纯使用分类或主题的方法来组织信息资源都不能满足用户网络查询的需要。信息资源分类的族性检索和主题的特性检索的相互弥补和有机结合，将极大地方便网络信息用户的选择和使用。因此，分类主题一体化成为网络信息资源组织的一种理想模式。

2. 分类主题一体化的应用

人们在对网络信息资源实施有效组织时，都要提供著者、题名、类名或关键词、标题词等信息，为用户提供多种信息查询途径。现有的网络检索工具都依赖于搜索引擎，辅以分类目录，使强大的检索功能与学科分类体系结合在一起。分类主题一体化是网络信息资源检索系统提高检索效率的语言保证，是一种综合化的、有效的网络信息资源组织方法，目前在国内外尤其是在国外得到了广泛应用。美国国立医学图书馆（NLM）研制的一体化医学语言系统（UMLS）即是一个成功的典型。该系统通过各类型情报语言一体化、分类检索语言与主题检索语言一体化、自然语言与人工语言一体化等，真正实现了各种联机情报源中的生物医学信息的一体化智能检索。在国内，《中国分类主题词表》的机读化，实现了计算机辅助文献分类主题标引的一体化，对网络信息资源进行了科学有序的组织，目前该系统已广泛应用于我国图书情报界。

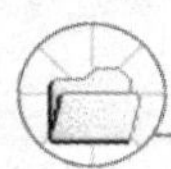

3.3.4　网络信息资源的书目控制组织法

书目控制是一种重要的信息组织方法,其重要性在网络环境下依然十分突出。网络信息资源的组织也需要像组织传统文献资源一样进行编目,提供目录检索。一般来说,网络信息资源的编目模式分为两种:一种是完全由编目人员提供有关虚拟图书馆网络信息源的书目描述数据,这种方法称为完全书目控制法;另一种是通过信息提供者和信息源管理维护人员等多种途径提供书目数据,称为非完全书目控制法。在网络环境下,完全书目控制法以 USMARC 格式为主,而非完全书目控制法则以元数据为主。无论是 USMARC 还是元数据,都是以传统的编目方法为基础,借助于现代信息技术对虚拟图书馆网络信息资源实施的书目控制。

MARC 是用于描述、存储、交换、控制和检索的一套机读书目数据的标准,它是美国国家标准,因而称为 USMARC。USMARC 因其格式的完整性和著录的详尽性,目前已成为一种比较成熟的信息著录格式。但采用 USMARC 对网络信息资源实施书目控制,也存在着数据产生速度较慢等缺点。元数据主要用于描述第二代因特网资源,它能够对虚拟图书馆网络信息资源进行有效的书目控制。元数据的典型代表是“都柏林核心元数据集”(Dublin Core Metadata Elements),其优点是简洁精练、易于理解、便于扩充,并能与其他元数据进行联接,较好地解决了网络信息资源的发现、控制和管理问题,因而具有广阔的前景。图书情报机构可以利用 DC 作中介,实现对重要网络信息资源的 USMARC 格式编目。关于以 DC 为主的元数据与 USMARC 的相互转换,国外的理论和实践已有较大的突破,而在国内还只是刚刚起步,尤其是对于二者之间转换的精确度以及转换过程中主要款目、附加款目如何处理等问题,尚在研讨之中。

3.4　信息检索语言

根据课题需要进行文献信息检索时,从何处着手呢?检索途径可以解决这个问题。

根据课题内容的要求查找有关文献是主要的检索途径,而文献的外表特征也是文献信息检索的途径。因此,检索途径主要分为内容特征途径和外表特征途径。

3.4.1 内容特征途径

1. 分类途径

分类途径是一种按照文献所属学科(专业)属性(类别)进行检索的途径。检索工具的分类表提供了从分类角度检索文献的途径。分类途径检索的关键在于正确理解检索工具中的分类表,将所检索的课题划分到相应的类中。

2. 主题途径

主题途径是通过能表达文献内容的主题词进行检索的途径。多数按分类编排的检索工具都附有主题索引,按检索词的字顺排列。

3.4.2 外表特征途径

1. 题名途径

这是根据文献题名来检索文献的途径。一般多用于查找图书、期刊、单篇文献。检索工具中的书名索引、会议名称索引、书目索引、刊名索引等都提供了由题名检索文献的途径。

2. 著者途径

根据已知文献著者姓名来检索文献的途径。文献著者包括个人著者和团体著者。一般检索工具都有著者(个人)索引,有的还有团体著者(机构)索引,都按字顺编排。

3. 机构名称途径

根据机构名称检索该机构的文献情况,进而了解该机构的科研状况。检索工具中的团体著者索引提供了由机构名称检索文献的途径。

4. 号码途径

对于特种文献,根据其自身的编号来检索文献的途径,如专利文献可以按专利号、科技报告可按报告号、合同可按合同号、期刊可按 ISSN 号、图书可按 ISBN 号检索等。

5. 其他途径

有些检索工具还附有一些特殊索引,可以通过特殊途径查找到所需文献的线索,如分子式索引、结构式索引、图书索引、会议索引等。

3.5 信息检索系统与检索工具

3.5.1 信息检索系统

信息检索系统是根据一定社会需求和达到特定的信息交流目的而建立的一种有序化的信息资源集合体。信息检索系统通常应是一个拥有选择、整理、加工、存储、检索信息的设备与方法,并能向用户提供信息服务的多功能开放系统。

信息检索系统按信息存储的载体和实现的查找技术手段可分为以下子系统:

1. 手工检索系统

手工检索系统是一种以印刷型检索工具为基础的系统。通过手翻、眼看、脑子想以作出判断而完成的检索。这种检索系统的特点是检索者可以边查边思考,并随时修改检索策略,但检索速度慢、效率低,且检索工具体积大、更新慢。

2. 穿孔卡片检索系统

穿孔卡片检索系统是利用探针及其辅助设备,对代表检索标识(分类号、主题词等)的穿孔卡片进行选取的系统。相比手工检索,它提高了检索效率,但由于设备笨重,操作复杂,适用面窄。

3. 缩微品检索系统

缩微品检索系统是以缩微胶片和缩微平片作为存储载体,利用相应的光学或电子技术设备处理信息的系统。这种检索系统需要借助于显示设备。

4. 光盘检索系统

光盘检索系统利用激光束改变存储介质对激光束的不同效应来识别和读出信息。其显著特点是存储容量大,易保存,便携带,有限花费,无限检索等。

5. 电子计算机检索系统

电子计算机检索系统是把信息及其检索标识转换成计算机可阅读的二进制编码,存储在磁性载体上,由计算机根据程序进行查找并输出结果。

6. 网络化信息检索系统

网络化信息检索系统是通过标准通信方式将世界各地的计算机网络连接起来,把全球范围内的科技信息、商业信息、经济信息、时事新闻以及生活信息通过互联网合在一起,向亿万联网用户提供广泛的信息检索与服务。计算机网络检索系统是信息化社会应用最广泛、最活跃的领域。

3.5.2 信息检索工具

信息检索工具就是人们用来报道、存储和查找文献的工具。人们将各种原始文献经过整理分析,加工成文摘、目录、索引等二次文献,提供检索途径并加以报道。它便于用户从不同角度迅速、准确地找到大量有用的文献线索。

一般来讲,检索工具必须具备如下四个条件:

(1) 详细描述所收录文献的外表特征和内容特征。

(2) 每条描述记录都标明有可提供检索用的标识,即指存入检索工具的每篇文献都经过标引,取得检索标识,如主题词、分类号、著者、顺序号等。

(3) 便于存取。全部描述记录科学地组织成一个有机整体,使这些记录便于存取。

(4) 具备多种检索手段。这是要求检索工具能够满足用户从多个角度查找所需文献的要求。

检索工具有多种类型。按收录范围分,有综合性、专题性和专业性;按著录方式分:有目录型、题录型(索引型)和文摘型;按出版方式分,有印刷型(卡片型、书刊型)、缩微型和电子型(联机数据库型、软盘型、光盘型)。

3.5.3 检索工具与检索系统的异同

两者的相同点在于,基本作用相同,都服务于信息检索。

两者的不同点表现在以下几个方面。

(1) 检索工具与检索系统的主要区别在于内部结构、信息表示方式和匹配机制等方面。

(2) 检索工具通常指以纸为记录和存储设备,以书本和卡片集合形式出现,用自然语言或准自然语言描述信息特征,结构简单,采用手工方式进行检索的设施,如检索期刊、书目索引、卡片目录等。

(3) 检索系统常以非纸介质为记录和存储设备,用机器语言和非机器语言表示信息,依靠某种匹配机制来筛选相关信息,功能强弱与构造和设备的先进性密切相关。检索系统由多个子系统或模块构成,需借助于计算机等进行检索,是在手工检索基础上逐渐发展而成的,是信息自动化的必然产物。

3.5.4 几种常用的检索工具

1. 目录

目录(Catalog)是对一批相关单独出版物特征的揭示和报道,是有序的文献清单目录。目录通常以一个完整的出版单位或收藏单位为著录对象,即以文献的"本"或"件"为报道,对文献描述较简单,条目的著录有著者/编者、书名/文献名和出版事项等。目录主要用于检索出版物的名称、著者及其出版、收藏单位。常用目录有国家书目、馆藏目录、专题目录、联合目录等。

2. 题录

题录(Bibliography)是对单篇文献单元特征描述,由一组著录项来构成一条文献记录。题录一般以内容上独立的文献单元(如一篇文章或书中的某一部分,甚至整本出版物)作为著录的基本单元。著录项目一般有篇名、著者、文献来源、文种等。由于著录简单,收录范围广,报道速度快,题录是用来查找最新文献的主要工具。

3. 文摘

文摘(Abstracts)是除描述文献外部特征之外,还用简练的语言揭示文献的主要内容,向读者报道最新研究成果的一种检索工具。它是检索工具的主体,二次文献的核心。文摘种类很多,按文摘的目的、用途划分,主要有三种类型:报道性文摘、指示性文摘和评论性文摘。

(1) 报道性文摘

报道性文摘是用来概述原文的内容要点(尤其是创新点),向读者提供原文中的定量信息和定性信息的一种文摘。报道性文摘是原文内容的浓缩,基本上能反映原文的技术内容,信息量大,参考价值高。读者通过阅读这种文摘,一般可以代替阅读原文。报道性文摘的长度一般在200~300字左右,更长的可达500字以上。大多数文摘属于此种类型,如美国《化学文摘》(Chemical Abstracts)、《生物学文摘》(Biological Abstracts)等。

(2) 指示性文摘

指示性文摘是把原文的主要范围、目的和方法简略地指示给读者,一般不包括原始文献的具体数据、方法、结论等内容。它告诉读者将在原文中发现什么,以使读者不会对文献内容产生误解,帮助读者判断是否需要原文,但阅读指示性文摘不能代替原文。它的长度一般在100字左右,也称为"简介",如日本的《科技文献速报》。

(3) 评论性文摘

评论性文摘是带有文摘员个人看法或观点的一种文摘类型，如美国的《应用力学评论》(Applied Mechanics Reviews)。

阅读文摘大体上就掌握了文献的主要内容。国外曾有调查发现，竟有48%的科学家通过阅读文摘来代替对原文的阅读，足见文摘在代替阅读原文中所起的作用。

4. 索引

索引(Index)是把特定范围内的某些重要文献中的有关各种事物的名称，如书名、刊名、人名、地名、篇名、字、词等摘录，按照一定的方法编排，指明出处，为读者提供文献线索的检索工具。它的应用非常广泛，一般附在书、刊之后作为辅助检索系统，或单独编辑成册，一般不提供信息和知识内容本身，只提供一种指示系统，使用户能够准确地找出文献中的特定信息。

索引通常由索引款目和参照系统组成。索引款目包括标目、说明语和存储地址。标目，也称标识，是索引款目所指示的主题或事物；说明语用来解释款目的含义；存储地址是款目指示的主题或事物在特定信息集合中的地址，如页码、流水号等。索引的种类很多，常见的索引有分类索引、主题索引、著者索引、引文索引、关键词索引等。

例如：冬虫夏草　　　　（标目）

冬虫夏草和人工培养虫草菌丝的药理作用比较　　　　0383

（篇名：说明语）　　　　（文摘号：存储地址）

完整的索引除索引款目外，还包括参照系统，上例中参照系统略。

3.6 网络信息资源的评价

与有着信息质量控制机制的传统信息发布和传播模式相比，因特网为用户提供了更为方便快捷和更为广泛的信息获取渠道，但在为用户提供丰富信息的同时，也造成了信息过载和信息污染等问题。而且，网上信息查找困难、质量不一、真伪难辨，成为用户利用网上资源的最大瓶颈。因此，对网络信息资源进行科学选择，建立合理的网络信息资源评价指标和方法，为用户提供具有可信度的网络信息资源评价服务，越来越受到人们关注。

3.6.1 网络信息资源的特点

1. 非控制性

因特网是一个多网络、无中心、无主管的分散型互联网结构，已成为继报纸、期刊、广播、电视等传统四大媒体之后的第五大媒体。它信息量大，增长速度快，传播范围广。网络信息具有分散性，没有哪个网站可以全面收集网络信息，功能最完善的搜索引擎也只能寻找到大约1/3的网页资源。站点资源本身的信息组织是按时间序列的信息堆积，缺乏系统性，处于一种无中心控制、混乱无序的分布状态。

2. 非稳定性

网络环境是变动的，网络上的信息资源也是瞬息万变的。网络信息的“出版”速度十分快捷，消失的速度也十分快捷。网络信息资源是开放的，它接受各方面的修改补充，信息的生产者和信息的发布者都可以改变其状态。任何人任何时候都可以在因特网上发布信息、传播观点。网上的信息以几何级数增长，不但数量庞大，而且内容丰富，这些信息大部分是原生态信息，这种原生态信息虽然保持了鲜活的特色，但由于没有经过社会的监督，没有经过整序，信息质量不够稳定。

3.6.2 网络信息资源评价的目的

开展网络信息资源评价的目的表现在两个方面。

第一，继续发挥信息服务部门帮助用户选择、利用信息之传统功能。通过对网络信息资源的评价，了解网上相关学科、专业、主题领域内学术信息的分布及质量等情况，从而为有关信息的取舍提供判断依据，以便在最短的时间内以最快的速度帮助用户选择或直接为其提供最有针对性的信息，实现小投入、大回报。

第二，通过对相关学科、专业、主题领域内的网络信息资源的评价，掌握各领域中的优秀网站/网页，日积月累，形成各领域优秀网站/网页群，以最终确定本单位（部门）最常用的“核心网站/网页”。

3.6.3 网络信息资源评价的意义

因特网的开放性与自由性，打破了传统媒体对时间、空间的限制，为因特网电子信息资源的产生与发展提供了前所未有的机遇。人们可以自由地将各种信息收入因特网中，这就使得因特网的信息资源具有数量庞大、增长迅速、内容丰富多彩、交叉重复、质量参差不齐等特征。面对网络信息资源的急剧膨胀，人们变得无所适

从,在网上获取和选择信息愈发困难,这主要表现在以下几个方面。

第一,信息泛滥,信息污染严重。现在的网络信息资源数量不是太少,而是太多太滥,人们面对这样的海量信息时显得茫然失措,无从下手。虚假、色情、暴力、反动信息充斥于网络中,信息污染程度日益加深,人们在寻找高质量的网络信息时真伪难辨,困难重重。

第二,现有信息选择和组织工具还不完善。现有搜索引擎和信息中心门户能对网络信息资源的组织和整序起到一定的作用。然而,搜索引擎经常会将成千上万条满足检索条件的网页地址呈现在检索者面前,令检索者无所适从。信息中心门户能对其主题领域内的部分网络信息资源进行优选和整合,但也不能完全满足用户的信息需求。

第三,无法满足知识检索的需要。从海量的网络数据信息中发现、采掘和获取知识,是知识工程要解决的重点课题。然而,目前的网络信息繁杂,缺乏导引,不利于人们快速有效地进行知识检索。

开展网络信息资源评估,既有利于发现和整合知识,又能指导用户方便、快捷、有效地获得所需信息,从而为用户节省宝贵的时间,间接产生无法估量的社会效益和经济效益。

3.6.4 网络信息资源评价的主体与客体

1. 网络信息资源评价的主体

目前,对因特网信息资源进行评价的人员和机构主要有以下几类。

(1) 学术领域专业人员。某一学术领域的专家由于熟知本专业的研究方向,对网络信息资源的评价具有相当的权威性。

(2) 图书馆员及图书馆学、情报学专家。探讨、研究因特网信息资源的评价与选择是近年来国内外图书情报界的热门课题之一。

(3) 网络用户。

(4) 网上评估服务机构。

(5) 进行网上资源评价的出版物。

2. 网络信息资源评价的客体

从检索的角度来看,网络信息资源主要包括网站信息资源和网页信息资源。我们评价网络信息资源的对象,主要也依据这两个方面。网站信息资源又包括网站(不包括站内所包含的具体信息)和站点信息(即网站所发布的具体信息);网页信息资源包括网页(不含具体信息内容)和网页信息。因此,总的来说,评价的客

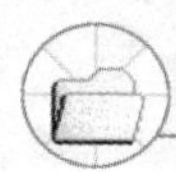

体一是具体的网上信息，二是站点/页面。由于具体的网上信息量大，人们无法搜集齐全所有的信息并对它们逐一进行评价，因此，目前较为可行且被普遍采用的对策是采取替代办法，即用网站的评价代替对信息的评价，具体评价时以站点为单位，评价的过程也就是筛选核心网址和站点的过程。由此可见，网站是现阶段因特网信息资源评价最重要的客体。

3.6.5 网络信息资源的评价指标

1. 站点的稳定性和连续性

网络上的信息源有固定和不固定之分。固定信息源是指能长期提供信息，而且信息的内容范围较为稳定并能经常进行维护，不时增加新信息的网站。非固定信息源是指提供信息的内容范围经常发生变化或生产信息的随意性很大，随时可能有消失的网站。站点的稳定性和连续性至关重要。一般来说，大型机构由于有充足的资金及人力支持，比较正规、稳定，个人站点相对而言稳定性、连续性较差，生命周期也较短。

2. 信息质量

信息质量包括学术水平、可信度、时效性、内容的连续性等方面。这是评价网络信息资源最基本、最重要的标准。网络信息水平参差不齐，信息的真实性、有效性都需要进行鉴别。一般认为，权威机构或作者的信息可靠性要高些，用户可以从作者的权威性、信息发布的目的以及网址域名来判断信息的可靠性。对于网络信息资源评价来说，包含“edu”，“org”等域名的网站发布的信息标准性和权威性等一般都比包含“net”，“com”等域名的网站要高。

3. 范围

提供信息的广度、深度也是一个重要的评价标准。如果一个网站的信息虽然正确、权威，但信息量不多，也不够理想，从检索效率来看，其查全率就肯定受影响。因为网络信息资源具有分散性的特点，这也是相对而言的。

4. 易用性

易用性表现为连接速度快、界面友好，无空链、死链。如果传输速度与传输质量不高，则会影响用户对信息的利用。影响传输速度与传输质量的因素很多，如网络通道窄、主页图形档太多太大等。而且，如果网站的数据库不采用通用的文件格式或通信协议，还需要用户使用有关软件进行转换才能利用，同样也会浪费使用者的时间。

5. 交互性

网络信息具有交互性特点，这是网络信息不稳定的原因之一，但这能克服以往使用印刷型文献进行交流时不能直接反馈的缺点。这种交互性能使用户把自己的要求或意见传递给信息的制造者和提供者，使网络信息的传递更有针对性。

上述评价指标是从总体上来说的，不同的评价机构所采用的评价指标也不相同。文献信息机构所提供的网络信息资源导航服务领域，其评价的重点在于网络信息资源的信息内容，主要考虑网络信息资源内容的权威性、正确性，尤其是网络信息资源的学术价值。一些专业评价网站所选择的评价指标大多以网络信息的形式为导向，更多考虑的是主观的判断、站点设计和易用性等特点，它们提供网络信息资源的选择、评价和评级服务，所提供的评价或评级结果比较直观，采用星级或有代表意义的图形。从评价的准确性及对用户的帮助来看，前者价值更大，这是网络信息资源评价应坚持的方向。

3.6.6 网络信息资源的评价方法

1. 定性评价

是指按照一定的标准，从主观角度对网络信息资源所做的优选与评价。优点是可以对网站内容进行深入分析。缺点是评价结果受人为因素影响较大，并且由于缺乏量化标准，评价结果往往比较模糊，主要表现在：① 评价指标体系的选择，相关指标赋值、评价的方法与过程往往具有不可克服的主观性，从而影响到评价的客观性；② 评价结果的适应性，这主要是指网络信息资源的质量指标难以满足用户个性化特征与特殊信息的需求。

2. 定量评价

是指按照数量分析方法，利用网上自动搜集和整理网站信息的评估工具，从客观量化角度对网站信息资源进行的优选与评价。因特网的基本成分是网页，网页与网页之间由链关系相互连接，由此组成了覆盖世界的巨大网络。链是网页之间相互关联的纽带，它反映了网页之间的各种内在联系，对链的数量进行统计和分析，就可以了解到网页乃至站点的情况，这与引文法非常相似。在因特网上，站点(页面)A 认为它与站点(页面)B 有着这样或那样的关系，因此将站点(页面)B 作为一个超级链接，引导浏览者进入站点(页面)B，实际上就是站点(页面)A 引用了站点(页面)B。一般来说，站点被用户访问的次数越多，说明该网站的信息越有价值。而一个网站被链接的数量越多，也可以断定该网站的内容比较重要。定量评价全面而及时，方便而快捷，评价结果客观而公正。但是，该评价标准过于简单，并且这些统计数据可能会受到广告、网站免费服务、浏览器设置等因素的影响,所得结果难免偏颇。

3.6.7 因特网信息资源评价工具

1. 印刷型因特网信息资源评论工具

印刷型因特网信息资源评论工具主要有两种:一是专门的因特网信息资源指南工具书,如 Internet International Directory, World Wide Web Yellow Pages 等对所选网站(资源)均有简短介绍或评论。二是专业杂志中的因特网信息资源专栏,如美国 Library Journal 中即设有“Web Watch”专栏,介绍、评论因特网信息资源。

但印刷型因特网信息资源评论工具存在信息滞后的问题,使用时应注意出版时间,并上网验证。

2. 网站中的因特网信息资源评论与评估

一些著名网站设有因特网信息资源评论与评估栏目。这些栏目或评论站点,按照一定的标准、原则进行评价、选择,列出优秀或流行的因特网信息资源,包括内容、导航设计与资源组织、操作使用等,保证了所选资源的质量。

较为著名的网上工具有:① Magelan Internet Guide,是一个描述、评估、评论因特网信息资源的联机指南,内容涵盖英文、法文及德文资源。评价标准有内容的完整性、资源组织、信息的新颖性及易用性等。② The ArgusClearinghouse,是因特网信息资源指南,评价标准有资源描述水平、评价水平、设计水平、组织框架及元信息水平。指南按类组织,有专人负责资源的评论工作,该站点现设有“数字图书馆员奖”,按月评出当月最好的指南。

思 考 题

1. 信息、知识、文献、情报的关系如何?
2. 信息资源有哪些类型?各类型信息资源有何特点?
3. 何为检索语言?其作用、类型有哪些?
4. 主题检索语言和分类检索语言的异同有哪些?
5. 何为检索系统、检索工具?检索工具包括哪些类型?
6. 网络信息资源有何特点?其评价标准和方法有哪些?

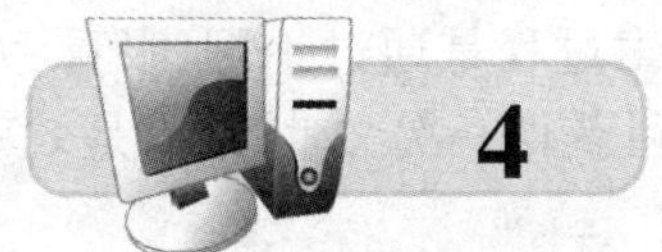

4 信息检索概述

4.1 信息检索的原理

科技信息检索是从大量的科技信息集合中找出所需信息的活动、过程与方法。这是一种针对广大科技信息用户来说的狭义说法。从广义上来说，科技信息检索包括信息的存储(Storage)和检索(Retrieval)两方面，即包括将科技信息按一定的方式组织存储起来和按信息用户需求来查找相关科技信息两方面。存储是检索的基础，检索是存储的目的。

存储是指对大量的原始文献进行收集、归类、选择、整理，把有关文献的特征著录下来，成为一条条文献线索，根据实际需要，编制成综合性或专业性的检索工具，组织成一个检索系统。检索是依据特定的需求，利用一定的检索工具和检索手段，把所需的文献信息从检索系统中查询出来的过程。

显然，存储和检索是意义不同的两个过程。存储是积累和组织，是从一次信息到二次信息的过程。检索是查询和选取的过程。用检索提问标识与存储在检索工具中的文献特征标识进行比较，如果文献特征的标识与检索标识相一致，或者文献特征的标识包含检索提问的标识，那么该特征的文献就能被检索到，所以检索是从二、三次信息到一次信息的过程。

早期的科技检索，主要根据文献的外表、内在特征，采用手工方式实现。随着计算机技术的迅猛发展，信息处理与检索逐渐进入机械化和计算机化阶段，提高了检索速度，拓展了领域。

4.2 信息检索的分类

1. 根据信息检索手段的不同划分

根据信息检索手段的不同划分，信息检索可分为手工检索和计算机检索，两者各有特长。

(1) 手工检索

通常使用的是一些印刷型的检索工具,检索过程是通过手翻、眼看、大脑判断来完成的,其特点是检索费用低、检索质量高,可获得一次文献,缺点是效率较低。

(2) 计算机检索

使用的是检索系统,包括计算机设备、通信网络、数据库以及其他辅助设备。检索过程是根据用户的检索需求,事先确定好检索方案和提问式,从计算机存储的大量数据中匹配出所需结果。计算机检索的优点是方便、快捷,缺点是所提供的信息在广度和深度方面还不能与图书馆和档案馆甚至传统的联机检索相比。

2. 根据信息检索的内容划分

根据信息检索的内容划分,信息检索又可以分为数据检索、事实检索和文献检索。

(1) 数据检索

检索结果是数据,是通过参考工具书进行检索。例如,人体血小板的正常值,有关计算公式、数据图表、化学分子式等都属于数据检索的范畴。

(2) 事实检索

检索结果是事实结论,也是通过参考工具书进行检索。凡查询某一事物(事件)的性质、定义、原理以及发生的时间、地点、过程等,都属于事实检索的范畴。进行事实检索和数据检索的工具主要是有关参考工具书,如手册、词典、年鉴等。

(3) 文献检索

检索结果是文献资料,主要是通过文献检索工具进行检索。凡是查找某一著者、某一地域、某一机构、某一事物的有关文献的出处和收藏单位等,都属于文献检索的范畴。

4.3 信息检索的目的和意义

1. 避免重复劳动

科研具有继承和创造两重性,这就要求科研人员尽可能多地占有相关的文献信息。从实践看,科研中出现的绝大多数问题都有必要、而且有可能通过查找科技文献得到启发甚至得到解决。因此,科研人员在着手研究一项课题前,必须利用科学的文献检索方法来了解该课题的情况,即前人在这方面做过哪些工作,还存在什

么问题，以及相邻学科的发展对研究这项课题提供了哪些新的有利条件等。这样才能正确地制定研究方案，防止重复研究，少走弯路。

在我国，重复研究的现象比较严重。一方面是重复研究国外已有的技术，另一方面是国内各机构之间相互重复研究。因此，研究人员必须加强科技文献检索意识，提高检索能力。

2．节省时间，提高科研效率

现代文献的数量和类型在迅速增加。实际上，任何人都不可能将世界上所有的文献阅读完。据统计，科研人员查阅文献的时间占科研时间的40%～50%。利用科学的文献检索方法就可以缩短查阅文献的时间，提高科研效率。

3．有利于专业学习

通过大量的文献阅读，获取大量与专业有关的信息，可以拓宽视野，开拓思路，从而促进专业学习。

4.4 信息检索的方法

所谓检索方法，就是根据现有的检索工具，能够省时省力获取最佳检索效果而采取的检索顺序和途径。目前常用的检索方法大致可分为追溯法、工具法和交替法。

1．追溯法

追溯法是获取文献的一种传统方法。它利用有关文献所附的参考文献进行追溯查找，十分简便可行。据资料统计，约90%以上的期刊论文附有参考文献，一般少则几条，多则上百条。如英国《科学文摘》各分册的辅助索引中专门设立了“参考文献目录索引”，所列参考文献一般在40篇以上。

追溯法也有其局限性。首先，文献后所附的参考文献一般早于该文献时间，因此只能追溯到该文献前的文献；其次，文献后所附的参考文献数量毕竟有限，收录的年代也不连续，特别是当引用文献很多时，常掺杂一些参考价值不大的文献，故影响了文献检索的效果。因此，一般只有在检索工具不成套或不齐全的情况下才采用这种方法。另外，文献之间的引用与被引用关系也被广泛用于文献的追溯检索。据国外资料统计，历史上发表的文献中约有90%以上在不同程度上被别人引用过。这反映了科学交流活动的频繁，显示了科技文献之间的内在联系。

2．工具法

工具法就是利用文摘、索引、题录等各种检查工具查找文献的方法。工具法是

文献检索中经常使用的一种方法,故也称常用法,它有顺查、倒查和抽查三种方法。

顺查法就是以课题研究开始年代为起点,利用检查工具,依据年代逐年查找,直至查找到最新的文献。逐年查找的好处是:漏检较少,查出的文献可以及时筛选,故查全率和查准率比较高。其缺点是检索的工作量比较大,要求有齐全的检索工具和比较宽裕的检索时间。顺查法一般是为撰定某一学科的发展动态、综述、述评等情报论文而采用的方法。利用这种方法检索出来的文献线索比较有系统性,有助于了解学科的产生、演变和发展情况。

倒查法与顺查法相反,即从最近期向远期逐年查找。这种方法往往用于确定新课题或解决某些关键性技术。倒查法检索效率比顺查法高,花费时间不多,却能检索到内容新颖的文献。

抽查法就是针对学科发展特点,抓住学科发展迅速、文种发表较多的年代,抽出一段时间(几年或十几年)进行逐年集中检索的一种方法。该法的优点是,检索时间较少,却能获得较多的相关文献。但使用抽查法,检索者须熟悉学科的发展特点,熟悉学科文献集中分布登载的时代、范围,才能达到最佳的检索效果。

3. 交替法

交替法亦称循环法,它是追溯法和工具法的相互结合。根据结合的不同,又可分为复合交替法和间隔交替法两种。

复合交替法就是先利用检索工具查出一批有用的文献,然后利用这些文献所附参考文献中提供的线索,追溯查找,扩大线索(即先工具法,后追溯法);或者先掌握一批文献所附的参考引用文献线索,分析查找适宜的各种检索途径,然后利用相应的检索工具扩大线索,获取文献(即先追溯法后工具法,不断交替使用)。

间隔交替法就是利用检索工具查出一批有用的文献,然后利用这些文献所附的参考文献,追溯、扩大检索,间隔几年(一般为 5 年)的文献后再用工具法查找,查出相关文献后再进行追溯,如此循环检索,一般 5 年之内的重要文献都会被引用。

综上所述,交替法是一种"立体法"的检索方法,检索效率比较高。其中,复合交替法比间隔交替法完善,但是,间隔交替法能弥补因检索工具缺期而造成的漏检损失。

4.5 信息检索的步骤

检索步骤即检索过程,是根据检索课题要求,选择检索系统,确定检索标识,按照一定的检索途径和方法,查找出特定文献的过程。一般可按照下面五个步骤进行检索。

1. 分析研究课题

分析课题的目的是使检索者确定课题要解决的实质问题,这是制定检索策略的根本出发点,也是影响检索效率的重要因素。该步骤需明确以下具体问题:

(1) 课题主题。

(2) 课题所涉及的学科范围。

(3) 课题所需文献的内容及其特征。

(4) 课题所需文献的类型,包括文献的媒体出版类型、所需文献量、年代范围、涉及的语种、有关著者机构等。

(5) 课题对查新、查准和查全的指标要求。若要了解某学科、理论、课题、工艺过程等最新进展和动态,则要检测最近文献信息,强调一个“新”字;若要解决研究中的具体问题,找出技术方案,则检索要有针对性,强调一个“准”字;若要撰写综述、述评或专著,要了解课题、事件的前因后果,则检索详尽、全面的文献信息,强调一个“全”字。

2. 选择检索系统,确定检索标识

选择检索系统应注意以下几个方面:

(1) 根据课题学科范围所需文献类型,选择合适的检索系统。自然科学领域的研究通常分为基础研究、应用研究和开发研究三种。基础研究寻求对自然界的认识,所需文献类型侧重科学专著、学术期刊、学术会议论文及原始性的科学考察、实验和述评等;应用研究和开发研究着重解决应用工程技术问题,所需文献侧重于科技图书、技术性期刊、报告、论文、专利、手册、标准、样品和产品目录等。

(2) 选择报道及时,收录文献全面,索引系统完备的检索系统。

(3) 既要选择使用综合性的检索工具,也应注意选择使用专业性或单一性的检索工具。根据不同检索系统的要求,利用主题词表、分类表、索引指南等标引核对检索标识。

3. 确定检索途径,选择检索方法

检索工具的途径类目很多。首先应充分利用文献的外部特征如篇名、著者、文种序号等进行检索,非常方便且查准率比较高。但在检索时,如仅知道检索的课题,就要利用主题索引和分类索引等。其中主题途径的应用最为普遍。

在选择检索方法时,可根据课题性质、检索对象、检索范围等,确定具体课题的检索方法,如采用追溯法、抽查法等。

4. 检索的实施

检索的实施一般通过检索工具的目次表、分类表、主题词表、类目索引或检索手册等辅助性的工具，根据检索策略匹配主题标识。根据检索情况，不断调整检索标识、检索途径和方法，直至达到满意效果。

查找到与检索提问相一致的文摘时，就要仔细阅读其内容，判定文摘是否切题。如符合检索要求，可记下篇名、著者、来源、文种等著录款目。

5. 索取原始文献

对检索到的文献线索进行研究和筛选，如需进一步了解并详细查阅原始文献资料，可根据文献线索查阅原始文献，或通过文摘题录等提供的文献出处，向文献收藏单位索取原始文献。

要说明的是，各种检索工具为了节省篇幅使用了大量的缩写词，特别是期刊刊名一般都是缩写。索取原始文献时首先要将其全称查出。一般各种检索工具都附有该刊物所摘引的出版物一览表，如美国《工程索引年刊》附有《出版物一览表》(Publication List)，英国科学文摘附有《期刊一览表》(List of Journals)等。

获取原文的途径：

(1) 本单位图书情报部门。这是获取原文最方便的途径。

(2) 掌握国内主要的或相关的图书情报机构的馆藏信息。利用联合目录或网络，由近及远地查找，或通过函索以及馆际协作获取原文。

(3) 从著者获取原文。给国外的论文著者写信索取复制件已是国际上通行的学术交流方式。据统计，全世界每年向著者索取抽印本达数百万件。索取抽印本要在论文发表后较短时间内进行。函索时，附上一些有价值的文献作为赠送不失为一种礼貌而有效的方法。美国一些情报机构已开展这方面的服务，如研究图书馆中心(CRL)、国家技术情报服务中心(NTIS)、美国专利商标局(PTO)等。

(4) 从检索刊物出版机构获取原文。国外的一些著名检索机构，如美国化学文摘社 (CAS)、情报科学研究所(ISI)等都可向用户提供原文。

(5) 利用国际联机检索终端向国外订购原文。如果读者急需原文，而一般订购渠道又很慢，则可以采用这个途径。订购时需填写“联机订购原文申请单”，注明文档名称及代号、原文题目、著者、出处等。这是一种较快的订购办法，但费用昂贵。

4.6 信息检索的功能及逻辑运算

为保证检索结果准确全面、经济高效,各检索系统为用户提供了多种不同的检索功能,如布尔逻辑组配、截词、位置限制等。

4.6.1 布尔逻辑

利用布尔逻辑算符进行检索词或代码的逻辑组配,是现代信息检索系统中最常用的一种方法。常用的布尔逻辑算符有三种,分别是逻辑“或(OR)”、逻辑“与(AND)”、逻辑“非(NOT)”。用这些逻辑算符将检索标识组配构成检索提问式,计算机将根据提问式与系统中的记录进行匹配,并自动输出符合该检索的文献记录。

1. “与”——逻辑乘

逻辑“与”可用“AND”或“ * ”表示,用于组配具有交叉和限定关系的概念,即在文献检索中,表示一篇文献记录须同时满足(含有)两个检索项(如检索项 A 和 B)的要求,这样的记录才能命中。逻辑“与”组配可以缩小检索范围。如“铝 AND 复合材料”,表示只有既含检索词“铝”又含“复合材料”的文献才能检出,如右图交叉部分为命中结果。

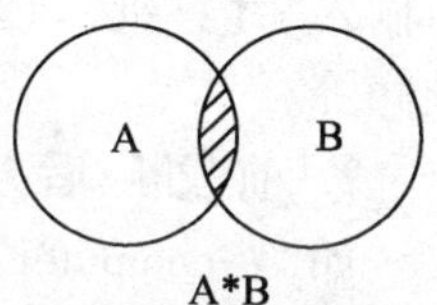

A*B

2. “或”——逻辑和

用于组配具有同义和并列关系的概念,即在文献检索中,表示一篇文献记录只需满足两个检索项中的任何一个或同时满足就能命中,用“OR”表示,通常也用“ + ”号表示。如“除雪机 OR 扫雪机”,表示文献中只要含有检索词中的任何一个或两个同时存在即为命中文献。逻辑“或”扩大了检索范围,如右图所示。

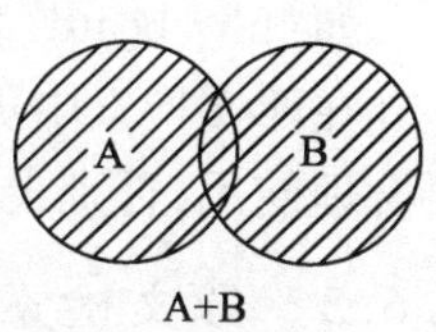

A+B

3. “非”——逻辑差

逻辑“非”是不包含某种概念关系的一种组配,在文献检索中表示一篇文献记录满足检索项 A,但不含有检索项 B,这样的记录才能命中。用“NOT”表示,通常也用“ - ”号表示。如“燃料 NOT 煤”,表示凡煤以外的有关燃料方面的文献均可检出,缩小了检索范围。逻辑“非”的检索结果如右图所示。

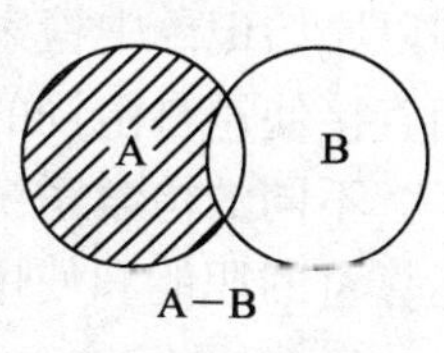

A−B

逻辑算符使用的技巧决定检索效果。另外,对同一个布尔逻辑提问式来说,不同的运算次序会有不同的检索结果。通常规定先做优先处理算符“()”内的运算。

4.6.2 截词检索

截词检索就是用截断的词的一个局部进行的检索，并认为凡满足这个词局部中的所有字符(串)的文献，都为命中的文献。使用截词功能可以提高查全率。不同检索系统的截词符是不同的。如 Dialog 系统使用“?”作为截词符；搜索引擎 Yahoo使用“*”为截词符；等等。此外，在不同的检索系统中，截词符代表的字符数也不相同，有些系统中的一个截词符代表一个字符(有限截断)，有的则可代表多个字符(无限截断)。按截断的位置来分，截词有后截断、前截断、中间截断三种类型。在大多数中文数据库中，则用前方一致、后方一致、前后一致表示。

1. 后截断、前方一致

如“comput?”表示 computer，computers，computing 等。若在有的中文检索系统中输入“计算机”，选择“前方一致”，则表示计算机软件、计算机操作系统、计算机维修等。

2. 前截断、后方一致

如“? computer”表示 minicomputer，microcomputers 等。若在有的中文检索系统中输入“计算机”，选择“后方一致”，则表示 32 位微型计算机、小型计算机、个人计算机等。

3. 中间截断、前后一致

如“fib? board”表示 fiberboard，fibreboard。截词检索是防止漏检的有效工具，尤其在西文检索中更是广泛应用。截词检索可以扩大检索范围，能提高查全率，但要合理使用，否则会造成误检。

4.6.3 原文检索

原文检索又称全文检索。此处的“原文”是指数据库中的原始记录，原文检索即以原始记录中检索项之间的特定位置关系为对象的运算，是一种不依赖叙词表而直接使用自由词的检索方法。

不同的检索系统对原文检索有不同的规定，主要表现在：规定的运算符不同；运算符的职能和使用范围不同。原文检索可分为以下几种。

1. 记录级检索

要求检索词出现在同一记录中，不管在该记录的哪一字段含有所输入的检索字符，都作为匹配记录。不同的检索系统有不同的表达方式，有的采用输入检索字符后不加任何限制符；有的外文系统选择“all fields”表示记录级检索（如COMPENDEX WEB），有的中文系统选择“全文”表示记录级检索（如中国学术期刊数据库）。

2. 字段级检索

要求检索词出现在同一字段中，通常用字段符对检索词加以限定，有的系统要求将字段符前置，有的要求后置，有的要求从下拉菜单中选择字段。字段级检索是使用最频繁的一种检索，可以提高查准率和检索速度。

3. 子字段或自然句级检索

要求检索词出现在同一子字段或同一自然句中。

4. 位置检索

要求检索词之间的相互位置满足某些条件。检索词之间的位置逻辑用位置符号表达。位置符号的使用增强了选词指令的灵活性，因此比布尔算符更能表达复杂的概念。位置符号在不同的检索系统中不尽相同。

运用原文检索方法可以提高文献检索的水平。但是从逻辑形式上看，它仅是更高级的布尔系统，因此存在着布尔逻辑本身的缺陷。

4.6.4 加权检索和聚类检索

1. 加权检索

加权检索是一种定量检索技术，它同布尔检索、截词检索等一样，也是文献检索的一个基本检索手段。不同的是，加权检索的侧重点在于判定检索词或字符串对文献命中度的影响。加权检索的基本方法是：在每个检索词后面给定一个数值表示其重要程度，这个数值称为权，在检索时，先查找这些检索词在数据库记录中是否存在，然后计算存在的检索词的权值总和。权值之和达到或超过预先给定的阈值，该记录即为命中记录。

运用加权检索可以命中核心概念文献，这是提高检准率的有效方法。但并不是所有系统都能提供加权检索，而能提供加权检索的系统对权的定义、加权方式、权值计算和检索结果的判定等又有不同的技术规范。

2. 聚类检索

聚类检索是在对文献进行自动标引的基础上，构造文献的形式化表示——文献向量，然后通过一定的聚类方法，计算出文献与文献之间的相似度，并把相似度较高的文献集中在一起，形成一个个文献类的检索技术。根据不同的聚类水平要求，可以形成不同聚类层次的类目体系。在这样的类目体系中，主题相近、内容相

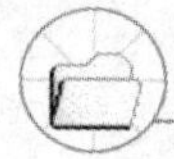

关的文献便聚在一起，而相异的则被区分开来。

聚类检索的出现，为文献检索尤其是计算机化的信息检索开辟了一个新的天地。文献自动聚类检索系统能够兼有主题检索系统和分类检索系统的优点，同时具备族性检索和特性检索的功能。因此，这种检索方式有可能在未来的信息检索中扮演重要角色。

4.7 信息检索的效果评价及影响因素

检索效果是指利用检索系统（或工具）进行检索所产生的有效结果，是对检索系统的性能和质量检验的尺度。

4.7.1 评价目的

评价检索效果的目的，对数据库商来说，是为了准确地掌握系统的各种性能，找出影响检索效果的各种因素，改进系统的性能，保持并加强系统在市场上的竞争力；对于用户来说，是为了分析影响检索效果的因素，调节检索策略，提高检索效果，同时也为选购数据库提供参考。

4.7.2 评价指标

评价指标是衡量检索系统性能和检索效果的标准。对计算机信息检索的效果评价主要从质量、费用和时间三方面来衡量。质量指标主要通过检全率与检准率进行评价；费用标准即检索费用，是指用户为检索课题所投入的费用；时间标准是指花费的时间，包括检索准备时间、检索过程时间、获取文献时间等。检全率和检准率是判定检索效果的主要标准。此外，有学者还提出了检索误差指标：漏检率和误检率。

1. 检全率(Recall ratio，简称 R)

是指系统在进行某一检索时，检出的相关文献量与系统文献库中相关文献总量的比率，可用下式表示：

$$检全率 = \frac{检出相关文献量}{系统中相关文献总量} \times 100\%$$

它是衡量检索系统检出相关文献能力的尺度。例如，利用某检索系统查某课题，假设在该系统文献库中共有相关文献 40 篇，而只检索出 30 篇，那么查全率就

等于75%。

2. 检准率(Precision ratio,简称P)

是指系统在进行某一检索时,检出的相关文献量与检出文献总量的比率,可用下式表示:

$$检准率=\frac{检出相关文献量}{检出文献总量}\times 100\%$$

它是衡量检索系统精确度的尺度。如果检出的文献总篇数为50篇,其中与项目相关的只有40篇,那么,这次检索的查准率就等于80%。因此,查准率也称为“相关率”。

检全率和检准率是评价检索系统检索效果的主要指标。在实际检索中,检全率和检准率是不可能达到100%的,而是存在着一种互逆关系,即在同一检索系统中提高检全率,检准率则会降低,反之,检准率提高,检全率则会下降。

3. 漏检率

是指漏检相关文献量与检索系统中相关文献总量的比率,是衡量检索系统漏检文献的尺度,可用下式表示:

$$漏检率=\frac{漏检相关文献量}{系统中相关文献总量}\times 100\%$$

4. 误检率

是指误检(检出不相关)文献总量的比率,是衡量检索系统误检文献的尺度。可用下式表示:

$$误检率=\frac{误检文献量}{检出文献总量}\times 100\%$$

漏检率和误检率是评价检索系统检索误差的主要指标,误差越大,效率越低,检索系统的性能就越低;误差越小,效率越高,检索系统的性能就越高。

4.7.3 影响检索效果的因素

检全率与检准率是评价检索效果的两项重要指标,它们与系统的收录范围、索引语言、标引工作等有着密切关系。

1. 影响检全率的因素

检全率主要受三方面因素的制约。从文献存储来看,主要有:数据库收录文献不全,索引词汇缺乏控制和专指性,词表结构不完整,词间关系模糊或不正确,标引不详,标引前后不一致等。从情报检索来看,主要有:检索策略过于简单,选词和逻辑组配不当,检索途径和方法太单一等。从检索系统来看,主要有:系统不具备截词功能和反馈功能等。

2. 影响检准率的因素

影响检准率的因素主要有:索引词不能准确描述文献主题;组配规则不严密;选词及词间关系不正确;标引过于详尽;检索词(或检索式)专指度不够;检索系统不具备逻辑"非"功能和反馈功能等。

实际上,影响检索效果的因素是非常复杂的。应当根据课题的具体要求,合理调节检全率和检准率,以保证检索效果。

思　考　题

1. 信息检索的目的和意义如何?
2. 信息检索有哪些方法?
3. 信息检索的步骤是什么?
4. 计算机检索常用功能及逻辑运算有哪些?它们包含什么含义?
5. 何为信息检索效果?其评价标准及影响因素有哪些?

5 中文信息检索工具

5.1 中国学术期刊

5.1.1 概述

CNKI(China National Knowledge Infrastructure)即中国知识基础设施工程,是由清华同方光盘股份有限公司、中国学术期刊(光盘版)电子杂志社、光盘国家工程研究中心等单位,于1999年6月在《中国学术期刊(光盘版)》(CAJ-CD)和中国期刊网(CJN)全文数据库建设的基础上研制开发的一项规模更大、内容更广的知识信息化建设项目,于1999年6月在CERNET上开通了中心网站(www.cnki.net)。CNKI"数据库列表"中列出8种数据库,分别为:中国期刊全文数据库(CJFD)、中国优秀博硕士学位论文全文数据库(CDMD)、中国重要报纸全文数据库(CCND)、中国基础教育知识仓库(CFED)、中国医院知识仓库(CHKD)、中国企业知识仓库(CEKD)、中国城市规划建设知识仓库(CCPD)、中国专利数据库(免费)。中国期刊全文数据库是CNKI知识创新网中最具特色的一个文献数据库,收录8 000多种重要期刊,分为理工A、理工B、理工C、农业、医药卫生、文史哲、政治军事与法律、教育与社会科学综合、电子技术与信息科学、经济与管理10大专辑。

5.1.2 检索

一般大学图书馆都建有CNKI的镜像站,点击"CNKI期刊全文数据库",选择"CNKI本馆镜像",即可进入CNKI期刊全文数据库检索首页,如图5-1所示。

如果是首次检索该全文数据库,则应先下载全文浏览器,可点击CNKI主页上的"CAJViewer软件下载",将全文浏览器软件下载到本地计算机中,执行安装。

点击CNKI首页上的"跨库检索首页",即进入跨库检索状态,此时可选择初级检索、高级检索和专业检索。

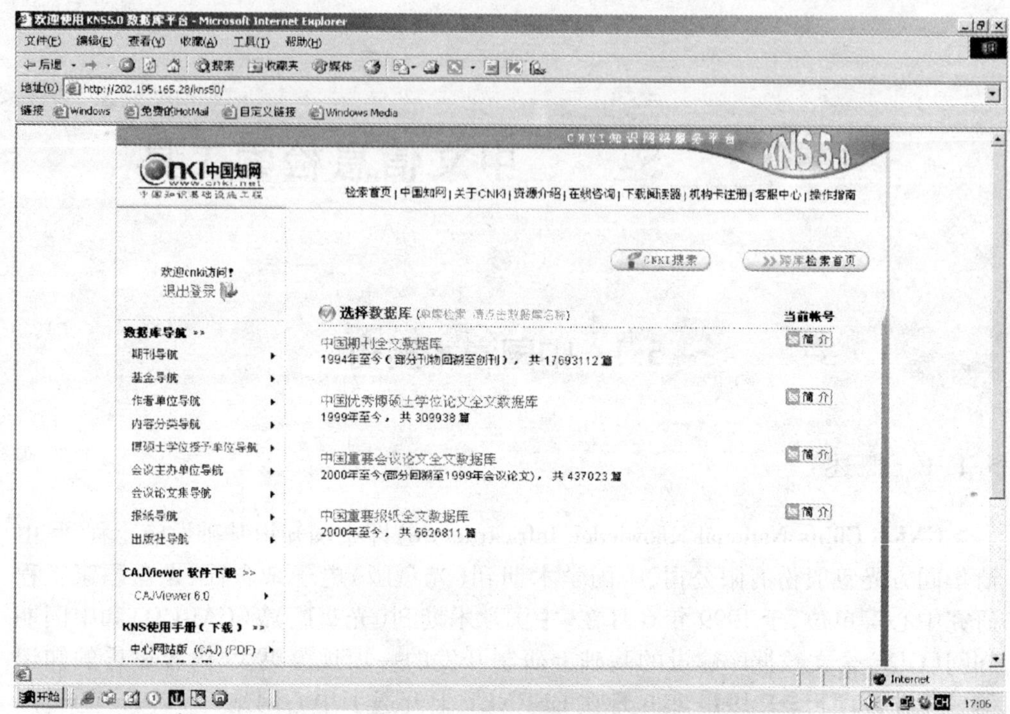

图 5-1　CNKI 数据库界面

1. 初级检索

例如,在初级检索状态下输入“肝炎”,选择检索项和检索时段后,点击跨库检索,即可检索到所需的文献,如图 5-2 所示。

点击所需的文献题名,即可得该文的相关信息,如图 5-3 所示。选择下载并打开,即可得到原文,如图 5-4 所示。

2. 高级检索

例如,在高级检索状态下输入“肝炎”,选择文献来源为“现代中西医结合杂志”,时段为“从 1994 到 2007”,利用“并且”组配后,点击检索,即可检索到所需的文献,如图 5-5 所示。

3. 专业检索

在专业检索状态下,输入“主题 = 肝炎 and 题名 = 治疗”,点击检索,即可检索到所需的文献,如图 5-6 所示。

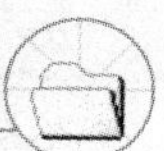

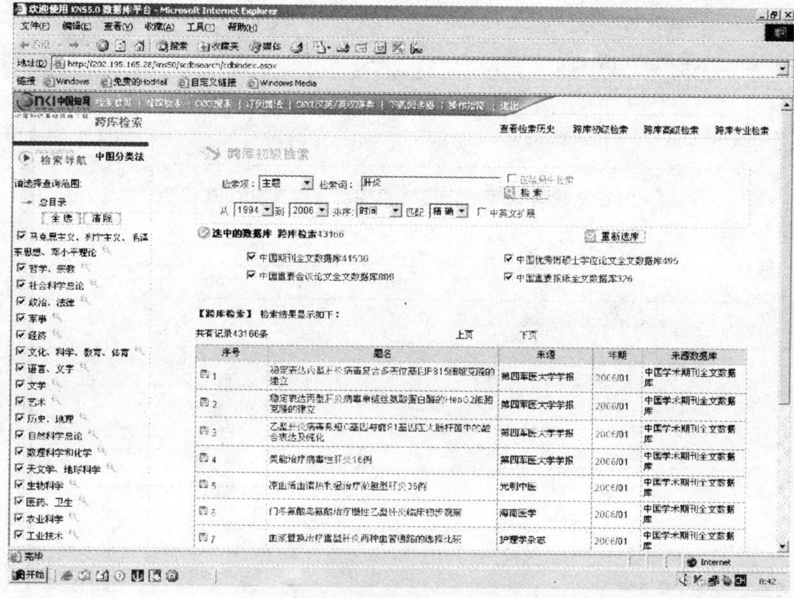

图 5-2 初级检索文献题录

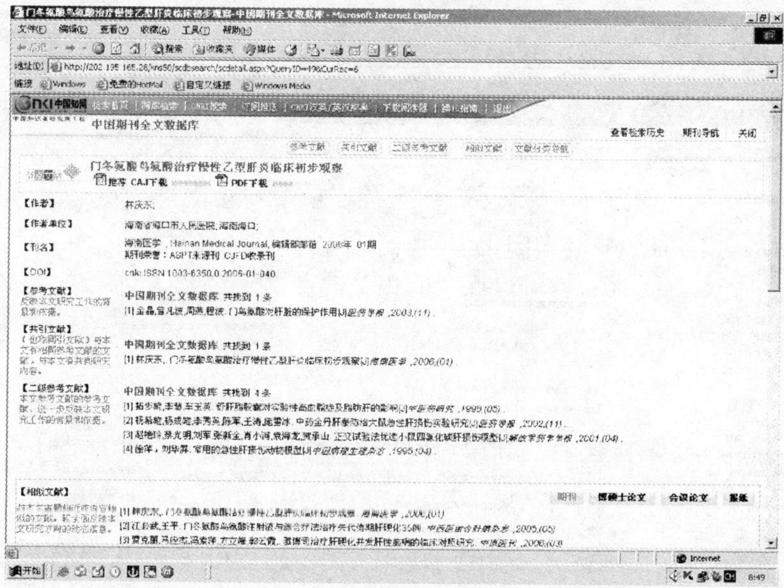

图 5-3 文献的相关信息

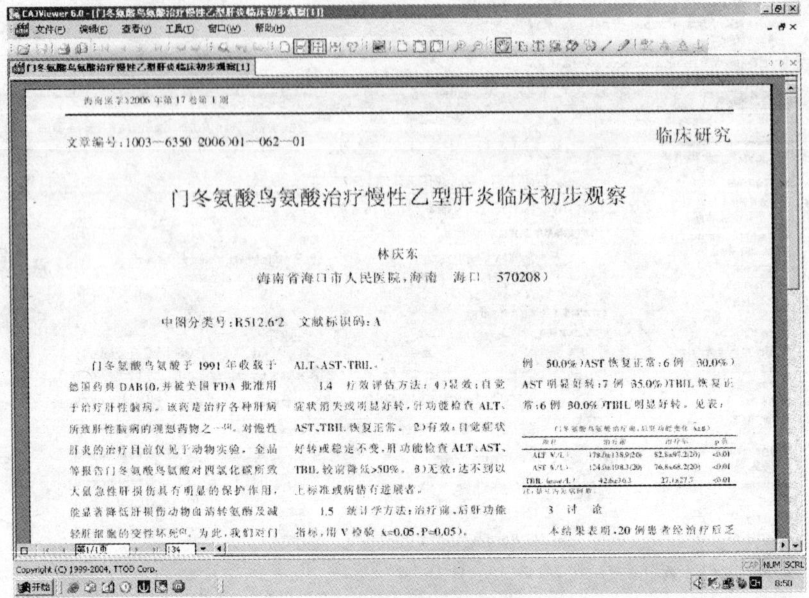

海南医学2006年第17卷第1期

文章编号：1003—6350(2006)01—062—01

临床研究

门冬氨酸鸟氨酸治疗慢性乙型肝炎临床初步观察

林庆东

（海南省海口市人民医院，海南 海口 570208）

中图分类号：R512.6+2 文献标识码：A

门冬氨酸鸟氨酸于1991年收载于德国药典DAB10，并被美国FDA批准用于治疗肝性脑病。该药是治疗各种肝病所致肝性脑病的理想药物之一[1]。对慢性肝炎的治疗目前仅见于动物实验。金晶等报告门冬氨酸鸟氨酸对四氯化碳所致大鼠急性肝损伤具有明显的保护作用，能显著降低肝损伤动物血清转氨酶及减轻肝细胞的变性坏死[2]。为此，我们对门

ALT、AST、TBIL。

1.4 疗效评估方法：1）显效：自觉症状消失或明显好转，肝功能检查ALT、AST、TBIL恢复正常。2）有效：自觉症状好转或稳定不变，肝功能检查ALT、AST、TBIL较前降低>50%。3）无效：达不到以上标准或病情有进展者。

1.5 统计学方法：治疗前、后肝功能指标，用V检验（α=0.05，P=0.05）。

例（50.0%）AST恢复正常：6例（30.0%）AST明显好转：7例（35.0%）TBIL恢复正常：6例（30.0%）TBIL明显好转。见表：

3 讨 论

本结果表明，20例患者经治疗后乏

图5-4 原文全文

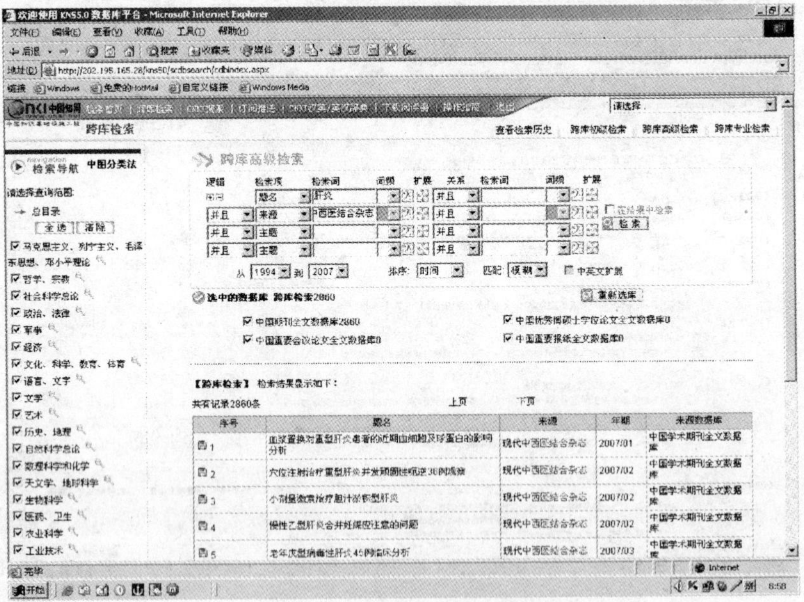

序号	题名	来源	年期	来源数据库
1	血浆置换对重型肝炎患者的近期血细胞及球蛋白的影响分析	现代中西医结合杂志	2007/01	中国学术期刊全文数据库
2	穴位注射治疗重型肝炎并发顽固性呃逆30例观察	现代中西医结合杂志	2007/02	中国学术期刊全文数据库
3	小剂量激素治疗胆汁淤积型肝炎	现代中西医结合杂志	2007/02	中国学术期刊全文数据库
4	慢性乙型肝炎合并妊娠应注意的问题	现代中西医结合杂志	2007/02	中国学术期刊全文数据库
5	老年戊型病毒性肝炎45例临床分析	现代中西医结合杂志	2007/03	中国学术期刊全文数据库

图5-5 高级检索结果

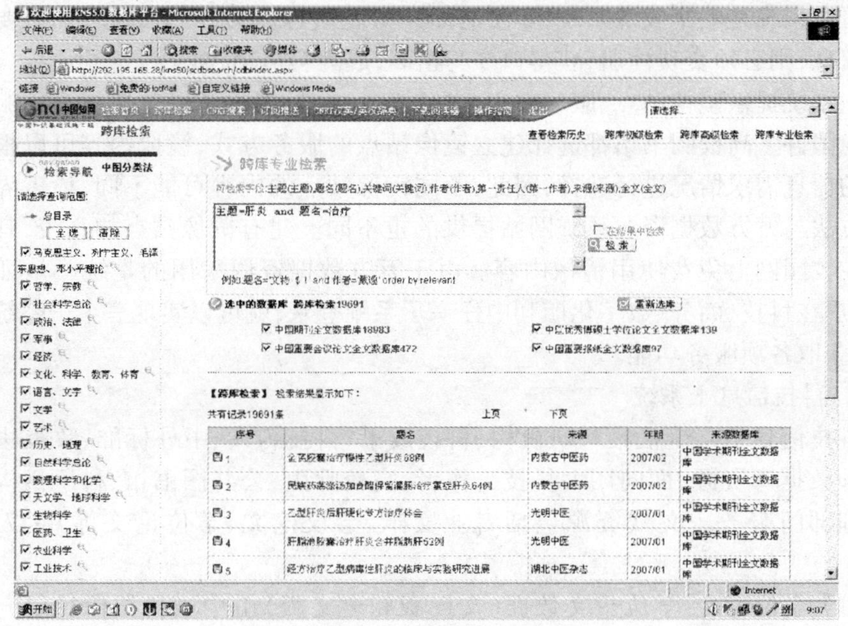

图 5-6　专业检索结果

5.2　万方数据库

5.2.1　概述

万方数据资源系统是以中国科技信息研究所(万方数据集团公司)全部信息资源为依托建立起来的一个综合性的网络化信息服务系统,内容以科技信息为主,同时也收录经济、金融、社会、人文等方面的信息。该系统主要由科技信息子系统、商务信息子系统和数字化期刊子系统三部分组成,拥有 100 多个数据库,内容涉及科技、经济、标准、法规、公司企业、高校与科研单位、火炬计划、公共信息等,收录范围包括期刊、会议、文献、书目、题录、报告、论文、标准、专利、连续出版物和工具书等,用户既可以单库、跨库检索,也可以在所有数据库中检索,同时还可以实现按行业需求进行检索的功能。自 1997 年 8 月在国际互联网上投入服务以来,万方数据库在国内外已设立了近 500 家镜像站点和服务中心,直接用户达数万人。

万方系统是一个收费系统,非注册用户只能获得10条最新题录,如果要得到所有信息,则必须交费注册,获得口令与密码,成为会员用户。

该系统提供镜像站点、服务中心、光盘服务、会员用户及代查代检五种服务方式。我国许多高校图书馆都选择建立镜像站点的服务方式,镜像内容可以根据各单位的信息需求情况进行选择,因此,不同镜像站点的内容可能不同,检索界面和检索方法与万方数据资源系统网站提供的也不同。建有镜像站点的高校,其师生可以在校园网上免费使用镜像内容。由于万方数据资源采用的是统一认证的方式,用户在科技、商务、数字化期刊中任一子系统登录,就可以实现三个子系统自由访问,获取各项服务功能。

1. 科技信息子系统

科技信息子系统汇集科研机构、科技成果、科技名人、中外标准、政策法规等近百种数据库资源,面向广大科技工作者、高校师生、公共图书馆、科研机构及政府管理部门服务。文献资源包括专业文献、会议论文、学位论文等共47个数据库。

(1) 学位论文:学位论文数据(文摘版和全文版)由中国科技信息研究所提供,内容涉及自然科学的各个领域。中国科技信息研究所是国家法定的学位论文收藏机构,各高等院校、研究生院及研究所均向该机构送交我国自然科学领域的硕士、博士和博士后的论文。

(2) 科技文献:这是科技信息子系统中最大的一个数据库集,由万方数据公司联合四十多个科技信息机构共同开发,收录的科技文献涉及专业、综合、英文三大类,40余个数据库,总计超过960万条记录,信息量大、种类繁多、时间跨度长、专业覆盖面广,具有相当的权威性。其中,专业文献收录来自于机械部科技信息研究院、中国化工信息中心、中国农业科学院科技文献信息中心等权威专业部门的专业文献;综合文献收录中文期刊5 000多种,以及来自中央各部委、省市自治区的十多个声像资料收藏单位的声像目录,包括数学、生物、医药卫生、农业、矿冶、化工、机械、电子、航空航天、能源、天文、艺术等领域;英文文献收集由中国科技信息研究所提供的各种英文书目、文摘、馆藏信息。可以按各子库检索,也可以选择多个库同时进行检索。所有数据库的检索结果均为文摘题录信息。主要数据库有:

中国生物医学文献数据库(CMCC):该数据库是由解放军医学图书馆数据库研究部开发的中文生物医学文献目录摘要型数据库,收录基础医学、临床医学、预防医学、医学生物学、中医药学、药学、医院管理、医学信息学等相关信息。CMCC

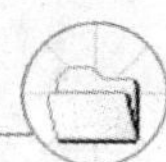

数据库依托解放军医学图书馆丰富的馆藏资源,1994 年创建,对中国内地生物医学领域的期刊收录齐全,数据每半个月更新一次,是国家卫生部门认可的重要检索工具之一,并提供原文获取服务。

中国化工文摘数据库(HGWZ):中国化工信息中心提供,收录近 1 000 余种公开发行的化学化工期刊、高等院校学报发表的文献、化工图书和会议记录、学位论文及化工专利。

中国机械工程文摘(JIXIE):由机械部科技信息研究院提供,收录了约 750 种全国机电、仪表行业各类期刊中的专业文献,包括各种专题文献、会议论文、专利。

中国农业科学文献(NY):由中国农业科学院科技文献信息中心提供。该库以 1 000 余种专业期刊为文献源,包括农业经济、土壤、肥料、农学、农业气象、植物保护、园艺、林业、畜牧、兽医、桑、蚕、蜂、水产等,主要用于科技信息机构、科研院所、图书馆等部门的科研、技术开发、信息咨询及科教方面。

中国水利期刊文献库(ZSQK):水利水电信息研究所提供。收录国内正式出版和非正式出版的有关水文、水资源、水利工程规划、勘探、设计、施工、运行和维修、水利学、水力发电、泥沙与河道整治、防洪与抗旱、农业水利与水土保持、岩土工程、工程地质、水文地质及相关学科的期刊和资料。

中国建材文献库(JYY):国家建材局技术情报研究所提供。该库收录水泥、玻璃、陶瓷、非金属矿等建材行业和与之相关的专业文献。

中国计算机文献库(JSJWX):中国科学院计算技术研究所提供,收录了自 1984 年以来在中国 150 多种期刊上发表的论文和工作报告。内容涉及计算机科学技术理论基础、计算机总体设计、电子商务等领域的各个学科。

此外,还有武汉邮电研究院信息研究所提供的中国光纤通信科技文献库(WY)、中国科技信息研究所提供的管理科学文摘数据库(GL)及中国环境研究院环境信息研究所提供的中国环境科技文献库(HJ)等 40 多个数据库。

(3) 会议文库:中国学术会议论文库是国内收集学科最全面、数量最多的会议论文数据库,属国家重点数据库。收录范围包括国家级学会、协会、研究会组织召开的全国性学术会议论文、SPIE(The International Society for Optical Engineering)会议文献、核心科技期刊论文等。每年报道 600 多个重要学术会议的内容,增补论文 15 000 余篇,涉及自然科学、工程技术、农林、医学等领域。每月定期在“会议预告”栏目中公布下一个月的会讯,用户可以通过该栏目及时掌握国内科技界最重要的学术活动。

(4) 科教机构:收录了约 14 000 家(含台湾地区)科研机构、高等院校、信息机

构及其他科技活动机构的信息，是社会各界了解我国科技名人和科研院所、高等院校情况的重要窗口。

(5) 中外标准：包括中国国家标准、建设标准、建材标准、行业标准、国际电工标准、欧洲标准以及美、英、德、法国国家标准和日本工业标准共12个数据库的20多万条记录。

(6) 科技名人：囊括了我国（含台湾地区）16 000余名著名的科学家（含两院院士）、工程师及从事管理和政策制定的科技负责人的全面信息。

(7) 政策法规：有综合政策、国外政策、国内政策、法律法规、人才管理、高新区及科技会讯等8个子栏目。每日更新量约100条，目前包括6个数据库，总数据量超过1.3万条。

(8) 成果与专利：收录国内的科技成果与专利，包括国家级科技计划。涉及医药、机械、电力、农林、能源、轻纺、建筑、交通、矿冶等专业的高新技术及实用技术，其中科技成果来源于各地上报国家科技部的项目，收录年代从1964年至今，数据总量超过60万项。

在万方数据资源系统主页，选择“科技信息子系统”，即可进入该系统的数据库检索界面，选择要查询的数据库，便可进入各数据库的查询界面。

2. 商务信息子系统

商务信息子系统面向工商、企业用户提供商务信息服务。主要包括企业信息、产品信息、商务动态、法规全文、中外标准、成果专利6个栏目。其主要产品是“中国企业、公司及产品数据库”（CECDB）。

(1) 企业/产品信息：介绍企业的厂貌信息及产品信息，是客户进行企业产品推广的最佳途径，可在网上洽谈。其主要资源是中国企业、公司及产品数据库（CECDB），该数据库始建于1988年，至今已收录96个行业16万家企业的详尽信息，成为中国最具权威性的企业综合信息库。CECDB的信息每年更新两次，目前有中文、英文、图文3个版本。

CECDB图文版是万方数据在原有CECDB标准版基础上，针对专用设备制造业、电气机械及器材制造业、电子及通信设备制造业、普通机械制造业、化学原料及化学制品制造业、非金属矿物制品业、医药制造业、塑料制品业、纺织业等9个行业领域的企业产品信息进行深加工，增加了大量的产品图片、技术资料，图文并茂，更具商业价值。目前，CECDB图文版的数据总量已经达到了2万条，可通过指定“全部信息、企业简介、通讯信息、信函标签”4种方式阅读企业产品的详细图文信息资料。

(2) 商务动态：商务动态栏目收录了包括中国经济信息网、中国报刊报业协

会等多家单位提供的商务信息，每日更新信息达到300多条，目前信息总量累计已经达到10余万条，是企业及时把握市场脉搏，洞悉市场发展方向的重要窗口。

(3) 法规全文：实时为企业的生产、经营活动提供相关的法律依据，每日更新100条，内容除国家、地方及行业的法律法规外，还包括科技发展动态和政策管理等信息。

(4) 中外标准：该栏目下的数据库与科技信息子系统中的中外标准数据库相同。

(5) 成果与专利：收录国内科技成果与专利，以及国家级科技计划，涉及不同领域的高新技术及实用技术，每天更新约100～150条。介绍什么是科技成果，怎样获取“成果专利”中的详细信息，什么项目可获得科技贷款支持，什么项目可获得国家自然科学基金支持，如何申报国家科技奖励，怎样查找专利文献等方面的知识。

5.2.2 检索界面

国内很多高校都建有万方数据资源系统的镜像站，点击其镜像站点，即可进入万方数据系统检索首页，如图5-7所示。

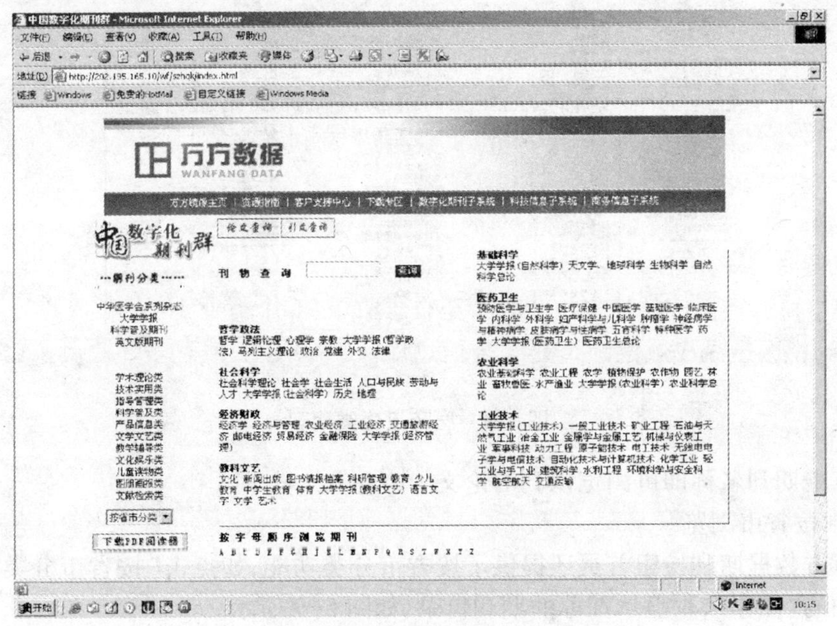

图5-7 万方数据检索首页

5.2.3 浏览功能

与中国知网相比,万方数据库除具有强大的检索功能外,还具有强大的浏览功能。

1. 分类浏览

万方数据系统检索首页提供了哲学政法、社会科学、经济财政、教科文艺、医药卫生、基础科学、农业科学和工业技术等学科分类。如点击“医药卫生”,则显示该类目下的期刊,如图 5-8 所示。

图 5-8 医药卫生类期刊

点击期刊名称即可浏览该刊的论文。

2. 按省市浏览

万方数据期刊检索首页还提供了按省市分类功能,如点击“按省市分类”下拉列表中的“江苏”,则显示江苏的期刊目录,如图 5-9 所示。

图 5-9　江苏期刊目录

3. 按字母顺序浏览

该系统还提供按字母顺序浏览期刊，如点击“B”，则显示拼音首字母为 B 的所有期刊，如图 5-10 所示。

图 5-10　汉语拼音首字母为“B”的期刊

4. 其他浏览方式

该检索系统首页左侧还有“期刊分类”栏，将期刊分成中华医学会系列杂志、大学学报、科学普及期刊、英文版期刊和学术理论、技术实用等大类。

5.2.4 检索

进入万方数字化期刊检索界面，点击“论文检索”，即可进入期刊论文检索界面。

检索时，可选择期刊类别、出版年代，并运用逻辑“与”、“或”、“非”进行各种组配。

例如，查找有关2003年镇江市第三人民医院肝炎治疗的文献。选择期刊类别为“全部”，出版年代为“2003年至2003年”，分别在检索框中输入检索词“肝炎”、“中西医结合”、“镇江市第三人民医院”，并选择对应的检索途径，然后进行逻辑“与”组配，如图5-11所示。

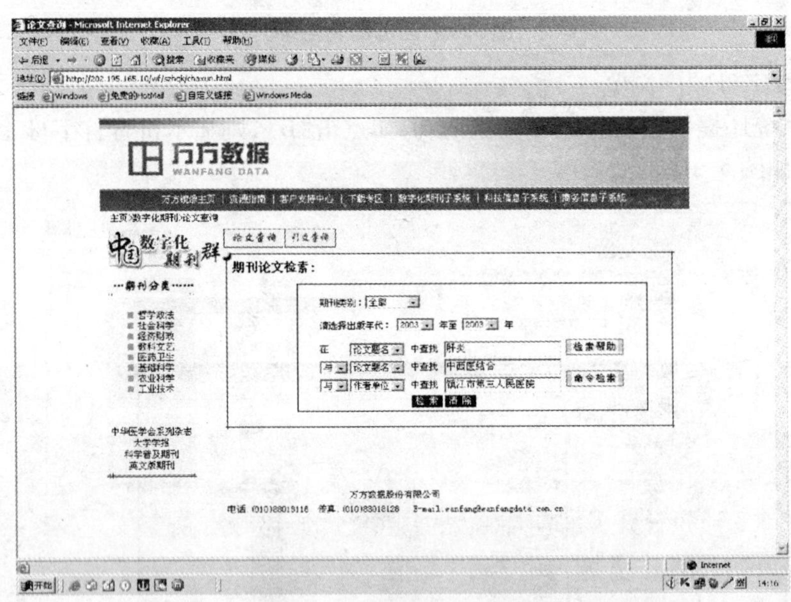

图5-11 输入检索要求

检索结果如图5-12所示。点击所需文献标题，可查看文摘和全文。

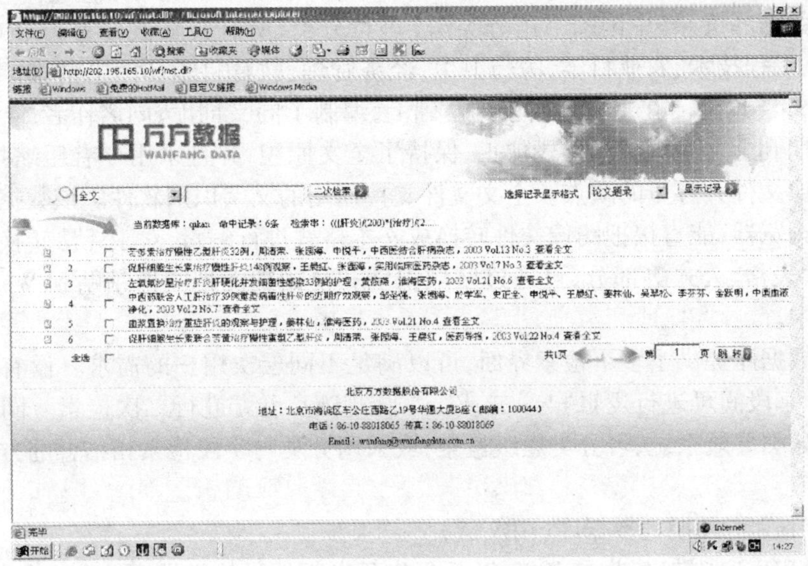

图 5-12 检索结果

5.3 重庆维普信息资源系统

5.3.1 概述

重庆维普资讯有限公司自 1989 年以来一直致力于期刊等信息资源的深层次开发和推广应用,集数据采集、数据加工、光盘制作发行和网上信息服务于一体,收录有中文期刊 8 000 多种,中文报纸 400 多种,外文期刊 5 000 余种,覆盖自然科学、社会科学、工程技术、医药卫生、教育研究、农业科学等各个科研领域。维普公司除以包库和流量计费方式向用户提供服务外,还建有镜像站点。

维普信息资源系统主要包括以下几个子系统。

1. 中文科技期刊数据库

分为全文版与文摘版。该数据库源于重庆维普资讯有限公司 1989 年创建的中文科技期刊篇名数据库,其全文和题录文摘版一一对应。收录自 1989 年以来我国所有自然科学和部分社会科学领域的期刊(含港台核心期刊),并以每年 100 万篇文献的速度递增。

该数据库按照《中国图书馆分类法》进行分类，所有文献被分为7个专辑：自然科学、工程技术、农业科学、医药卫生、经济管理、教育科学和图书情报。数据完整率达99%以上。在主题标引用词基础上，编制了同义词库、同名作者库，并定期修订。期刊全文采用扫描方式加工，保持了全文原貌，并且采用专有压缩技术，避免了图像文件大容量的缺点。全文文件支持通用的文字识别软件。该数据库配备的全文浏览器，能直接把图像文件转换成文本格式进行编辑，对于无法转换成文字的图形、表格、公式等部分，可通过区域识别和复制功能把图像粘贴到 Word 或其他文档中。

该数据库提供了多个检索界面，可以满足不同层次用户的需求。设有多个检索入口，字段间可进行逻辑"与"、"或"、"非"组配，也可进行二次检索。同时提供了树型分类导航系统，可分类逐级检索，或采用分类与字段检索相结合的方式进行检索。

2. 中文科技期刊数据库(引文版)

2000年正式推出，收录1990年至今公开出版的科技类期刊5 000多种，其中包括《中文核心期刊要目总览》中的核心期刊1 500余种，内容涉及自然科学、工程技术、农业、医药卫生、经济、教育和图书情报等学科领域。根据《中国图书馆分类法》，所有资源被分为自然科学、工程技术、农业科学、医药卫生、经济管理、教育科学和图书情报7大专辑。该库可查询论著引用与被引情况、机构发文量、国家重点实验室和部门开放实验室发文量、科技期刊被引情况等，是科技文献检索、文献计量研究和科学活动定量分析评价的有力工具。

中文科技期刊数据库引文版引进了文摘版的检索系统，在此基础上又针对此数据库的特点专门开发了多种功能。整个检索系统平台包括源文献检索界面和被引文献检索界面。提供了多个检索入口，设有树型分类导航和刊名导航系统，便于指定检索范围。

3. 外文科技期刊数据库

由重庆维普资讯有限公司联合国内数十家著名图书馆，以各自订购和收藏的外文期刊为依托，于1999年开发而成，汇集了1995年以来近5 000种国外出版的重要期刊，涵盖理、工、农、医及部分社科专业资源。依照《中国图书馆分类法》，所有资源被分为自然科学、工程技术、农业科学、医药卫生、经济管理、教育科学和图书情报7大专辑。该数据库为文摘型数据库，检索结果只显示标题、作者、刊名、ISSN号、刊号、出版国、文摘及馆藏信息。馆藏信息提供了该篇文章在国内的馆藏单位及联系方式，用户可以通过馆藏信息获得外刊原文。此外，维普也提供原文复制服务,用户可以直接与维普公司联系,获取原文。

4. 中国科技经济新闻数据库

该数据库是国内第一个电子全文剪报产品,数据来源于1992年至今的400多种中国重要报纸和5 000多种科技期刊,并以每年15万条的速度更新。主要提供工业、农业、医药、经济、商业等行业的科研动态、企业动态、发展趋势及政策法规方面的全文信息。依照《中国图书馆分类法》,资源被分为科研、工业A、工业B、工业C、农业、医药、商业、经济、教育9个专辑。

该数据库采用中文科技期刊数据库文摘版的检索系统,提供树型分类导航系统,设有多个检索入口。

5. 医药信息资源服务系统

该系统专门针对医药卫生行业开发,2003年推出。系统资源包括:由1989年至今的1 260种医药卫生类中文期刊、2 500多种相关期刊的全文与文摘;1992年至今的约320种专业及其他报纸全文数据;1990年至今的4 098种生物医学类外文期刊的文摘信息;相关行业标准及推荐标准157项;有关医疗卫生行业的法律、法规、部令规章的文摘;与医疗卫生行业相关的其他网络信息资源。其中,行业标准、法律法规及相关网络信息资源都是免费提供。

6. 中国基础教育信息资源系统

该系统是维普在2003年针对教育行业推出的一个信息系统。该系统包括两大资源:一是教学资源,分为教育文献、教育动态和报刊导航三个主要模块;二是附加资源,主要包括学校博览、教学用品及教学素材三个主要模块。收录了约4 000种教育类及相关行业的报刊。其分类体系参照现有中小学课程设计标准和教学大纲以及《中国图书馆分类法》。

该系统提供了智能检索、二次检索、逻辑组配检索、分类检索、高级检索5种检索渠道,并且还可进行全字段及跨库检索,同时提供了检索年代限制、内嵌同名作者库和同义词库、题录文摘下载等辅助检索功能。

5.3.2 检索界面

一般高校图书馆都建有重庆维普数据库镜像站点,可直接点击进入首页,如图5-13所示。

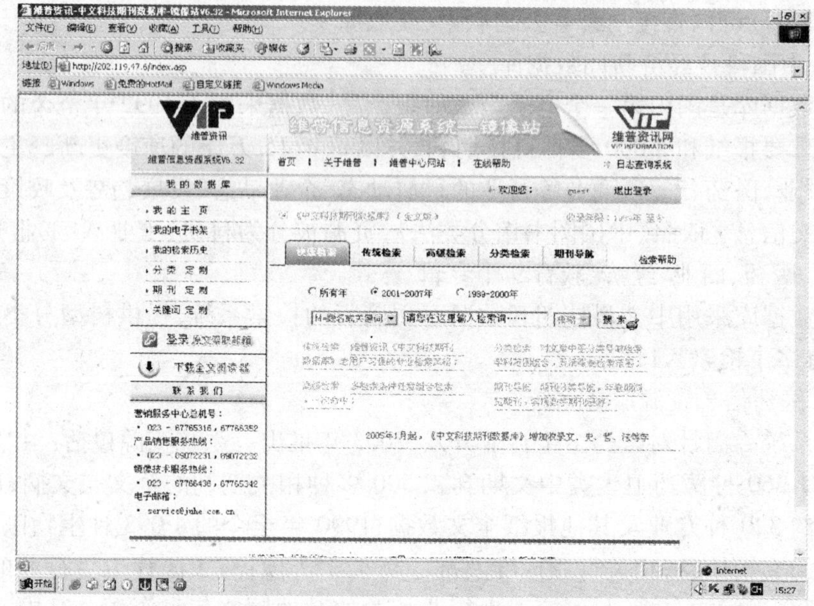

图 5-13 维普数据库检索首页

5.3.3 检索

维普中文科技期刊数据库检索首页提供快速检索、传统检索、高级检索、分类检索和期刊导航 5 种检索方式。检索中可进行“与”(AND)、“或”(OR)、“非”(NOT)逻辑组配。

1. 快速检索

该数据库检索首页默认为快速检索。此检索方式下提供了题名或关键词、刊名、作者、机构、题名等检索项。检索时,选择相应的检索项和检索时段,输入检索词,点击“搜索”即可得检索结果。

2. 传统检索

该检索方式页面提供了专辑导航和分类导航,可点击选择学科类别。也可直接输入检索式,选择检索入口,进行各种组配。其检索界面如图 5-14 所示。

检索结果过多时,还可在检索结果页面进行二次检索。

3. 分类检索

点击维普数据库检索首页上的“分类检索”,即可进入分类检索状态,其界面如图 5-15 所示。根据分类表(采用中国图书馆图书分类法)选择分类号,并输入检索要求。点击“搜索”即可查出所需文献。

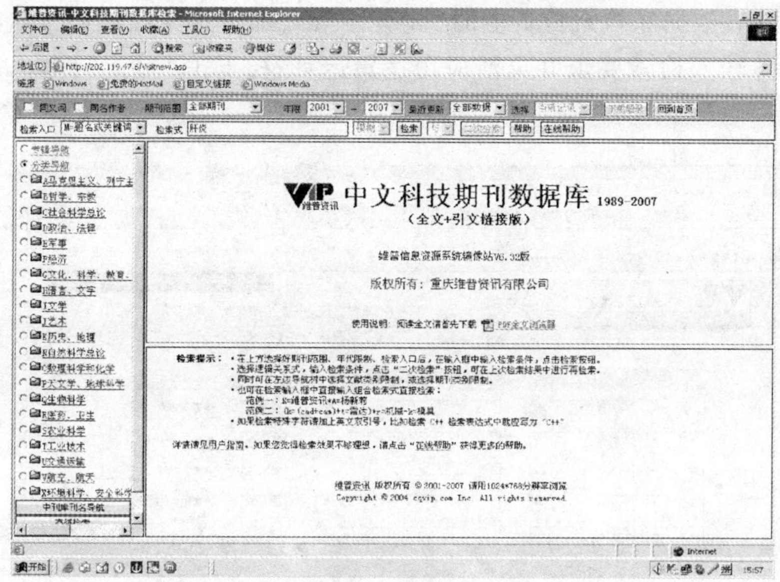

图 5-14　传统检索页面

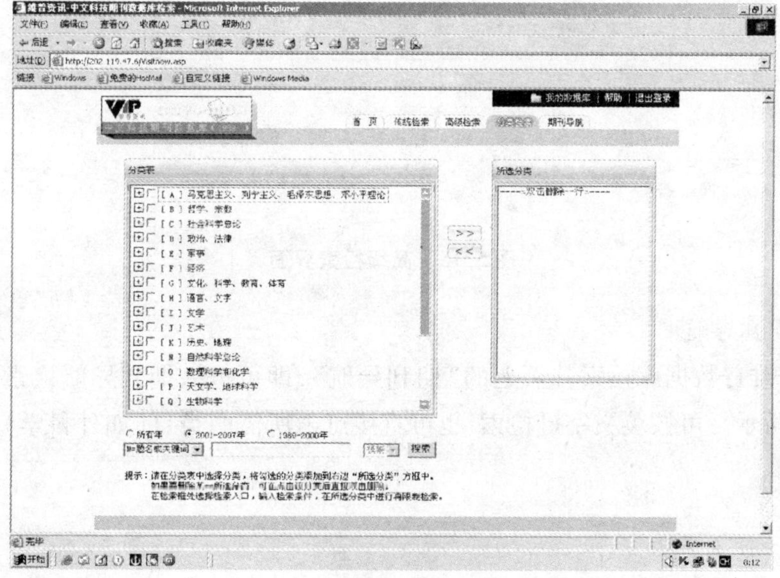

图 5-15　分类检索界面

4. 高级检索

点击维普数据库检索首页上的“高级检索”，即可进入高级检索状态，如图5-16所示。输入检索要求并灵活应用逻辑运算符，点击“检索”即可查出所需文献。

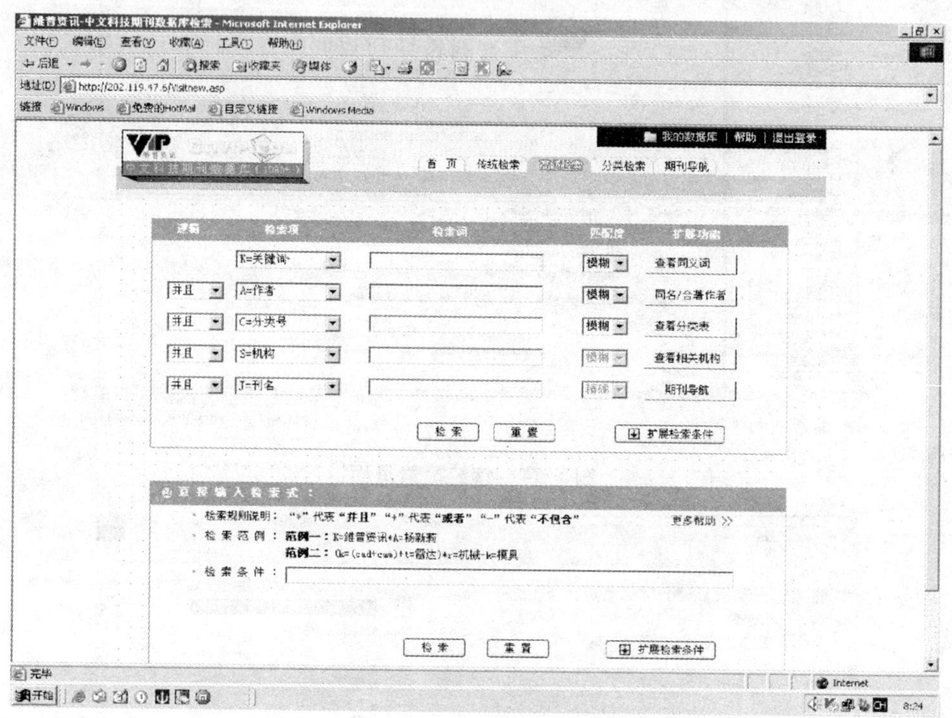

图5-16 高级检索界面

5. 期刊导航

点击维普数据库检索首页上的“期刊导航”，即可进入期刊导航检索页面，如图5-17所示。可按英文字母检索，也可直接点击所需的类目（如外科学），查找所需的文献。

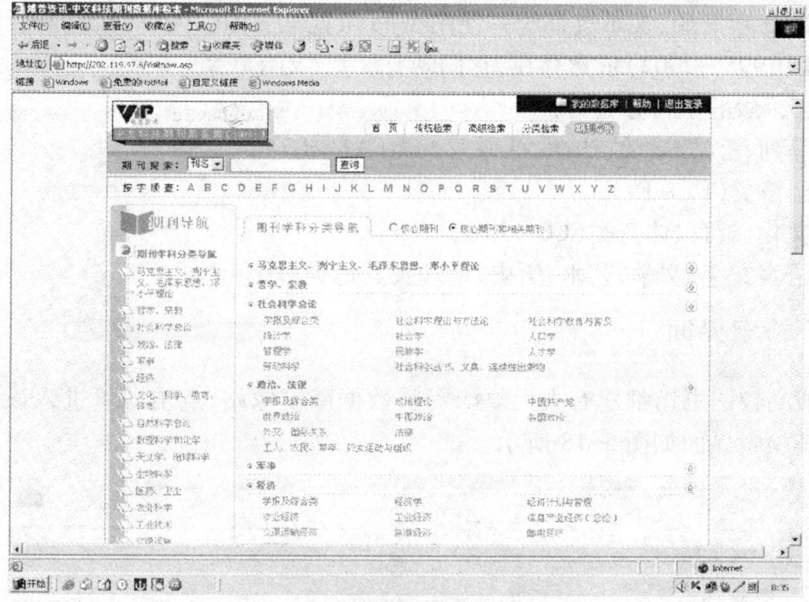

图 5-17 “期刊导航”界面

5.4 人大复印资料

5.4.1 概述

中国人民大学书报资料中心编选的复印报刊资料光盘是国内大型的社会科学、人文科学专题文献资料数据库，分“全文”和“索引”两套光盘。中国人民大学书报资料中心已在互联网上开通自己的网站(http://www.confucius.cn.net)，通过数据专线提供更深入广泛的服务。这是个收费数据库。人大复印资料全文数据库选辑 1995 年至今公开发表的人文、社会科学中各学科专业的重要论文和重要动态资料的全部原文。其信息资源覆盖了人文、社会科学领域国内公开出版的 3 000 多种核心期刊、专业期刊和报纸，分 4 大类 100 多个专题。从 1995 年开始，100 多个专题，每年分马列、哲学、社科总论、政治、法律一张盘；经济一张盘；文化、教育、体育一张盘；语言、文学、艺术、历史、地理及其他一张盘。从 1997 年开始，按季度汇集 100 多个专题全文于一张光盘内，全年共 4 张光盘，可以按专题类别提供服

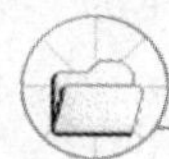

务。从2003年开始,文章查询统一使用Web版检索界面(1998—),但旧版的光盘检索界面(1995—2002)依然存在,它们既有区别,又有联系。

"全文"版的学科分类为:

1. 马列、哲学、政治、法律、社科总论类(A1～D7);
2. 经济类(F1～F9);
3. 文化、教育、体育类(G0～L1);
4. 语言文字、文学、艺术、历史、地理及其他类(H1～Z1)。

5.4.2 检索界面

一般高校图书馆都建有人大复印资料数据库镜像站,点击即可进入该数据库首页。其检索界面如图5-18所示。

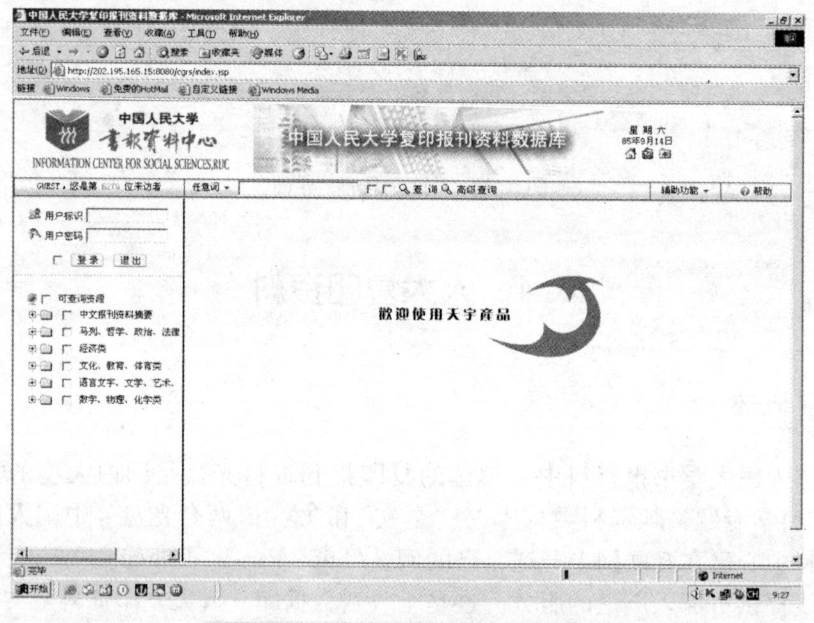

图5-18 人大复印资料检索界面

5.4.3 检索

任意词检索:直接在检索界面输入检索词后点击"查询"即可。

高级查询:直接在检索界面点击"高级查询"即可进入,根据检索要求输入检索词并运用逻辑运算符进行检索。(如图5-19、图5-20、图5-21、图5-22所示)

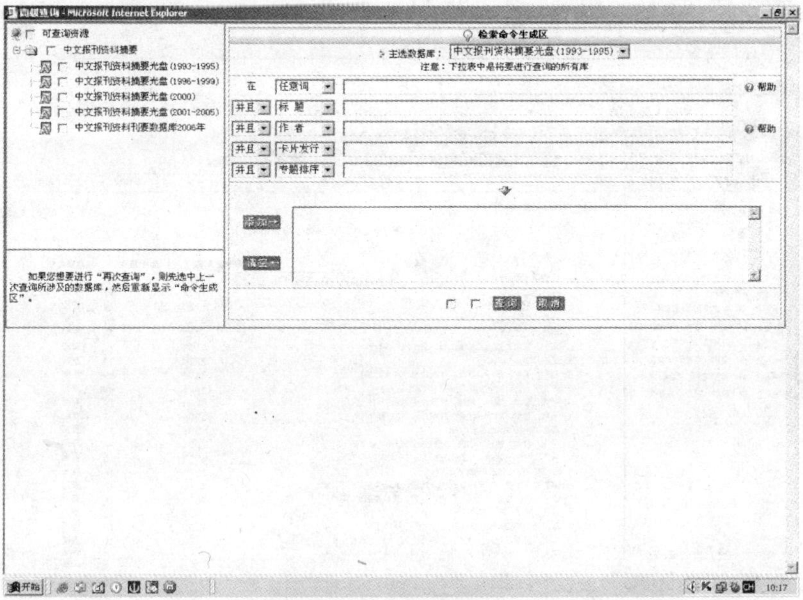

图 5-19 检索界面

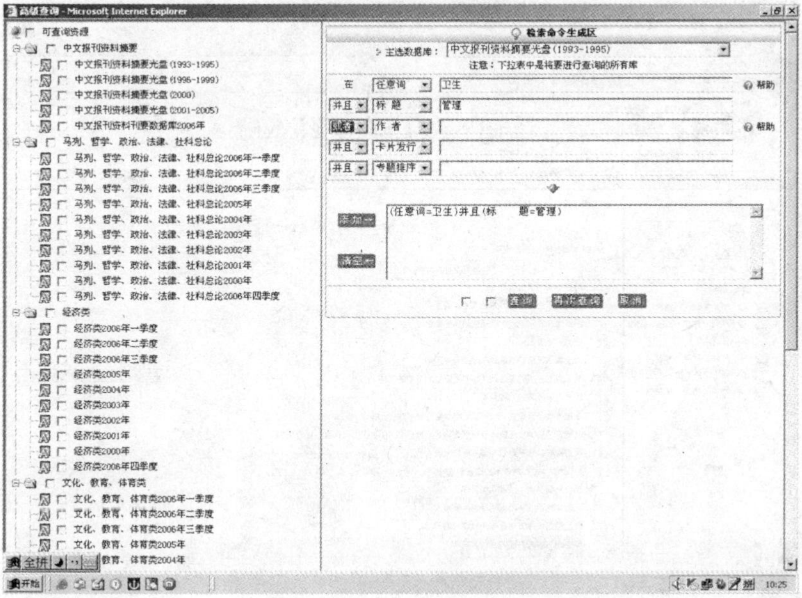

图 5-20 输入检索要求

图 5-21　检索结果显示

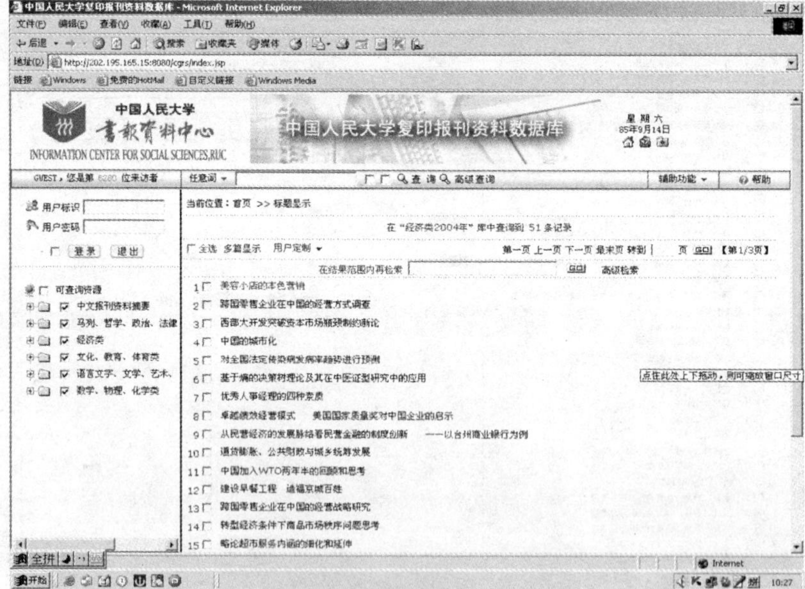

图 5-22　检索的题录

5.5 中国生物医学文献数据库(CBMdisc)

5.5.1 概述

中国生物医学文献数据库,简称 CBMdisc,收录了中国医学科学院医学信息研究所编制的《中文科技资料目录(医药卫生)》1980 年至今的全部文献题录,共计160 余万条。共收录了 900 余种中文期刊、汇编资料、会议论文的题录,并在此基础上增收了文摘。

CBMdisc 注重数据的规范化处理和知识管理,它的全部题录均根据美国国立医学图书馆的《医学主题词表》(即 MeSH 词表)以及中国中医研究院图书情报研究所新版《中医药学主题词表》进行了标引,并根据《中国图书资料分类法》进行了分类标引。

为加快数据更新周期,CBMdisc 从 1998 年起加入了预标引数据,最新数据经过计算机的自动标引和分类,可以与人工标引数据一样进行各种主题词和分类号的检索。预标引数据日后再经人工进一步标引后更新。

CBMdisc 检索系统(CBMLARS for CD),借鉴了联机检索系统的经验,与目前流行的 Medline 检索系统的风格非常相似。检索软件在 1998 年以前基于 DOS,从1999 年起有了基于 Windows 和 Web 的检索系统。

该检索系统检索入口多,检索方式灵活,并且具有主题、分类、期刊、作者等多种词表辅助查询功能,可满足简单检索和复杂检索的需求,获得良好的查全率和查准率。

5.5.2 检索界面

点击中国生物医学文献数据库(CBMdisc),输入用户名和密码(均为 guest),即可进入该数据库的检索首页,界面如图 5-23 所示。

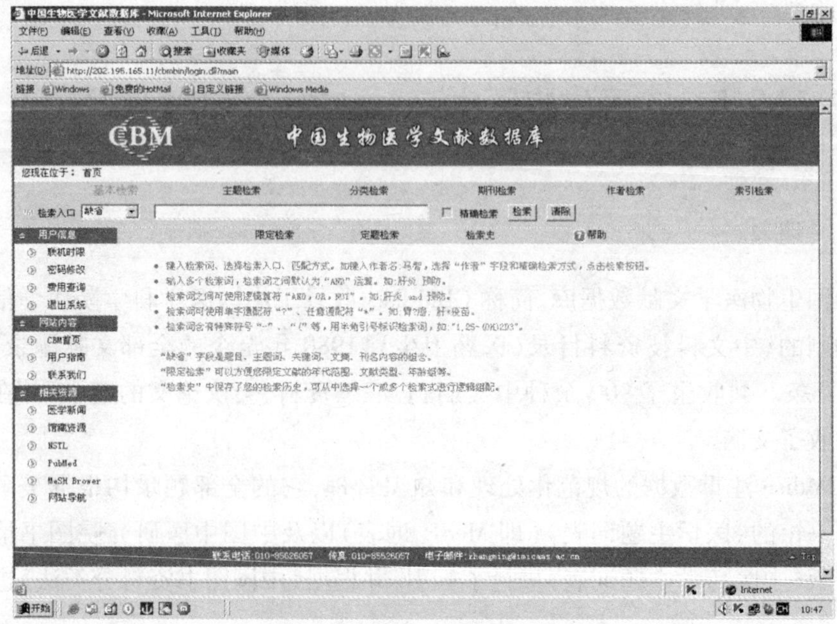

图 5-23　CBMdisc 检索首页

5.5.3　检索

中国生物医学文献数据库(CBMdisc)的检索途径包括基本检索、主题检索、分类检索、期刊检索、著者检索、索引检索。

1. 基本检索

CBMdisc 检索首页即为基本检索界面,根据检索要求,键入检索词,选择检索入口、匹配方式后点击“检索”即可。需要注意的是:

(1) 输入多个检索词,检索词之间默认为“AND”运算,如“肝炎预防”;

(2) 检索词之间可使用逻辑算符“AND,OR,NOT”,如“肝炎 and 预防”;

(3) 检索词可使用单字通配符“?”、任意通配符“*”,如“胃? 癌;肝*疫苗”;

(4) 检索词含有特殊符号“-”、“(”等,用半角引号标识检索词,如“1,25 - (OH)2D3”。

2. 主题检索

点击 CBMdisc 首页上的“主题检索”,进入主题检索首页,直接输入主题词后点击“查找”即可(如图 5-24、图 5-25、图 5-26、图 5-27 所示)。需要说明的是:

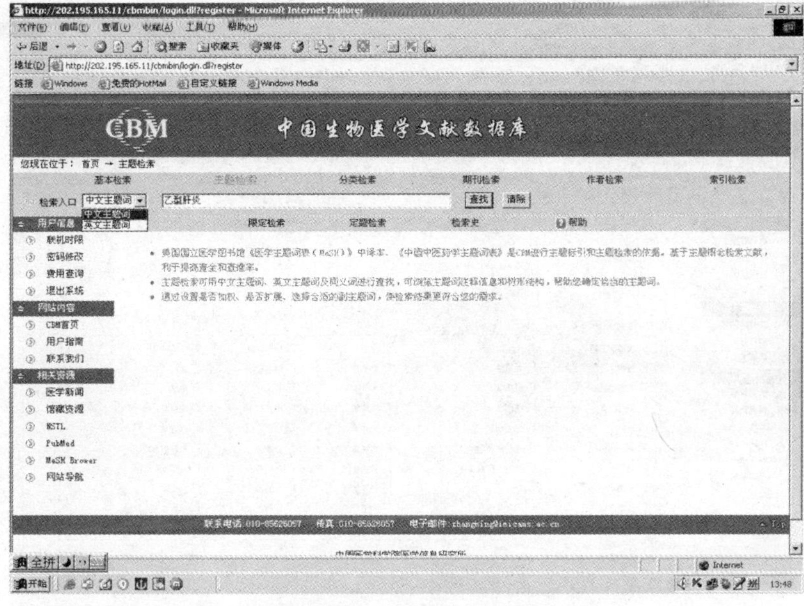

图 5-24　输入主题词

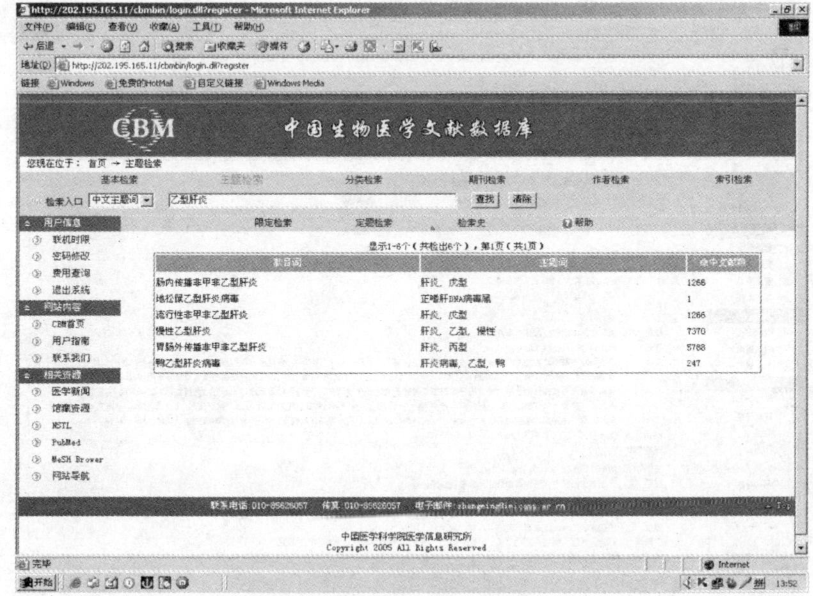

图 5-25　检索结果显示

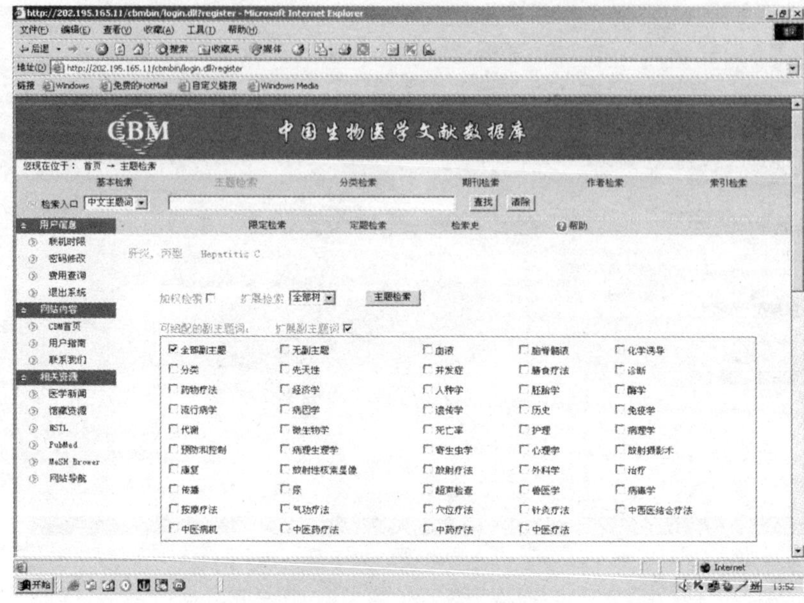

图 5-26　副主题词的选择

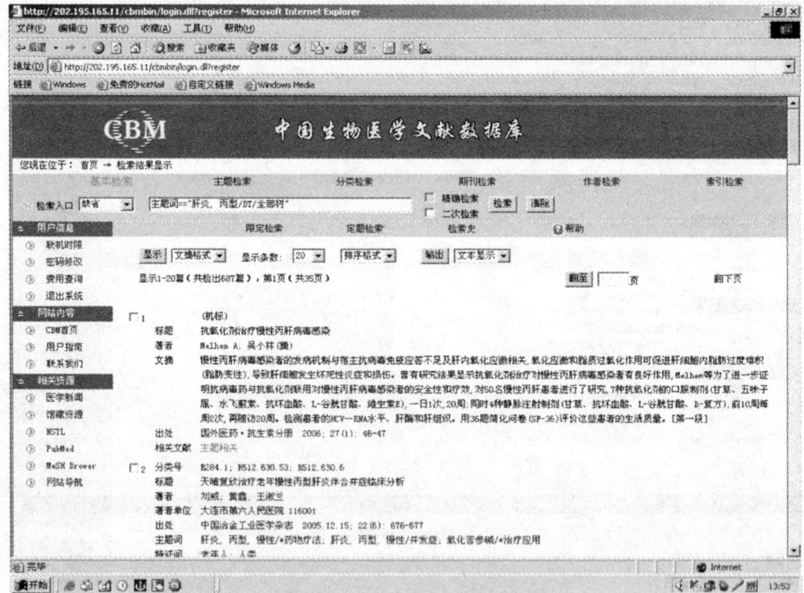

图 5-27　检索到的文摘

(1) 美国国立医学图书馆《医学主题词表(MeSH)》中译本、《中国中医药学主题词表》是 CBM 进行主题标引和主题检索的依据。基于主题概念检索文献,利于提高查全和查准率。

(2) 主题检索可用中文主题词、英文主题词及同义词进行查找,可浏览主题词注释信息和树形结构,帮助确定恰当的主题词。

(3) 通过设置是否加权、是否扩展,选择合适的副主题词,使检索结果更符合需求。

3. 分类检索

点击 CBMdisc 首页上的“分类检索”,进入分类检索首页,直接点击“分类号”(如 R6)即可。分类检索首页如图 5-28 所示。需要说明的是:

(1)《中国图书馆分类法 · 医学专业分类表》是 CBM 分类标引和检索的依据。

(2) 可通过分类号和分类名进行检索,通过选择是否扩展、是否复分会使检索结果更为贴切。

(3) 分类检索单独使用或与其他检索方式组合使用,可发挥其族性检索的优势。

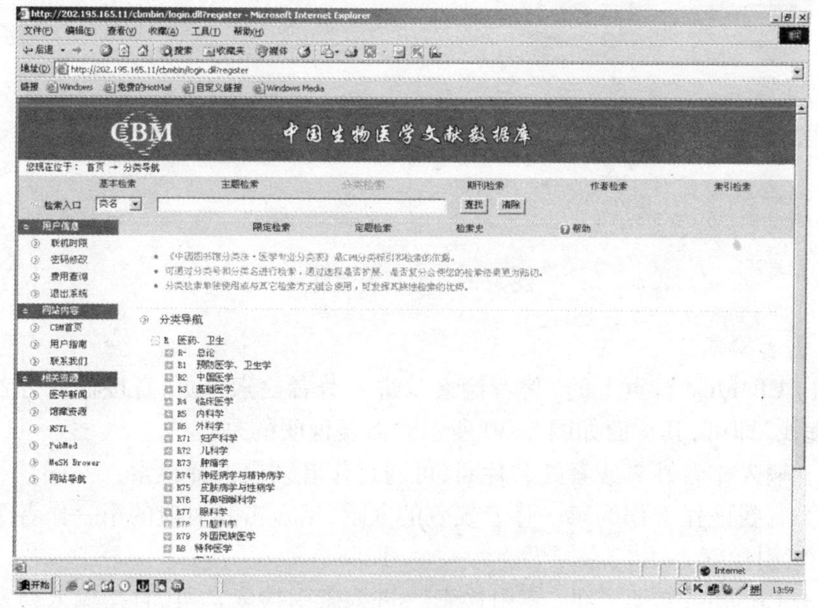

图 5-28 分类检索首页

4. 期刊检索

点击 CBMdisc 首页上的“期刊检索”，进入期刊检索首页，直接点击“分类号（如 R6）即可。期刊检索界面如图 5-29 所示。需要说明的是：

（1）通过“期刊导航”逐级浏览，或者直接从刊名、出版地、出版单位及期刊主题词等入口检索到期刊，即可浏览该刊的基本信息并进行检索。

（2）通过设置年代及刊期（默认为全部），点击“查找”按钮，即可检索该刊的题录信息。

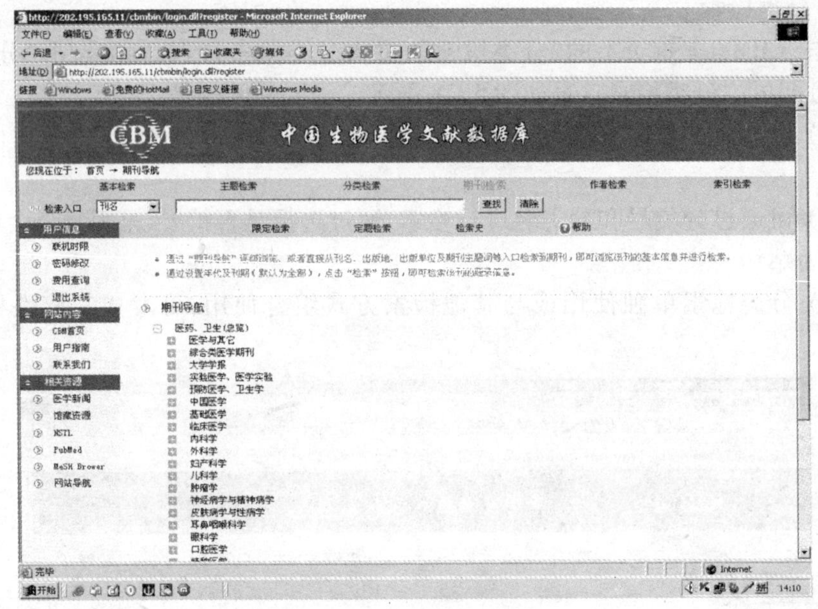

图 5-29 期刊检索首页

5. 著者检索

点击 CBMdisc 首页上的“著者检索”，进入著者检索首页，直接输入著者姓名，点击“查找”即可，其页面如图 5-30 所示。需要说明的是：

（1）输入作者姓名或者姓名片断，可通过作者列表选择检索；

（2）查找该作者作为第一作者发表的文献，请点击其对应的第一作者图标。

6. 索引检索

点击 CBMdisc 首页上的“索引检索”，进入索引检索首页，直接输入检索词，点击“查找”即可，其页面如图 5-31 所示。需要说明的是：

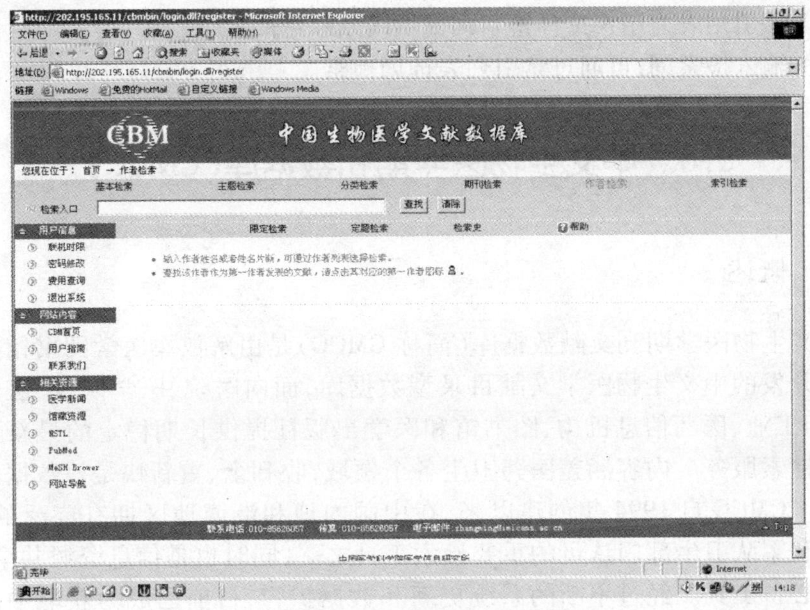

图 5-30　著者检索首页

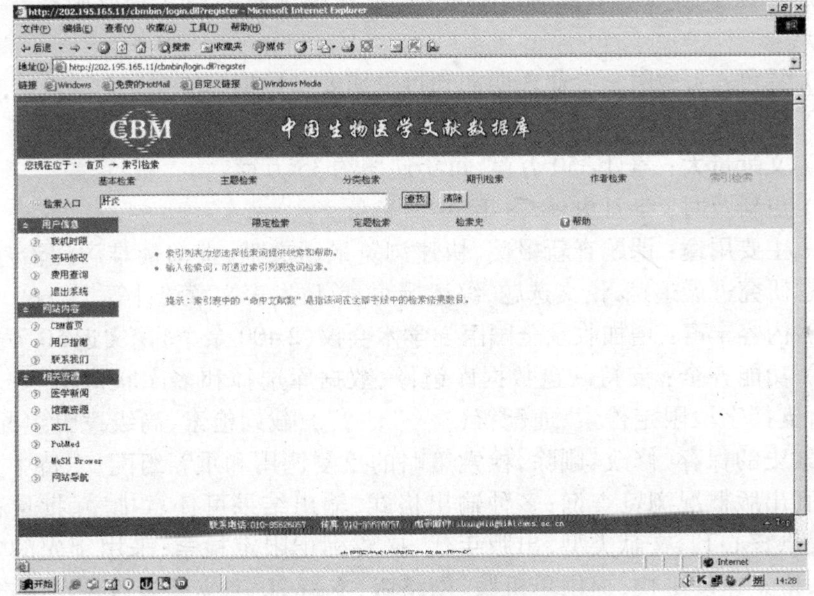

图 5-31　索引检索首页

(1) 索引列表为用户选择检索词提供线索和帮助;

(2) 输入检索词,可通过索引列表选词检索。

5.6 中文生物医学期刊数据库(CMCC)

5.6.1 概述

中文生物医学期刊文献数据库(简称 CMCC)是由解放军医学图书馆数据库研究部开发的中文生物医学文献目录型数据库,面向医院、医学院校、医学研究所、医药工业、医药信息机构、图书馆和医学出版社提供长期稳定的最新医学文献信息检索服务。内容涵盖医药卫生各个领域,收刊全、更新快是该数据库的主要特点。CMCC 自 1994 年创建以来,在中国内地和港澳地区拥有广泛的用户,是国家和军队卫生部门认可的重要检索工具之一,同时也是信息资源共享、检索查新的必备工具。经过不断的系统更新和数据扩容,目前已成为获取中国内地生物医学文献信息的重要来源,并得到广大用户的认可和支持。CMCC 数据库依托解放军医学图书馆丰富的馆藏资源,可提供优质的原文获取服务。它具有如下特点:

(1) 特色:大型医学专业现期期刊目录摘要型数据库。

(2) 收刊齐全:1994 年以来的 1 400 余种中文医学期刊。

(3) 文献量大:累计 350 万篇,每年递增约 35 万篇。

(4) 更新及时:半月更新,每年 24 期光盘。

(5) 主要用途:课题查新报奖,快速浏览最新文献,查询疑难病症治疗方法,国家课题研究进展追踪,论文选题,综述撰写,单位发表文章统计等。

(6) 内容丰富:增加收录全国医学学术会议(2 400 余个)论文近 50 万篇。

(7) 功能齐全:支持硬盘数据库镜像、数据库选择和多库联检功能;多种检索路径,支持字段限定检索、通配符("*","?") 截词检索、高级逻辑组配检索;支持检索史的保存、修改、删除,检索策略的反复调用和重新组配;支持中文生物医学期刊出版概况浏览查询;多种输出格式,输出结果可任意排序、批量存盘或打印;提供核心刊、文献类型、出版年代、摘要标记限定检索;采用领先的全文检索技术,检索速度更快;提供单机版、网络版,支持 20 个或更多的并发用户授权。

5.6.2 检索界面

点击 CMCC 镜像站点，即可进入 CMCC 数据库首页，如图 5-32 所示。

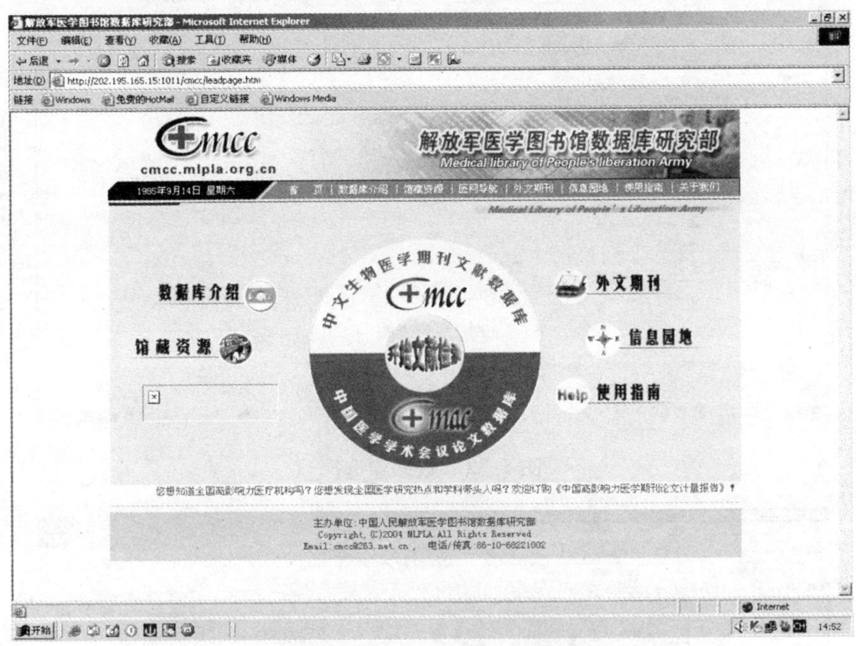

图 5-32　CMCC 数据库首页

5.6.3 检索

CMCC 有多种检索方式，包括：分类检索、自由词检索、著者检索、刊名检索、字段检索等方式。其检索的方式和逻辑运算与前面叙述的 CNKI 数据库、万方数据库、CBMdisc 数据库均有许多相似之处，这里不再详述，只列出各种主要检索方式的界面。

1. 分类检索（如图 5-33、图 5-34、图 5-35、图 5-36 所示）

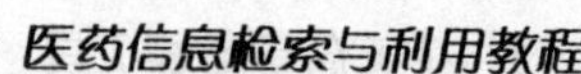

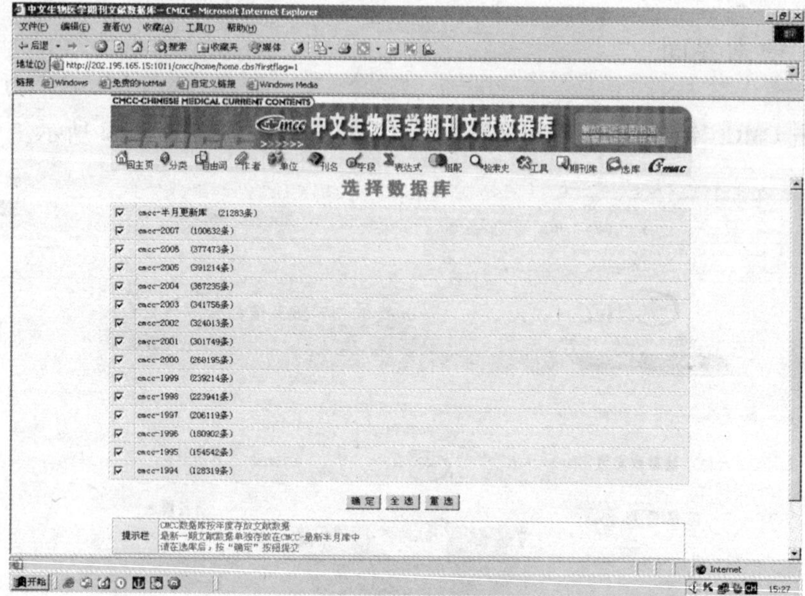

图 5-33 数据库选择

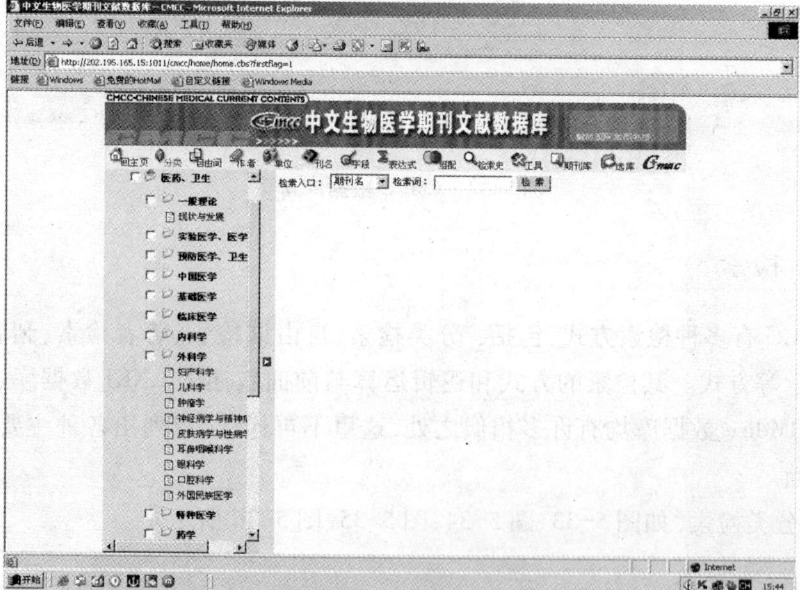

图 5-34 类目选择

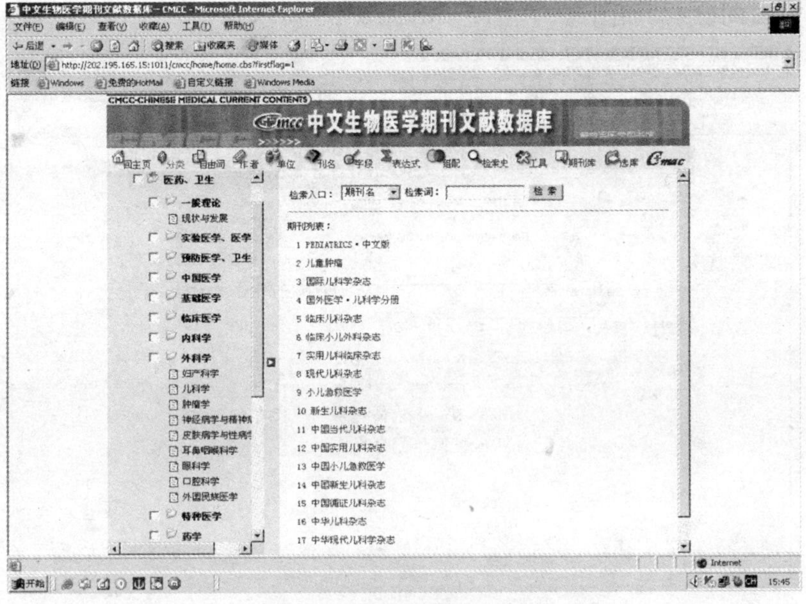

图 5-35　分类期刊列表

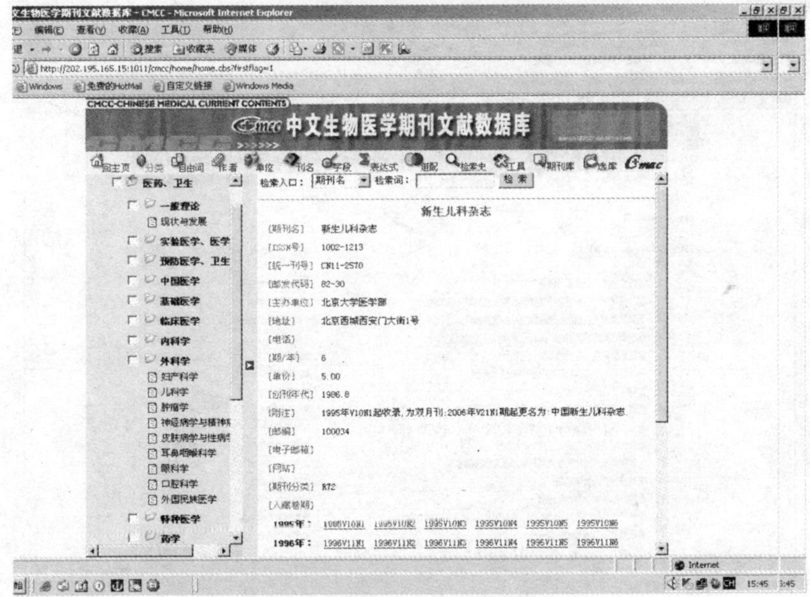

图 5-36　期刊的年、期选择

2. 自由词检索(如图 5-37、图 5-38、图 5-39 所示)

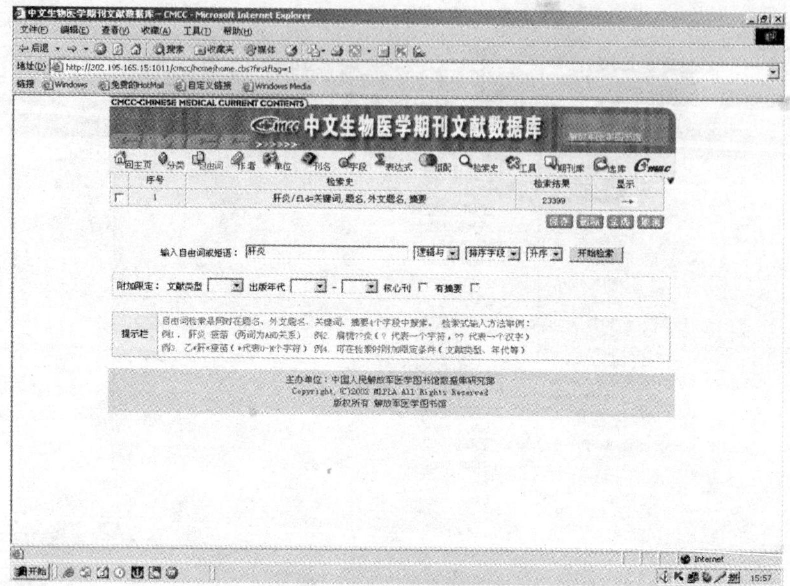

图 5-37 输入自由词

图 5-38 自由词检索结果

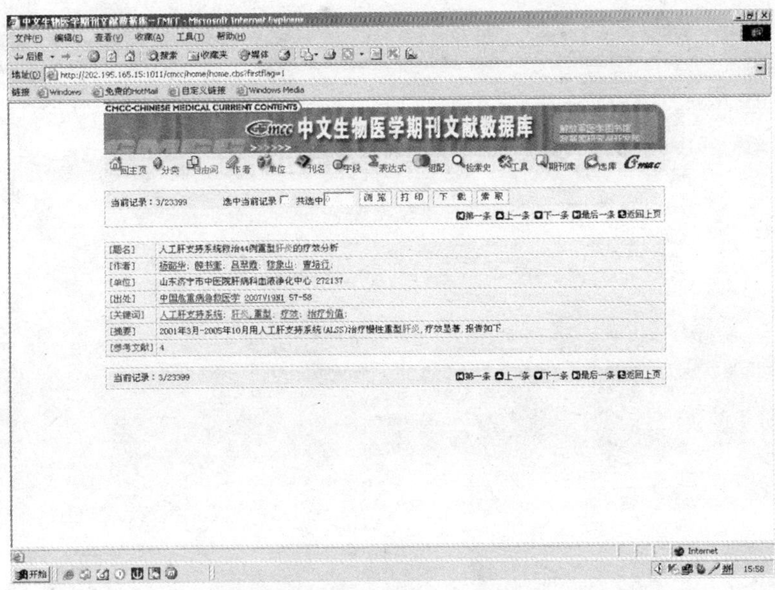

图 5-39　显示所需文献的著录项

3. 著者检索(如图 5-40、图 5-41、图 5-42 所示)

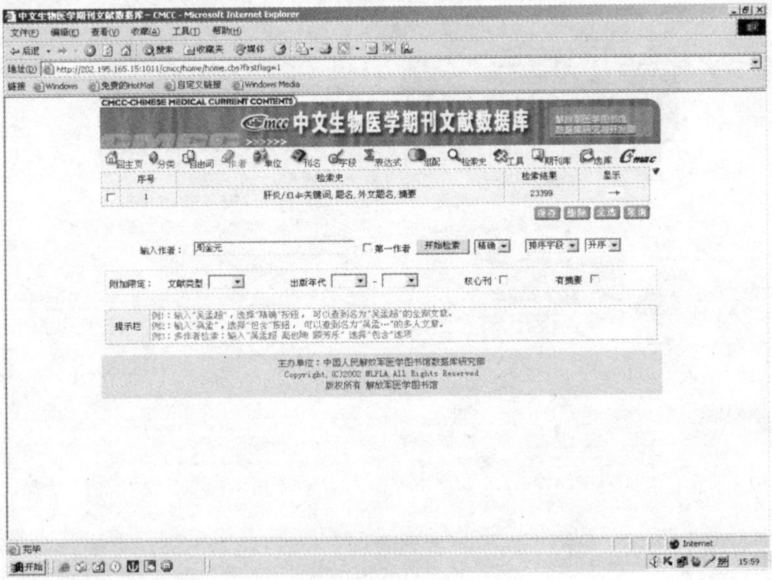

图 5-40　输入著者姓名

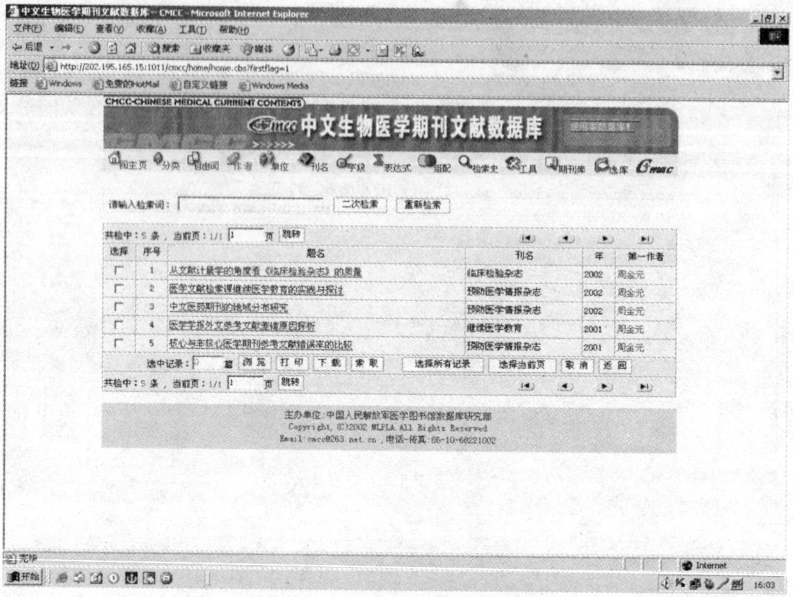

中文生物医学期刊文献数据库－CMCC－Microsoft Internet Explorer
CMCC-CHINESE MEDICAL CURRENT CONTENTS
中文生物医学期刊文献数据库
请输入检索词：
二次检索
重新检索
共检中：5 条，当前页：1/1
选择
序号
题名
刊名
年
第一作者
1 从文献计量学的角度看《临床检验杂志》的质量 临床检验杂志 2002 周金元
2 医学文献检索课继续医学教育的实践与探讨 预防医学情报杂志 2002 周金元
3 中文医药期刊的地域分布研究 预防医学情报杂志 2002 周金元
4 医学学报外文参考文献误错原因探析 继续医学教育 2001 周金元
5 核心与非核心医学期刊参考文献错误率的比较 预防医学情报杂志 2001 周金元
主办单位：中国人民解放军医学图书馆数据库研究部

图 5-41　显示检索结果

中文生物医学期刊文献数据库－CMCC－Microsoft Internet Explorer
CMCC-CHINESE MEDICAL CURRENT CONTENTS
中文生物医学期刊文献数据库
当前记录：1/5
[题名] 从文献计量学的角度看《临床检验杂志》的质量
[作者] 周金元；贾维珊；刘红光；刘健
[单位] 江苏 镇江江苏大学图书馆 212002
[出处] 临床检验杂志 2002V20N4 256
[关键词] 核心期刊；参考文献；文献计量学
[参考文献] 2

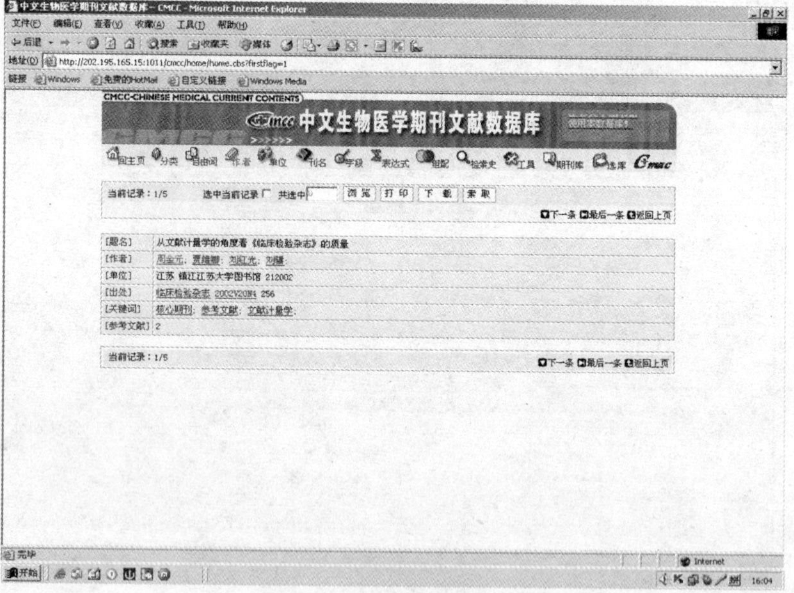

图 5-42　检索结果著录显示

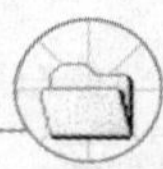

4. 单位检索(如图 5-43、图 5-44、图 5-45 所示)

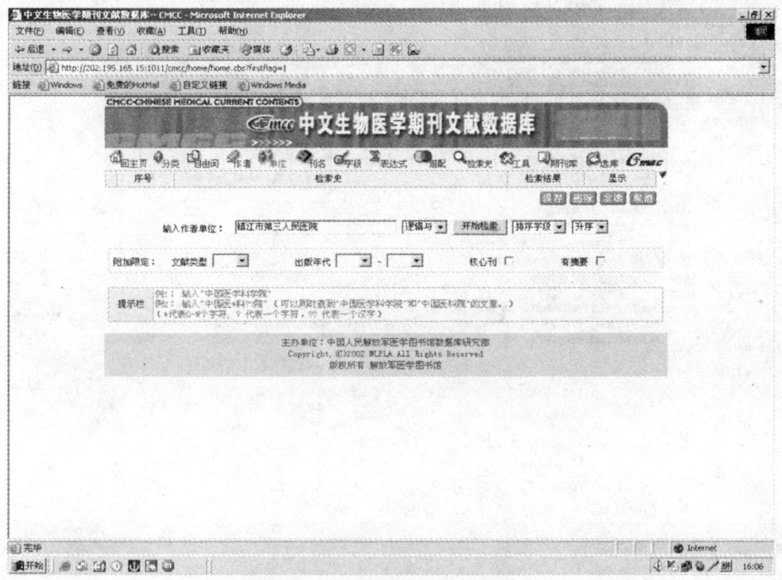

图 5-43 输入单位名称

请输入检索词： 二次检索 重新检索

共检中：236 条，当前页：1/15 页 跳转

选择	序号	题名	刊名	年	第一作者
☐	1	α-干扰素对慢性病毒性肝炎血清肝纤维化指标的远期影响	浙江中医学院学报	2005	张国梅
☐	2	肝硬化患者血清总胆固醇高密度脂蛋白胆固醇和载脂蛋白A1检测的临床意义	江苏大学学报·医学版	2005	王雪梅
☐	3	创建学习型医院应注意的几个问题	中华现代医院管理杂志	2005	李乐
☐	4	剖腹法小切口胆囊切除术	肝胆胰外科杂志	2005	李宏欣
☐	5	经胆囊管探查取石	肝胆外科杂志	2005	李宏欣
☐	6	早期苦参素联合拉米夫定对乙型肝炎病毒基因变异的影响	江苏大学学报·医学版	2005	申悦平
☐	7	胃嗜酸性肉芽肿病因初探	江苏大学学报·医学版	2005	边雪梅
☐	8	85例肺结核致肺心病临床分析	江西医学院学报	2005	潘洪秋
☐	9	静脉留置针封管方法与技巧	中华现代护理学杂志	2005	周长兰
☐	10	护肝益肺颗粒防治抗结核药所致肝损害的临床疗效观察	时珍国医国药	2005	潘洪秋
☐	11	完善国有医院产权制度改革的措施	卫生经济研究	2005	刘义民
☐	12	深化医院职能科室改革的实践与思考	中华现代医院管理杂志	2005	徐荣庆
☐	13	[illegible]	吉林医学	2005	[illegible]
☐	14	肝硬化门脉高压性胃病与幽门螺杆菌感染及NO水平的关系	淮海医药	2005	边雪梅
☐	15	肾上腺肿瘤的CT诊断与鉴别诊断(附20例报告)	实用放射学杂志	2005	毛金忠

选中记录： 篇 浏览 打印 下载 索取 选择所有记录 选择当前页 取消 返回

图 5-44 检索结果显示

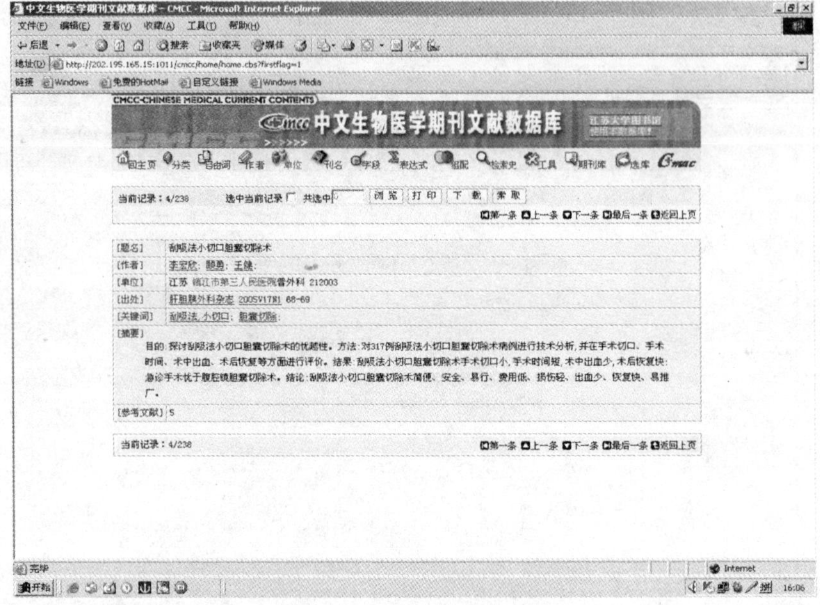

图 5-45 著录项(文摘)显示

思 考 题

1. 中国学术期刊的检索途径有哪些?
2. 万方数据与中国学术期刊有何异同?
3. 如何利用维普数据资源检索医学文献?
4. 检索医学文献的常用数据库有哪些?
5. CBMdisc 数据库与 CMCC 数据库有何异同?

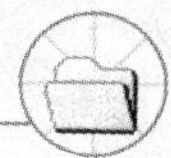

6 外文信息检索工具

6.1 SCI

6.1.1 引文索引概述

引文索引的概念来源于人们的著述活动中。所谓引文,就是通常所说的参考文献。当一名科研工作者创作一篇论文时,一般都需要参考引用一些相关文献,有的作为理论依据,有的作为比较对象,有的取其数据,有的补其不足,有的借以说明自己的新创造,有的用来对某一课题研究作历史的回顾。因此,科学论文发表时,往往列有引用书目或参考文献。论文之间这种相互引证与被引证的关系,使论文彼此之间构成一个"论文网"。引文索引正是揭示这种"论文网"的一种工具,它可以把绝大多数内容相关的文献紧密地联系起来,使引用同一旧文献的所有新出版的文献全部组合在一起。利用这种索引,可以从某一篇较早发表的论文(即引用的旧文献)为起点,检索到引用这篇论文的最新文献,它提供读者一种不同于分类、主题以及其他方法的检索途径。因此可以说,引文索引是一种从被引论文(Cited Article)去检索引用论文(Citing Article)的索引,它是以期刊论文后面列出的参考文献为标目,对期刊论文进行标引的方法。

例如,A 作者发表了一篇论文(称 A 文),后来被 B、C 等人写文章时所引用,B、C 二人分别发表了 B 文和 C 文,则称 A 文为 B 文的"参考文献"或"被引文献",简称"引文"(Citation);称 B 文、C 文为"引用文献"或"来源文献"(Source Document),称 B 作者、C 作者为"引用作者"或"来源作者";因 B 文和 C 文都引用了 A 文,故称 B 文和 C 文为"相关文献"或"相关记录"(Related Records),称 A 文为 B 文和 C 文的"共享参考文献"(Shared Reference)。如果两篇文章的"共享参考文献"越多,说明这两篇文献的相关性越强。

引文索引将某篇文献的参考文献、相关文献、共享参考文献一一显示出来。通过引文检索,可以了解文献之间的内在联系。通过某篇文章参考文献之间的链接关系找到与检索课题相关的早期或最近的文献,形成一个相关文献关系网,有利于跨越时间、学科的限制对某一主题的文献进行全面的检索。

另外,通过引文分析法还可以进行学科结构、学科关系以及科学发展史的研究。从某学科内部期刊、文献的引文所反映的主题相关性,可以了解某一学科的结构。从不同学科期刊、文献引用的网状和链状关系,可以揭示各学科之间的关系。此外,通过引文索引可以展现某项目或事件的发生和发展,揭示思想或方法的改善、扩充和修正等,了解各领域的前沿问题,并预测未来的发展方向和热点问题。

19 世纪上半世纪,美国法律界为了查找某个法律在不同案例中的应用情况而提出了引文法,但没有发展为系统的检索方法。从 1959 年开始,美国化学家兼情报学家加菲尔德(E. Garfield)研究如何用引文法以已发表的被引文献为线索,及时跟踪后来新发表的引用文献的方法,并在费城创办了科学情报研究所(Institute for Scientific Information,简称 ISI)。20 世纪 60 年代起,ISI 开始出版引文索引。目前,由 ISI 出版的引文索引主要包括下述出版物。

1.《科学引文索引》(Science Citation Index,简称 SCI)

创刊于 1963 年,原为年刊,1966 年改为季刊,1977 年改为双月刊,每年另出年刊。收录约 3 300 种期刊和约 200 种特种文献。自 1995 年起,出版多期 5 年累积索引。

2.《社会科学引文索引》(Social Science Citation Index,简称 SSCI)

创刊于 1969 年,年出 10 期,收录约 1 500 种期刊和约 150 种特种文献,另有约 3 000种非核心期刊。1973 年出月刊。自 1996 年起,出版多期 5 年累积索引。

3.《艺术与人文引文索引》(Arts & Humanities Citation Index,简称 A&HCI)

创刊于 1978 年,年出 3 期。收录世界上约 1 200 种艺术和人文科学期刊及 125 种特种文献,也出版年度累积索引。

4.《科学评论索引》(Index to Scientific Reviews,简称 ISR)

创刊于 1974 年,半年刊,选用约 3 000 种核心期刊,刊载国际科学文献的评论和调查文献索引,分主题、来源、团体和研究专业 4 种索引。

5.《计算数学引文索引》(Compu Math Citation Index)

创刊于 1981 年,年出 3 期报道内容,包括计算机科学、数学、统计学、运筹学、数学物理学和计量经济学等,分来源、研究专业、引文、主题及团体索引。

此外,ISI 每年还出版《期刊引用报告》(Journal Citation Reports,简称 JCR)。JCR 对包括 SCI 收录的期刊在内的 4 700 种期刊之间的引用和被引用数据进行统

计、运算，并针对每种期刊定义了影响因子(Impact Factor)等指数加以报道。一种期刊的影响因子，指的是该刊前两年发表的文献在当前年的平均被引用次数。一种刊物的影响因子越高，也即其刊载的文献被引用率越高，一方面说明这些文献报道的研究成果影响力大，另一方面也反映了该刊物学术水平较高。因此，JCR 以其大量的期刊统计数据及计算的影响因子等指数，成为一种期刊评价工具。图书馆可根据 JCR 提供的数据制定期刊引进政策；论文作者可根据期刊的影响因子排名决定投稿方向。

我国较为广泛应用的引文索引出版物是《科学引文索引》及《社会科学引文索引》，即 SCI 和 SSCI。这两种检索工具的编制方法基本相同，只是选用的文献类型和服务对象不同。下面主要以 SCI 为例说明它的结构和使用方法。

6.1.2 SCI 概述

1. SCI 的概况

《科学引文索引》(Science Citation Index，简称 SCI)是世界上最具权威的文献检索工具之一，于 1963 年创刊，由 ISI 编辑出版。

ISI 通过它严格的选刊标准和评估程序挑选刊源，而且每年略有增减，从而使 SCI 收录的文献能全面覆盖全世界最重要和最有影响力的研究成果。ISI 所谓最有影响力的研究成果，指的是报道这些成果的文献大量地被其他文献引用。为此，作为一部检索工具，SCI 没有遵循通过主题或分类途径检索文献的常规做法，而是设置了独特的引文索引。即通过先期的文献被当前文献的引用，来说明文献之间的相关性及先前文献对当前文献的影响力。

由于 SCI 数据库具有学科全面、学术影响大、覆盖面广泛等特点，因而被其收录的期刊和论文常分别被称作国际主流期刊和国际主流科学。被 SCI 收录和引用的刊物或论文在一定程度上反映了其具有较高的学术水平和较大的国际影响力。

SCI 的特点使得 SCI 不仅可以作为文献检索工具使用，而且也成为科研评价的一种依据。其评价功能主要体现在五个方面：对科研成果的评价；对科技人才的评价；对科研机构的评价；对科学出版物的评价；对科学学科本身的评价。

我国教育部、科技部每年都要对全国的科研单位和高等院校的学术研究情况进行评估，其主要依据之一就是统计 SCI 收录的有关单位的论文情况及其被引用的情况。

总而言之，利用 SCI 不但能了解何人/机构、何时、何处发表了哪些文章，了解这些文章后来又被哪些人在哪些文章中引用过，而且可以了解某一课题发生、发展、变化的过程;查找某一重要理论或概念的由来;跟踪当前研究热点;了解自己以及同行研究工作的进展;查询某一理论是否仍然有效,是否已经得到证明或已被修正;考证基础理论研究如何转化到应用领域;评估和鉴别某一研究工作在世界学术界产生的影响力;发现科学研究新突破点;掌握学术期刊的国际评价情况,借以确定核心期刊;等等。

2. SCI 的收录范围

SCI 以《期刊目次》(Current Content)作为数据源。目前,自然科学数据库有5 000多种期刊,其中生命科学辑收录 1 350 种,工程与计算机技术辑收录 1 030 种;临床医学辑收 990 种,农业、生物环境科学辑收录 950 种,物理、化学和地球科学辑收录 900 种期刊。

它收录 40 多个国家的出版物,类型包括:期刊、会议录、图书、科技报告和专利文献。它不仅收录这些期刊中的学术论文,同时还收录了其他有意义的文献,包括期刊中的信件、更正、补正、编者按、评论等。

3. SCI 的编排方法

SCI 的编排方法独特,与一般检索工具不同,它是根据文献之间的相互引证关系组织文献的。

4. SCI 的出版形式

目前,SCI 有 4 种出版形式。4 种版本在期刊收录数量上有很大的差别,因此又被分为扩展版和核心版:① SCI 印刷版(核心版),分双月刊、年度累积、多年累积三种形式出版,收录 3 700 多种科技期刊,用于手工检索;② SCI 联机版(SCI-Search),收录 5 600 多种科技期刊,每周更新,运行在大型国际联机系统中;③ SCI 光盘版(SCI CD)(核心版),收录 3 700 多种科技期刊,季更新,增加了来源索引中收录文献的摘要,用于光盘检索;④ 基于 Web 的网络数据库(扩展版),即 Web of Science,收录 1945 年以来的 5 900 多种科技期刊,每周更新,用于网络检索。

使用 SCI 查找文献,可以进行手工检索,也可以进行计算机检索。SCI 三种电子版的检索方法不同,相对而言,光盘版和 Web 版的检索方法较简单、易用,面向最终用户;联机版是命令式检索,检索方法较复杂,适于有检索经验的文献信息服务人员使用。这里以 SCI 的 Web 版,即 Web of Science 为例,介绍其检索方法。

6.1.3 Web of Science 检索方法

Web of Science 是美国 ISI 于 1997 年推出的基于 Web 的数据库产品,它由 Science Citation Index Expanded(简称 SCI,1994—),Social Sciences Citation Index(简

称 SSCI,1997—)和 Arts & Humanities Citation Index(简称 A&HCI,1997—)3 个著名的引文索引数据库组成。该组数据库通过 IP 地址控制访问权限。购买了数据库使用权的学校,其师生不需要帐号和口令就可以通过校园网访问所购买的数据库。3 个库既可以分库检索,也可以多库联检。

该组数据库位于 ISI Web of Knowledge 检索平台(http://access. isiproducts. com/sales),如图 6-1 所示。下一节要介绍的 ISTP(ISI Proceedings)也位于此平台上。

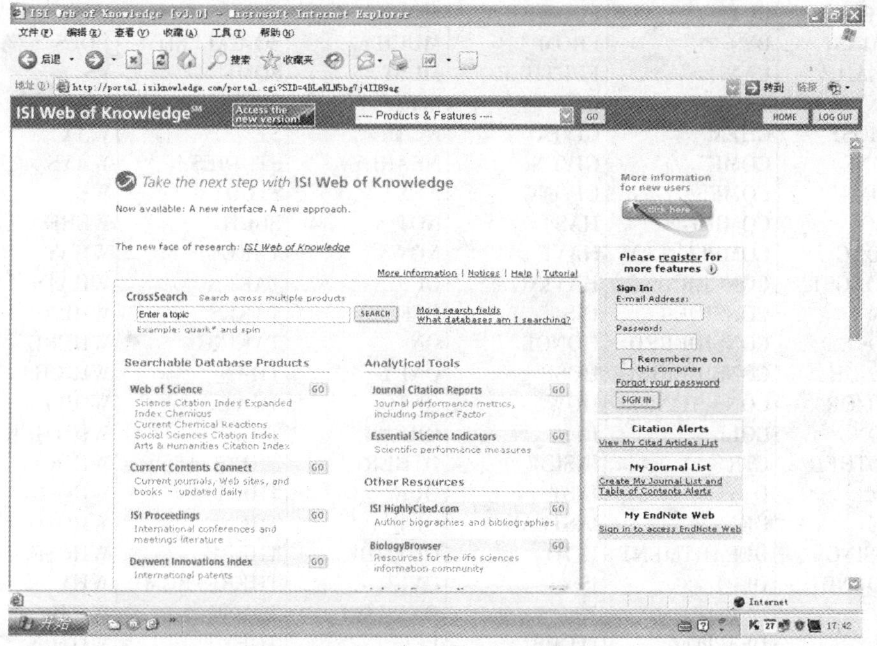

图 6-1 ISI Web of Knowledge 检索系统平台主页

1. Web of Science 的检索基础

(1) 检索项不区分大小写:输入 AIDS,Aids, 或 aids,得相同检索结果。

(2) 输入单词和短语不带引号。

(3) 两个或多个词之间可以用布尔逻辑运算符 AND,OR,NOT,SAME 连接。SAME 表示检索词出现在一句话中。例如,输入“cellulose SAME wood”显示结果有:wood cellulose, cellulose from wood, wood-based cellulose 等。AND,OR,NOT,SAME 不是检索算符时要加引号。

表 6-1 Web of Science 的禁用词

A—D		E—R		S—Z	
A	BELOW	EACH	MAKES	SAME	UP
ABOUT	BEST	EITHER	MAKING	SCH	UPON
ABOVE	BETTER	ENGN	MANY	SCI	UPWARD
ACCORDING	BETWEEN	ESPECIALLY	MED	SEEN	VARIOUS
ACROSS	BEYOND	ET	MEET	SEVERAL	VERSUS
ACTUAL	BIRTHDAY	FEW	MEETS	SHOULD	VERY
ADDED	BOTH	FOR	MORE	SHOWN	VIA
AFTER	BUT	FORWARD	MOST	SINCE	VOL
AGAINST	BY	FROM	MUCH	SO-CALLED	VOLS
AHEAD	CAN	FURTHER	MUST	SOME	VS
ALL	CERTAIN	GET	MY	SPP	WAS
ALMOST	CHEM	GIVE	NEAR	ST	WAY
ALONE	COME	GIVEN	NEARLY	STUDIES	WAYS
ALONG	COMES	GIVING	NEXT	STUDY	WE
ALSO	COMING	HAS	NOT	SUCH	WERE
AMONG	COMPLETELY	HAVE	NOW	TAKE	WHAT
AMONGST	CONCERNING	HAVING	OF	TAKEN	WHATS
AN	CONSIDER	HIS	OFF	TAKES	WHEN
AND	CONSIDERED	HONOR	ON	TAKING	WHERE
AND-OR	CONSIDERING	HOSP	ONLY	THAN	WHICH
AND/OR	CONSISTING	HOW	ONTO	THAT	WHILE
ANON	COLL	IN	OR	THE	WHITHER
ANOTHER	CTR	INSIDE	OTHER	THEIR	WHO
ANY	D	INST	OUR	THEM	WHOM
ARE	DE	INSTEAD	OUT	THEN	WHOS
ARISING	DEPARTMENT	INTO	OUTSIDE	THERE	WHOSE
AROUND	DEPT	IS	OVER	THEREFROM	WHY
AS	DER	IT	OVERALL	THESE	WITH
AT	DESPITE	ITEMS	PER	THEY	WITHIN
AWARD	DISCUSSION	ITS	PHYS	THIS THOSE	WITHOUT
AWAY	DIV	JUST	POSSIBLY	THROUGH	YET
BE	DO	LAB	PT	THROUGHOUT	YOU
BECAUSE	DOES	LET	PUT	TO	YOUR
BECOME	DOESNT	LETS	REALLY	TOGETHER	
BECOMES	DOING	LITTLE	REGARDING	TOWARD	
BEEN	DOWN	LOOK	REPRIN	TOWARDS	
BEFORE	DR	LOOKS	RES	UNDER	
BEHIND	DU	MADE	TED	UNDERGOING	
BEING	DUE	MAKE		UNIV	
	DURING				

(4) 截词符“ * ”代表零至多个字符:输入“enzym * ”,结果显示为 enzyme, enzymes, enzymatic, enzymology。使用截词符“ * ”,前面至少要输入 3 个字符。

(5) 通配符“ $ ”。例如,输入“vapo $ r”,结果显示:vapor and vapour。

(6) ? = 1 个字符:输入“wom? n”得检索结果包含 woman,women 或 womyn。

(7) 输入时可以带标点符号(括号除外)。

(8) 在同一检索项中使用不同布尔逻辑运算符时要用括号,否则将按下面默认顺序执行:AND,OR,NOT,SAME。

(9) 地址字段中的禁用词。一些单词或缩写经常出现在地址中,但在地址检索字段,如果用这些单词去检索,可能会检索到大量无用的信息。因此,在地址字段中,有些单词禁用,如表 6-1 所示。

2. Web of Science 的检索方法

进入 ISI Web of Knowledge 检索平台主界面后,选择 Web of Science,进入其检索主界面,如图 6-2 所示。Web of Science 界面提供了 4 种检索方式:GENERAL SEARCH(通用检索),CITED REF SEARCH(引用检索),STRUCTURE SEARCH(化学结构检索)和 ADVANCED SEARCH(高级检索)。

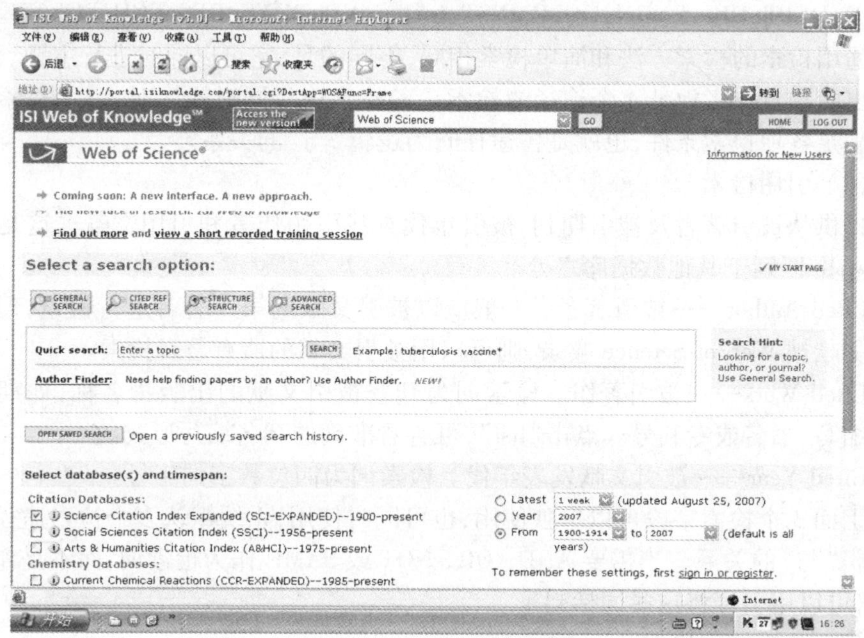

图 6-2　SCI 检索主界面

(1) 通用检索

点击“GENERAL SEARCH”图标,进入通用检索界面,根据需要在以下4个字段中输入检索词,检索词间可用逻辑算符(AND,OR,NOT,SAME)连接。

1) Topic(主题)——用在文献篇名(Title)、文摘(Abstract)及关键词(Keywords)字段可能出现的主题词(词组)检索,也可选择只在文献篇名(Title)中检索。

2) Author(著者)——用著者姓名检索。Web of Science 标引收录文献的全部著者和编者。若在著者姓名中恰巧包含禁止使用的检索词,可以利用引号,如 KOECHLI “OR”可检索作者 O. R. Koechli 发表的文献。

3) Source Title(来源出版物)——用期刊的全称检索,或用期刊刊名的起始部分加上通配符“*”检索。Source List 列出了 Web of Science 收录的全部期刊,可以通过它查看准确的期刊名称。

4) Address(地址)——用著者地址中所包含的词(组)检索。必须注意的是:在许多地址中常采用一些缩写词。按照 ISI 规定,不允许单独用这些缩写词检索。例如,在地址字段中输入 UNIV 一个词检索是无效的,应该输入 UNIV PENN 或者 UNIV PA。在地址字段中不能单独用于检索的缩写词有 UNIV,CHEM,COLL,CTR,D,DEPT,DIV,ENGN,HOSP,INST,LAB,MED,PHYS,RES,SCH,SCI,ST 等。

通用检索的检索方法和简单检索相同,不同的是,它可以同时进行主题、著者、来源出版物及作者地址4个途径的检索。各检索途径同时输入时,表示检索结果必须满足各项检索条件,也就是各途径间为逻辑“与”的关系。

(2) 引用检索

提供从被引著者及被引期刊、被引年代查找引用作者和引用文献。这是 Web of science 区别于其他数据库之处。

Cited Author——被引著者。一般应以被引文献的第一著者进行检索,但如果被引文献被 Web of Science 收录,则可以用被引文献的所有著者检索。

Cited Work——被引著作。检索词为刊登被引文献的出版物名称,如期刊名称的缩写、书名或专利号。点击“list”,可查看准确的刊名缩写形式。

Cited Year——被引文献发表年代。检索词为四位数字的年号。

上面3个检索字段可以单独使用,也可同时使用,系统默认多个检索途径之间为逻辑“与”的关系。当需要 AND, OR, NOT 或 SAME 作为检索词,而不是作为算符时,可以用引号将这些词括起来。

(3) 化学结构检索

适用于化学物质。

(4) 高级检索

点击"ADVANCED SEARCH"按钮,进入高级检索界面,该界面只有一个检索输入框,用户可以使用布尔逻辑算符、截词符、字段前缀等方式组成复杂的检索式,完成检索条件较多的检索。界面右上角附有字段代码表:TI = Title;AU = Author;SO = Source;AD = Address。

6.1.4 Web of Science 检索实例

1. 通用检索实例

例如,检索江苏大学陈宜周教授的文章被SCI收录及被别人引用的情况。

检索步骤如下:

(1) 进入通用检索页面,如图6-3所示。在AUTHOR检索框中输入"CHEN Y *",在ADDRESS检索框中输入"JIANGSU Univ"(机构名称缩写可以在abbreviations list中查找,查大学则只要查其缩写即可)。

(2) 在文献语种、文献类型下拉菜单中选择被引文献的文献语种及文献类型。

(3) 点击"search"按钮,执行检索,显示检索结果。

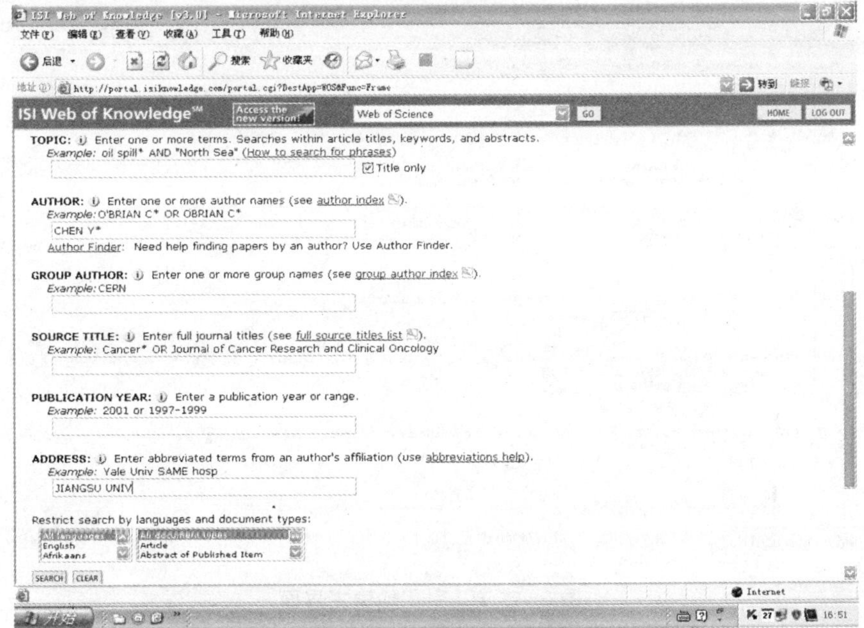

图6-3 SCI通用检索主界面

2. 引用检索实例

例如，检索自2000年以来作者 Cheng yz 的文章被引用的情况。

检索步骤如下：

(1) 进入引用检索主界面，如图6-4 所示。在 CITED AUTHOR 检索输入框中输入“Cheng yz”，在 CITED YEAR 中输入“2000—2007”，执行检索，得结果如图 6-5所示。

检索结果先按照引文著者排序，再按照发表引文的出版物排序，“Hits”对应被引用的次数。如果作者前面有省略号(如“…Cheng YZ”)的记录，表示该作者不是第一作者，其中标有下划线(蓝色)的条目是 SCI 直接收录的，可直接链接到引文。

(2) 点击被引文献前面的方框作标记。标记一篇、多篇或全部被引文献，翻页至其他页继续标记所需文献。

(3) 限定被引文献的语种、类型，选择结果的排序方式，方法同通用检索。

点击“view record”按钮，得到某篇文献的详细信息。如图 6-6 所示。

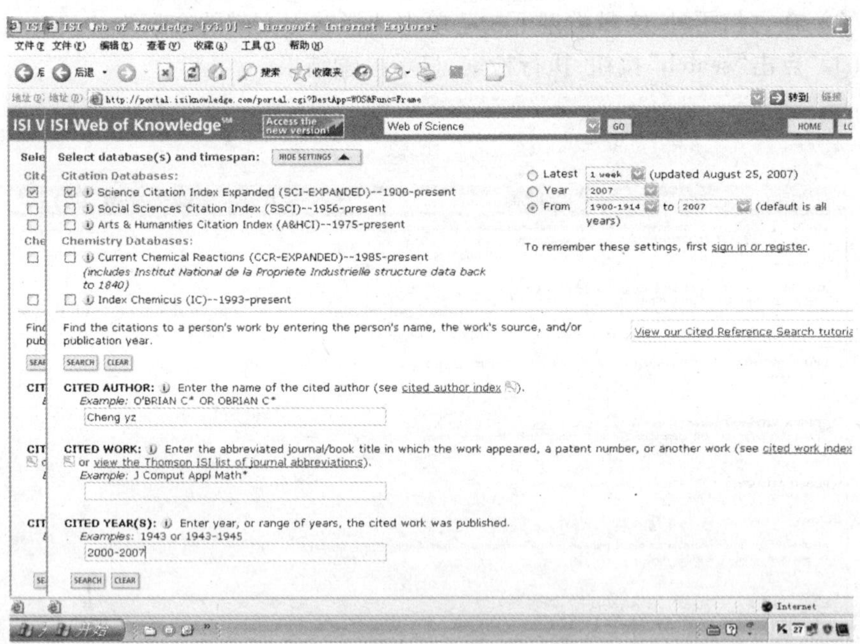

图6-4 SCI 引用检索主界面

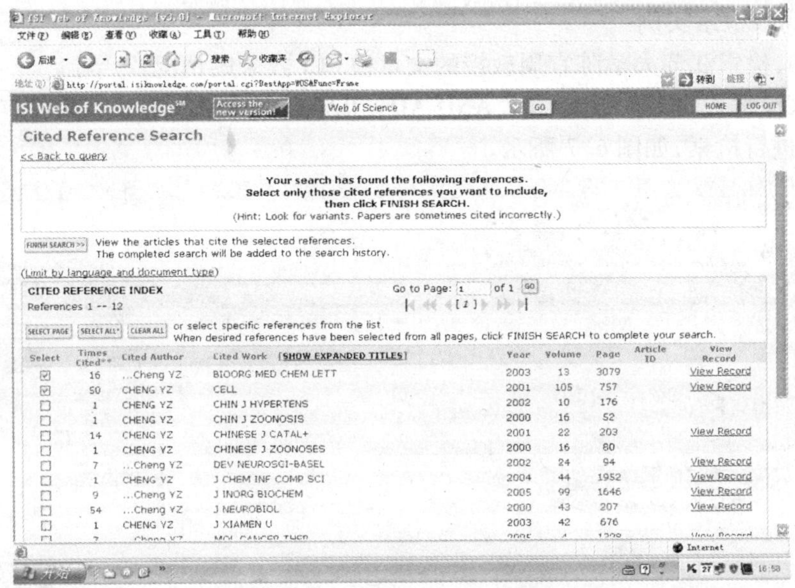

图 6-5　SCI 引文检索结果

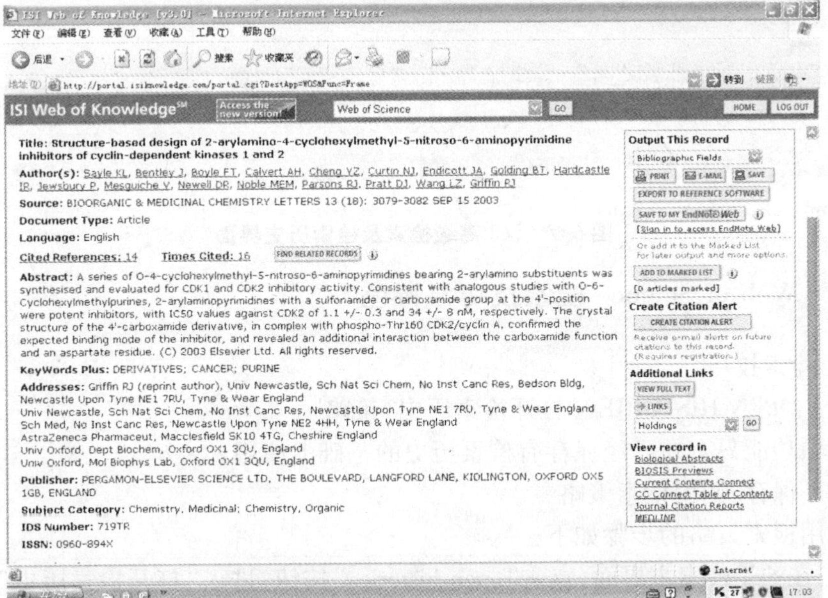

图 6-6　SCI 引用检索详细篇目信息

3. 高级检索实例

例如，检索江苏大学陈宜周教授的文章被 SCI 收录的情况。

输入检索式“AU = CHEN YZ AND AD = JIANGSU AND AD = 212013”(212013 为邮编)进行检索，如图 6-7 所示。

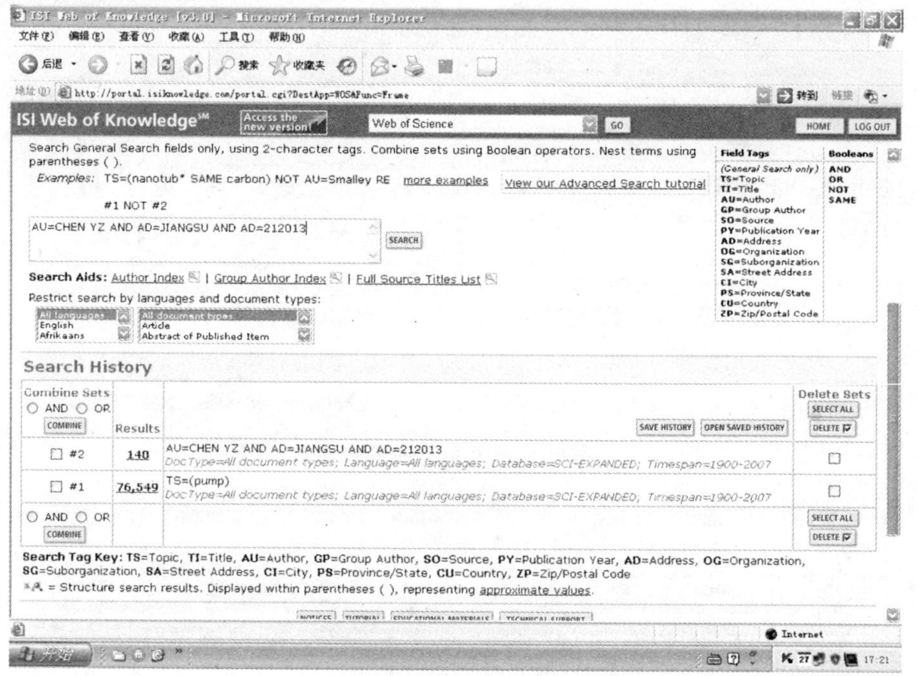

图 6-7 SCI 高级检索及检索历史界面

6.1.5 Web of Science 检索技巧与特色

1. 检索技巧

(1) OPEN HISTORIES(打开检索历史)策略

此项功能只有在已经保存有检索历史的基础上使用。

(2) 保存、调用检索策略

调用检索策略的步骤如下：

1) 在 SCI 检索主界面，点击“open histories”按钮，进入“打开检索历史”界面，用“浏览”找出保存检索历史的文件夹及文件，或直接输入路径及文件名，点击“Open”按钮，打开保存检索历史的文件，显示检索历史。

2）点击“run”按钮，进入数据库时间限定界面。限定检索时间，点击“Continue”按钮，继续检索。

3）在检索输入框中输入检索式序号或多个检索式序号的逻辑组配式，点击“Search”，得到符合条件的检索结果。

（3）检索策略的保存方式

检索策略有两种保存方式：一是保存到ISI Web of Knowledge的服务器中；二是保存到本地盘中。

选用第一种保存方式的好处是：系统会自动根据用户的检索策略，每周为用户发定题服务；可以从本机构的任一计算机中打开所保存的检索策略；可以直接从ISI的主页打开所保存的检索策略。但选用这种保存方式时必须先注册。

选择保存到本地盘的方法是：点击“save”按钮，选择保存检索策略的文件夹，输入文件名，文件将以系统设定的格式被保存。最多可以保存20个检索式。

（4）检索结果的处理

1）浏览检索结果

实施Quick Search和General Search检索后，首先分页显示检索结果的简单记录。简单记录包括文献的前三位著者、文献标题、出版物名称（刊名）、卷、期、起止页码和出版时间。窗口上方标明检索字段及检索内容、选用的数据库和其他限定条件，满足检索要求的记录数显示在窗口的左下方。点击文献标题，可以看到该条结果的全记录（full record），包含记录的全部字段。

2）Mark & Unmark（标记和去除标记）

在检索结果输出之前，需要将欲输出的记录进行标记。

在分页显示简单格式窗口，点击记录前面的方框，标记/去除这条记录。或者点击窗口左上方的Mark Page/Unmark Page或Mark All/Unmark All按钮，对当前页的10条记录或检索命中的全部记录作标记/去除。点击“Submit Marks”按钮，提交当前页标记的记录。

在全记录显示窗口，点击窗口上方的Mark/Unmark，对记录作标记/去除。

点击窗口上方的Marked List，显示此次登录全部被标记的记录，右上方的Clear Marked List按钮用于清除全部标记。

3）Cited References（查看引用文献，即参考文献）

在全记录显示窗口，Cited References后面的数字为这篇文献所引用文献的数目。点击Cited References，列出全部被引用文献的著者、出版物、卷、页和年。

4）Times Cited（查看被引用次数）

在全记录显示窗口，Times Cited 后面的数字为这篇文献被其他文献引用的次数。点击“Times Cited”，显示数据库中所有引用这篇文献的文献记录。

5) Find Related Records（查找相关记录）

若数据库中某两篇文献引用的参考文献中至少有一篇是相同的，则称这两篇文献为相关记录。

6) Export（输出检索结果）

在显示标记结果的窗口（点击“Marked List”后出现），可以输出这些记录。输出的格式可以选择。缺省格式为简单记录，检索者可选择增加引用参考文献、地址、文摘等字段。输出多记录时可以按时间、第一著者、原始出版物或被引用次数排序。输出结果可以直接打印、存盘，也可以用电子邮件发送到指定信箱。

2. Web of Science 的特色

(1) 通过引文检索功能可查找相关研究课题早期、当时和最近的学术文献，同时获取论文摘要。

(2) 可通过 ISI Document Solution 在网上订购和传递全文。

(3) 每周更新，确保及时反映研究动态。

(4) 可检索所有被收录和被引用的作者，而非仅仅是第一作者。

(5) 提供论文的被引用次数，并可链接到相应的论文，了解被引用情况。

(6) 可以看到所引用参考文献的记录及相关文献的记录。可获取几篇文章共同引用相同的一份或几份文献的论文。

(7) 可保存、打印、E-mail 所得的记录及检索式。

(8) 全新的万维网超文本特性，能链接到 ISI 的其他数据库。

(9) 部分记录可以直接链接到电子版原文，或者链接到所在机构的 OPAC 记录，迅速获得本馆馆藏信息。

(10) 定题服务功能：数据库每周更新时，系统会自动根据用户保存在 ISI 服务器中的检索式，通过电子邮件发送最新文献。

6.2 Springer Link

6.2.1 概述

德国施普林格（Springer-Verlag）是世界上著名的科技出版集团，迄今已有 150

年的历史,其总部设在德国的柏林和海德堡。它的作者中有许多是诺贝尔奖获得者和各学科的领先人物。目前,出版社每年出版 1 700 种新书,约 300 种科学期刊,出版量多,权威性高。

自 1980 年以来,施普林格公司出版的图书几乎都属于科技类。施普林格的编辑队伍来自世界各地,作者遍布世界各地,读者也遍布世界各地。

该公司出版的《数学讲义丛书》(Lecture Notes in Mathematics)(已出 1 400 多卷)是数学系学生和数学工作者的必备参考图书;《研究生数学教程丛书》(Graduate Texts in Mathematics)(已出 130 多卷)是研究生的权威教材。在化学领域,《贝尔斯登有机化学大全》(Beilstein Handbook of Organic Chemistry)(已出到第五补编,400 多卷)是研究化学的重要数据源,由于其规模宏大,信息价值高,订户较少,出版社定价很高。最近,公司还推出了辅助检索该手册中化合物的只读光盘《桑德拉》(SANDRA)。

随着电子技术的发展和新的出版媒介的出现,施普林格出版公司也开始出版一系列只读光盘(CD-ROM)版的数据库,其中包括:化学最新数据(Current Facts in Chemistry)、光盘数学文库(CompactMATH)、蛋白质数据库(Protein Data Bank CD-ROM)等。此外,该出版社还出版一些医学方面的录像带和幻灯片,如《人脑的解剖》(录像带)和《人类胚胎学》(幻灯片)。

Springer 公司和 EBSCO/Metapress 公司现已开通 Springer Link 电子期刊服务。目前,Springer Link 所提供的全文电子期刊按学科分为以下 11 个"在线图书馆":生命科学、医学、数学、化学、计算机科学、经济、法律、工程学、环境科学、地球科学、物理学与天文学。Springer Link 电子数据库现有 500 种期刊,电子全文文献 20 万篇,过刊可回溯到 1993 年,是科研人员的重要信息源。2004 年,Kluwer Academic Publishers(简称 KAP)合并入 Springer。目前,Springer Link 包含 1 200 多种学术期刊,部分可浏览全文。

6.2.2 检索方法

该数据库的主页如图 6-8 所示。

页面左边显示登录用户的信息。右边显示该数据库所收录的信息分类,并有中国在线科学图书馆和俄罗斯在线科学图书馆两个特色图书馆。在右上角,用户可以选择自己熟悉的语言界面来进行信息检索。

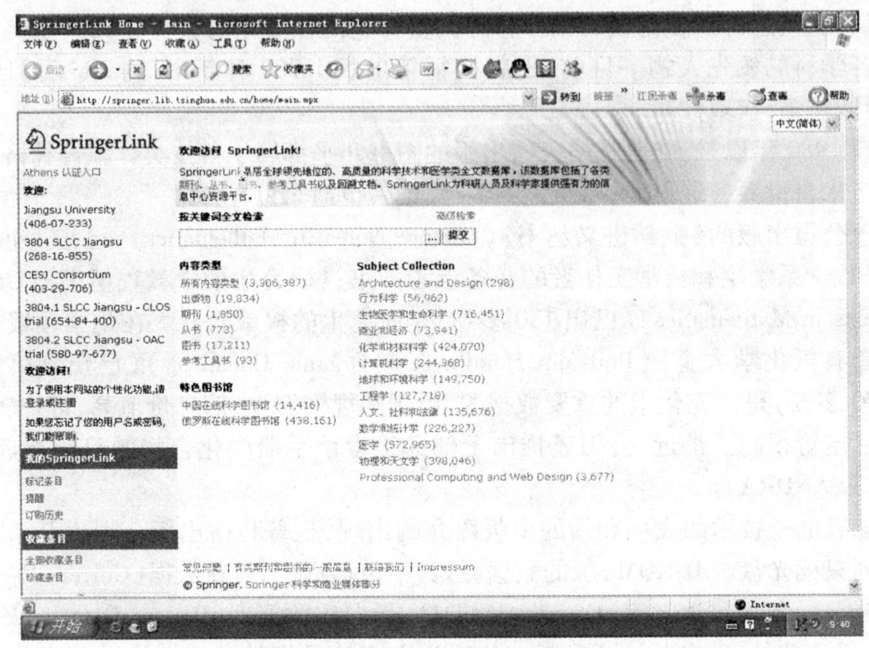

图 6-8　Springer Link 检索系统主页

该页面默认的是简单检索,用户也可以点击高级检索进入高级检索方式。

1. 检索基础

(1) 逻辑算符

用逻辑算符“AND”,“OR”,“NOT(ANDNOT)”可分别对检索词做逻辑“与”、“或”、“非”的逻辑组配。

(2) 截词符

无限截词符“ * ”代表一个字符串,检索与输入词起始部分一致的词,如输入“key * ”,检索结果包含 key, keying, keyhole, keyboard 等。检索动词的所有形态可用“ * * ”,在某个动词后加“ * * ”,将检索出该动词的所有形态,如输入“sink * * ”,检索结果包括 sink, sinking, sank, sunk。

(3) 通配符“?”

将符号“?”放置在词中间,表示模糊检索。

(4) 位置算符“Near”

表示关键词间的位置,词顺可以颠倒,两词之间最多可以相隔 0 ~ 5 个字。若不希望词序颠倒,可将检索式用引号括起。当需要被检索的两个词位置接近的时

候，选用运算符“Near”比选用“AND”得到的检索效果好。使用“Near”检索时，返回的检索结果按照检索词的邻近程度排序：在检索字段中，词的位置越靠近，排序越靠前。如输入“sediment near heavy metal”，检索结果按 sediment 和 heavy metal 两词的位置接近度进行排序。

(5) 优先运算符

使用优先运算符括号“( )”，可使系统按照检索者要求的运算次序而不是默认的逻辑运算优先级次序进行检索。

(6) 词语检索符

使用双引号“ ”，可使系统按照给定词组的准确顺序和搭配进行精确检索。

(7) 禁用词

一些常见词如 the，is 等为禁用词，不能出现在检索式中。

2. 检索方法

(1) 简单检索

检索结果页面列出了该检索的结果。检索结果可以根据用户的需要列出详细信息（Expanded View）或简单信息（Condensed View），每条结果编号前面会告诉用户哪些信息可以获得全文，哪些只能获得部分信息。

检索结果页面右边有重新检索的检索框，结果按文献的字母顺序、内容发行状态、文献内容类型、所涉及的语种、学科、版权、出版的刊物和相关作者等一系列信息进行排列，用户可以进行聚类检索。

(2) 高级检索

在高级检索页面，有多个检索项可以选择，如全文、标题、摘要、作者、ISSN，ISBN、检索时间的限定和排序。用户可以根据自己的检索需要和习惯进行选择。检索结果显示与简单检索相同。

(3) 文献浏览

在 Springer 主页面上点击“Browse”按钮，进入浏览界面，如图 6-9 所示。该界面提供了“Publications”和“Subjects”两种浏览方式。按“Subjects”方式浏览的结果和“forum，home”的浏览结果相同。“Publications”的浏览结果是按字母顺序排列的 Springer 电子期刊目录。用户根据需要可自行选择浏览方式。系统默认为“Publications”方式。具体的操作步骤如下：

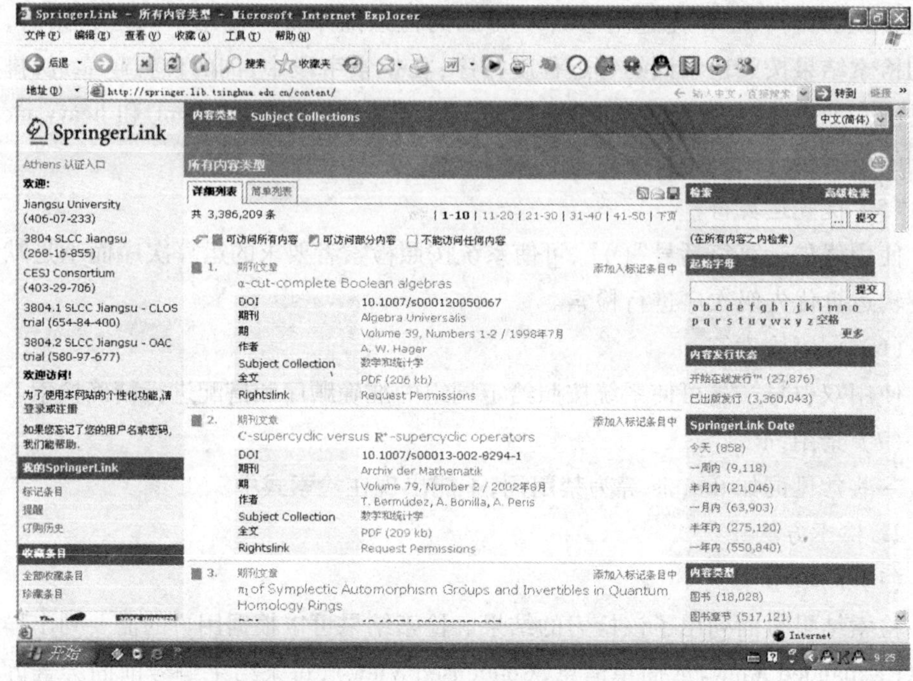

图 6-9 Springer Link 期刊浏览检索界面

1）选择“Publications”浏览方式；

2）在“Display”处设置每屏显示结果的数量；

3）用鼠标点击右下方“Browse”按钮，显示期刊名列表；

4）既可根据显示出的结果按顺序查看浏览结果，也可按字母顺序进行查看。如果字母为暗色，表示无此字母为首的出版物。

5）点击某一期刊名，显示该期刊的 ISSN 号、所属学科范围、卷期情况等。该页面提供了“Quick Search”检索输入框，可以针对页面中出现的出版物内容进行全字段检索。检索词可以是一个词、词组，也可以用检索式表示。

6）选择所选期刊卷、期，点击文献题名，出现该文献的摘要，右上方有“open fulltext”字样，点击可打开全文，如图 6-10 所示。

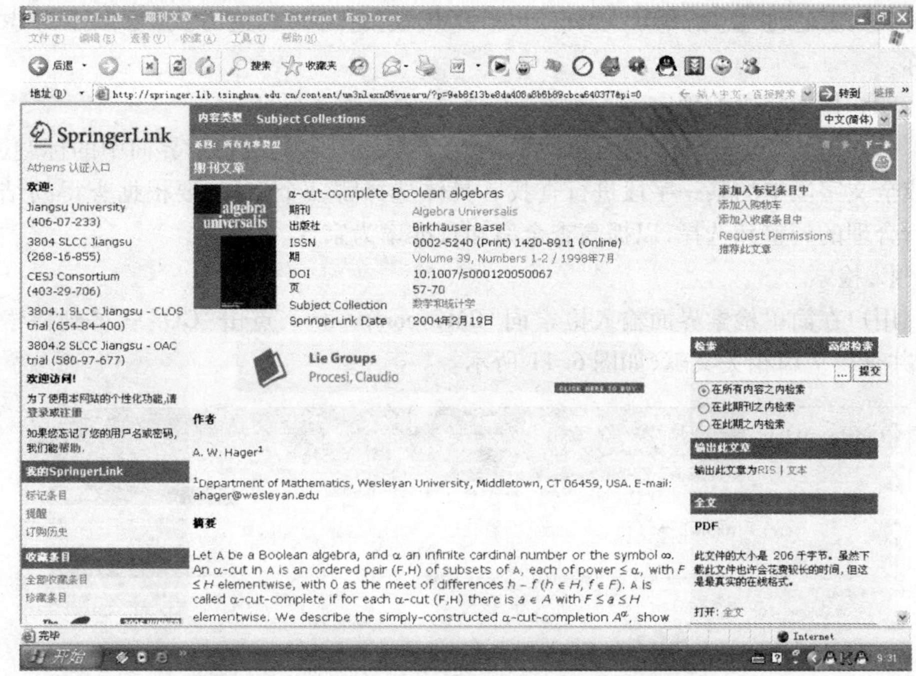

图 6-10 Springer Link 期刊浏览检索结果详细信息

6.2.3 检索实例

例如,检索"BMC 复合材料"方面的英文期刊论文全文。

1. 分析研究课题

(1) 学科领域:本课题属于化学和材料科学领域,是关于 BMC 的一种复合材料。

(2) 已知条件:已知关键词为 BMC composite,未知作者或作者单位,未知刊名等其他信息,指定文献类型为期刊论文。

2. 选择数据库

可选择 Springer Link 期刊全文数据库。

3. 确定检索词和检索字段

(1) 检索词的确定

如何准确地将关键词翻译成英文,可利用中文数据库的关键词字段,输入中文的关键词进行查找,查看检索结果,参照对应的英文关键词的翻译。BMC 复合材料的英文表达通常为:BMC composite。BMC 是通用的表达方式,可以不考虑其全称。

(2) 检索字段的确定

可利用 Springer Link 的简单检索界面的默认字段,高级检索界面中的标题、摘要或全文字段中的某一字段进行查找。具体选择哪一个字段,要根据查得的结果进行合理的调整和选择,以提高查全率和查准率为宗旨。

4. 检索

用户在简单检索界面输入检索词“BMC composite”,点击“GO”就得到检索结果,共查得 7 篇相关文献,如图 6-11 所示。

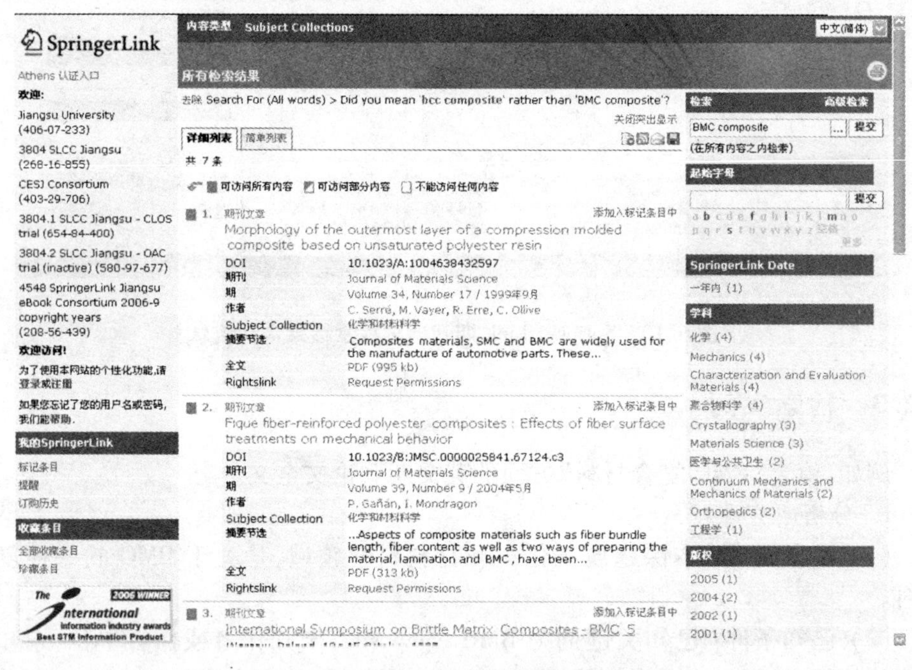

图 6-11 Springer Link 简单检索示例结果

6.2.4 特色

1. Springer 的个性化服务

Alerts(提醒服务)、Favorites(个人爱好定制)是 Springer 为用户提供的个性化服务,免费且方便,用户可按需要设定作者、学科或关键词,即可收到有关刊物的出

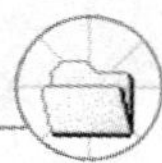

版信息或快速浏览所选期刊的显示内容。

2. 在线优先出版 Online First™

这是一项新的研究论文的出版形式,让用户在印刷版发行前就能阅览专家审稿的文章。经由数字对象辨别码(DOI),方便检索内容,并可作引用,方便研究人员传阅相关研究成果。

3. 参照连接功能 Reference Linking

Springer 在已检索到的文章内设参照连接功能,可以实现对文献的追踪检索自动连接(可获取摘要、全文等),以帮助研究人员快速获取额外资源,扩展研究范围。

6.3 ISTP

6.3.1 概述

《科技会议录索引》(Index to Scientific & Technical Proceedings,简称 ISTP)创刊于 1978 年,由美国科学情报研究所(ISI)编辑出版。每年收录 12 000 多个会议内容,年增加 22.5 万条记录。目前共有 350 多万条记录。数据每周更新。索引内容的 65%来源于专门出版的会议录或丛书,其余来源于以连续出版物形式定期出版的系列会议录。该索引收录农业与环境科学、生物化学与分子、分子生物学、生物技术、医学、工程、计算机科学、化学、物理等学科的会议文献,以及 IEEE, SPIE, ACM 等协会出版的会议录。报导世界上每年召开的科技会议的会议论文,包括一般性会议、座谈会、研究会、讨论会、发表会等。提供全面的会议信息及会议文献信息,包括会议名称、主办机构、地点、论文题目、论文摘要、参考文献等。其中,工程技术与应用科学类文献约占 35%,其他涉及学科基本与 SCI 相同。覆盖文献包括了英语和非英语语种。

ISTP 收录论文的多少与科技人员参加的重要国际学术会议的多少或提交、发表论文的多少有关。我国科技人员在国外举办的国际会议上发表的论文占被收录论文总数的 64.54%。

目前,ISTP 主要版本有:印刷版(ISTP),月刊,每年报导 4 700 多种会议录;光盘版(ISTP),季度更新,每年报导 10 000 多种会议录 ;网络版(WOSP-S/T),周更新,同光盘版。

ISTP 与 SCI 同样位于 ISI Web of Knowledge 检索平台上,其初始界面如图6-12所示。

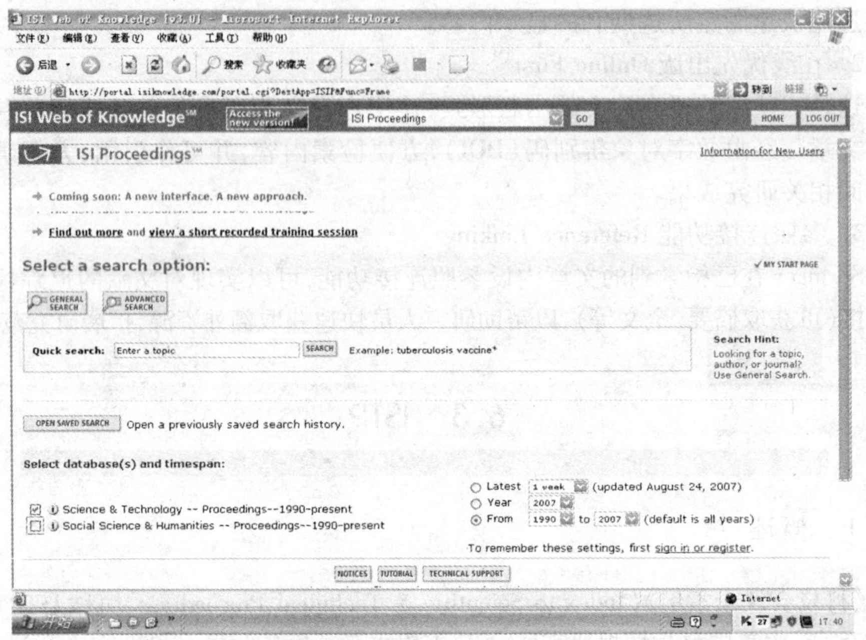

图 6-12　ISTP 检索主界面

6.3.2　检索方法

ISTP 与 SCI 同属一个检索平台，其检索规则同 SCI，在此不再重复。

1. 一般检索(GENERAL SEARCH)

通过输入由布尔逻辑算符和位置算符所连接的关键词或词组来检索某个特定主题的信息。

(1) 检索符号

1) 布尔逻辑算符:SAME,NOT,AND,OR。

2) 通配符:“*-”代表 0 到多个字母;“?-”代表一个字母;“$-”代表 0 或 1 个字母。

(2) 检索字段

利用主题检索，自动检索标题、摘要和关键词字段。

1) 作者:先输入姓，然后输入空格，再输入不超过 5 位的字母。

2) 团体作者:应输入可能的各种写法。

3) 来源文献:先查询刊的全名，或者利用通配符。

4）地址：可利用地址缩写词。

5）会议信息：会议标题、召开地、主办者、召开日期等。

一般检索界面如图 6-13 所示。

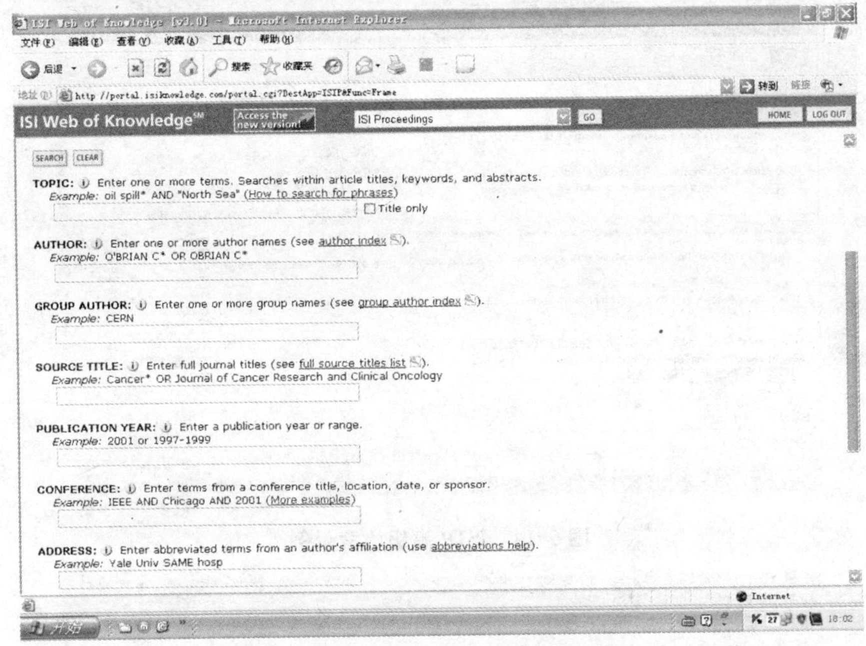

图 6-13　ISTP 一般检索界面

2. 高级检索(ADVANCED SEARCH)

高级检索页面允许使用两个字符的字段标识符和集合号创建一个复杂的检索式。使用高级检索可以使查找的文献更准确、更完备，但需要熟练掌握字段标识符和集合号。

6.3.3　检索实例

例 1：查找“战略并购的动态匹配研究”方面的会议文献。

首先分析研究课题，确定关键词，选择检索字段，得检索表达式“TS = (merger OR acquisition OR consolidation) AND TI = fit”，使用高级检索，得检索结果，如图 6-14所示。

例 2：查找“格栅逻辑网络”方面的相关会议文献。

首先分析研究课题，确定关键词，选择检索字段，得检索表达式“Topic：Grid

and logistic networks”，检索结果如图 6-15 所示。

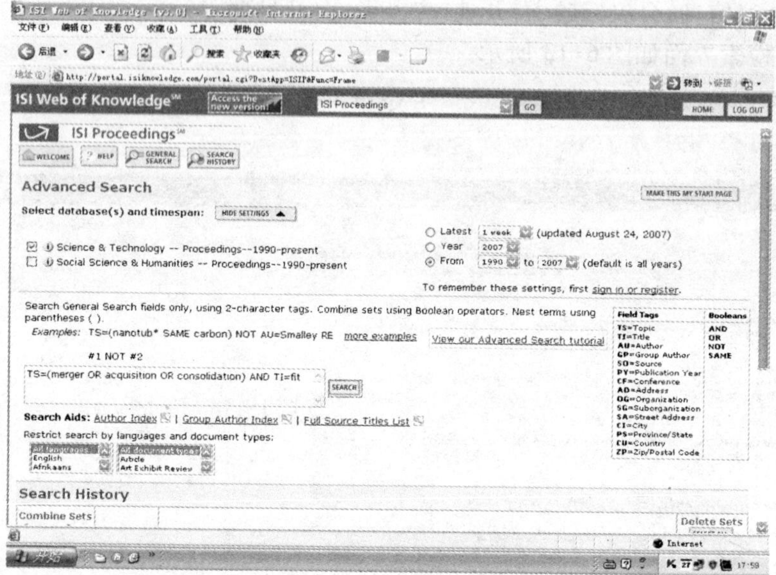

图 6-14　ISTP 高级检索示例

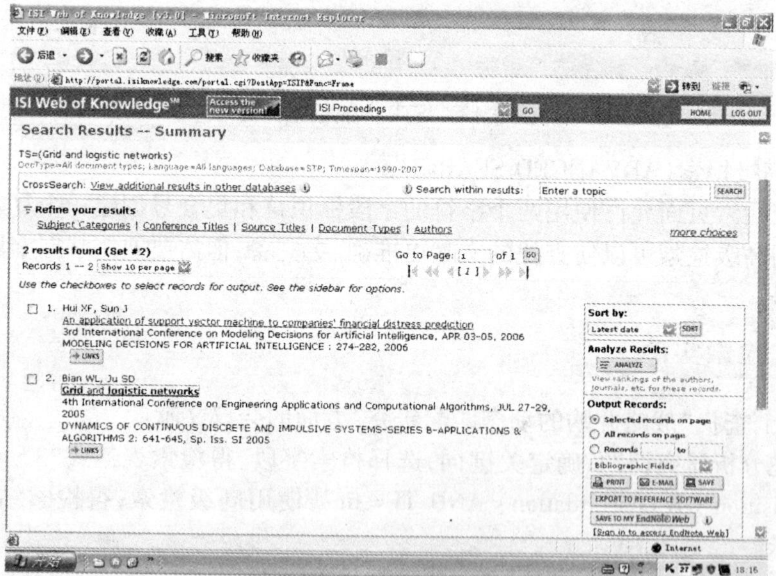

图 6-15　ISTP 特色检索示例结果

6.3.4 特色

1. 结果批处理

选择需要的记录,可以对标记的记录进行以下输出操作:格式化打印、存盘、发送电子邮件、将记录直接输出到信息管理软件中。

2. 结果分析

可以按照著者、会议标题、来源刊名、主题分类、出版年、文献类型、国家区域和语种分析检索结果。最多可以分析 2 000 条记录。可选择希望了解的集合,并点击“VIEW RECORD”进行浏览。

3. 参考文献

ISTP 包括了 1999 年以来的参考文献,可通过超链链接到相应的 ISTP 记录上。

参考文献包括期刊论文、专利、图书、团体作者、报告。每种类型的格式不同。

例如,被引报告:被引作者,报告的责任人或负责机构;被引著作,报告号,通常含有机构名称缩写;被引年,文献发表年。

4. 相关记录

如果一篇文献与母记录引用了相同的一篇或几篇参考文献,则判定该文献为母记录的相关文献。

5. 引文索引的巧妙利用

从一篇高质量的文献出发,沿着科学研究的发展道路,揭示科学研究课题的过去、现在与将来,由此可以发现许多重要的信息。如参考文献(Cited References)可越查越旧;相关文献(Related Records)可越查越深;结果分析(Analyze Results)可以进行多类型归纳。

6. 获取原文

在 ISTP 中查得文摘后,若想获取原文,可通过 SFX 连接获取原文。一种是与 SFX 电子全文链接;一种是与 SFX 馆藏印刷本的链接,然后查看收藏该文的图书馆,从而进一步获取原文。

7. 引文跟踪服务

引文跟踪服务,即跟踪这篇文章未来被引用的情况。通过设置引义跟踪服务来追踪某一篇文献的最新被引用情况,关注最新的科研动态。如果该文献被新加入到 Web of Science 中的一条记录引用,用户将收到一封包含了该记录的电子邮件。使用这个服务的前提是在 ISTP 上注册了邮箱和密码。

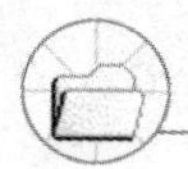

在以上介绍的 EI,SCI,ISTP 这三大检索系统中,SCI 最能反映基础学科研究水平和论文质量,该检索系统收录的科技期刊比较全面,集中了各个学科高质优秀论文的精粹,成为世界科技界密切关注的中心和焦点。ISTP,EI 这两个检索系统在评定科技论文和科技期刊的质量标准方面相比之下较为宽松。

6.4 Chemical Abstracts(CA)

6.4.1 概述

美国《化学文摘》(Chemical Abstracts,简称 CA)由美国化学协会(The American Chemical Society)下设的化学文摘服务社(Chemical Abstracts Service,简称 CAS)编辑出版,于 1907 年创刊。CA 创刊初期为半月刊,每年出 1 卷;从 1967 年 66 卷起至今,为周刊,每年出两卷,每卷 26 期。

美国《化学文摘》是世界三大化学文摘之一,另外两种是德国《化学文摘》和前苏联《化学文摘》。德国《化学文摘》创刊于 1830 年,是世界上最早的文摘刊物,1969 年与美国《化学文摘》合并,结束了它长达 140 年的历史。前苏联《化学文摘》创刊于 1953 年,主要报道前苏联及东欧各国的文献,对于我国的文献也有较为全面的报道,但从检索角度看,该刊比美国《化学文摘》略逊一筹。今天,美国《化学文摘》已经成为世界上应用最广泛的检索化学化工及相关学科最重要的检索工具,具有“打开世界化学文献的钥匙”的称号。

CA 收录化学、化工技术方面的资料,也收录医学、生物学及其相关文献。CA 的年报道量约 50 万条,其中约 10 万条是与医学和生物学有关的文献。

CA 文献来源于 150 个国家 56 种语言文字的 16 000 种期刊,还收录会议录、技术报告、新书以及 31 个国家和两个国际组织的专利文献。

CA 的索引体系完善,有 3 种期索引,5 种卷索引,1 种卷辅助索引,2 种指导性索引及来源索引,另外还有 5 年和 10 年的回溯累积索引,用户可根据线索很快查找所需资料。

CA 从 20 世纪 60 年代开始使用电子计算机进行编辑与检索,大大缩短了出版周期,一般文献原刊出版后 3 ~4 个月即可在 CA 上摘录发表,大部分用英文出版的书刊甚至当月即可刊出。目前,还有多种 CA 的机读磁带及光盘出版,由此也大大提高了查阅的速度。

6.4.2 编排结构

CA 的内容大体可分为两个部分,即文摘部分和索引部分。

1. 文摘部分

文摘是 CA 的主体,分为 5 部分,80 个大类,具体如下:

(1) Biochemistry Sections (生物化学部分)

1) Pharmacology (药理学)

2) Mammalian Hormones (哺乳动物激素)

3) Biochemical Genetics (生化遗传学)

4) Toxicology (毒物学)

5) Agrochemical Bioregulators (农业化学的生物调节)

6) General Biochemistry (普通生物化学)

7) Enzymes (酶)

8) Radiation Biochemistry (放射生物化学)

9) Biochemical Methods (生化方法)

10) Microbial, Algal, and Fungal Biochemistry (微生物、藻和真菌生物化学)

11) Plant Biochemistry (植物生物化学)

12) Nonmammalian Biochemistry (非哺乳动物的生物化学)

13) Mammalian Biochemistry (哺乳动物生物化学)

14) Mammalian Pathological Biochemistry (哺乳动物病理生物化学)

15) Immunochemistry (免疫化学)

16) Fermentation and Bioindustrial Chemistry (发酵和生物工业化学)

17) Food and Feed Chemistry (食品和饲料化学)

18) Animal Nutrition (动物营养)

19) Fertilizers, Soils, and Plant Nutrition (肥料、土壤和植物营养)

20) History, Education and Documentation (历史、教育和文献工作)

(2) Organic Chemistry Sections (有机化学部分)

21) General Organic Chemistry (普通有机化学)

22) Physical Organic Chemistry (物理有机化学)

23) Aliphatic Compounds (脂肪族化合物)

24) Alicyclic Compounds (脂环族化合物)

25）Benzene，Its Derivatives，and Condensed Benzenoid Compounds （苯及其衍生物、稠苯化合物）

26）Biomolecules and Their Synthetic Analogs （生物分子和它们的合成）

27）Heterocyclic Compounds（One Hetero Atom） （杂环化合物（一个杂原子））

28）Heterocyclic Compounds（More Than One Hetero Atom） （杂环化合物（多个杂原子））

29）Organometallic and Organometalloidal Compounds （有机金属化合物和有机准金属化合物）

30）Terpenes and Terpenoids （萜烯和萜烯类）

31）Alkaloids （生物碱）

32）Steroids （甾族化合物）

33）Carbohydrates （碳水化合物）

34）Amino Acids，Peptides，and Proteins （氨基酸、肽和蛋白质）

（3）Macromolecular Chemistry Sections （大分子化学部分）

35）Chemistry of Synthetic High Polymers （合成高聚物化学）

36）Physical Properties of Synthetic High Polymers （合成高聚物的物理性质）

37）Plastics Manufacture and Processing （塑料制品与工艺）

38）Plastics Fabrication and Uses （塑料制品与应用）

39）Synthetic Elastomers and Natural Rubber （合成弹性体和天然橡胶）

40）Textiles and Fibers （纺织物和纤维）

41）Dyes，Organic Pigments，Fluorescent Birghteners，and Photographic Sensitizers （染料、有机化学颜料、荧光发光剂和摄影光敏剂）

42）Coatings，Inks，and Related Products （涂料、油墨及有关产品）

43）Cellulose，Lignin，Paper，and Other Wood Products （纤维素、木质素、纸及其他木材制品）

44）Industrial Carbohydrates （工业碳水化合物）

45）Industrial Organic Chemicals，Leather，Fats，and Waxes （工业有机化学制品、皮革、脂肪和石蜡）

46）Surface-Active Agents and Detergents （表面活性剂和洗涤剂）

（4）Applied Chemistry and Chemical Engineering Sections （应用化学与化学工程部分）

47）Apparatus and Plant Equipment （仪器和工厂设备）

48）Unit Operations and Processes （单元操作和工艺过程）

49）Industrial Inorganic Chemicals （工业无机化学制品）

50）Propellants and Explosives （推进剂和炸药）

51）Fossil Fuels, Derivatives, and Related Products （矿物燃料、衍生物和相关产品）

52）Electrochemical, Radiational, and Thermal Energy Technology （电化学、辐射和热能技术）

53）Mineralogical and Geological Chemistry （矿物化学和地质化学）

54）Extractive Metallurgy （提炼冶金学）

55）Ferrous Metals and Alloys （黑色金属与合金）

56）Nonferrous Metals and Alloys （有机金属与合金）

57）Ceramics （陶瓷）

58）Cement, Concrete, and Related Building Materials （水泥、混凝土和相关建筑材料）

59）Air Pollution and Industrial Hygiene （空气污染与工业卫生）

60）Waste Treatment and Disposal （废水处理和清除）

61）Water （水）

62）Essential Oils and Cosmetics （香精油与化妆品）

63）Pharmaceuticals （药物）

64）Pharmaceutical Analysis （药物分析）

（5）Physical, Inorganic, and Analytical Chemistry Sections （物理、无机与分析化学部分）

65）General Physical Chemistry （普通物理化学）

66）Surface Chemistry and Colloids （表面化学与胶体）

67）Catalysis, Reaction Kinetics, and Inorganic Reaction Mechanisms （催化、反应动力学和无机反应机制）

68）Phase Equilibriums, Chemical Equilibriums, and Solutions （相平衡、化学平衡与溶液）

69）Thermodynamics, Thermochemistry, and Thermal Properties （热力学、热化学与热性能）

70）Nuclear Phenomena （核现象）

71）Nuclear Technology （核技术）

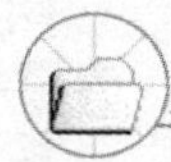

72）Electrochemistry （电化学）

73）Optical，Electron，and Mass Spectroscopy and Other Related Properties（光学、电子学、质谱仪及其他有关性质）

74）Radiation Chemistry，Photochemistry and Photographic and Other Reprographic Processes （辐射化学、光化学以及摄影和其他光拷贝过程）

75）Crystallography and Liquid Crystals （结晶学和液晶）

76）Electric Phenomena （电现象）

77）Magnetic Phenomena （磁现象）

78）Inorganic Chemicals and Reactions （无机化学制品及其反应）

79）Inorganic Analytical Chemistry （无机分析化学）

80）Organic Analytical Chemistry （有机分析化学）

CA 在 126 卷之前，单号期与双号期刊载的类目不同，单号期只刊载第一、第二部分的内容，包括 1～34 大类，双号期刊载第三、四、五部分的内容，包括 35～80 大类，单、双号期相当于上、下两册，交替出版。从 1997 年 126 卷开始，无论单、双号期，每期都刊载 80 个类目的全部内容。

在 CA 的 80 个大类中，与医学关系最为密切的是 1～20 大类，即生物化学部分，47～64 大类是应用化学与化学工程部分，其中的药物、药物分析、空气污染、环境保护、污水和废水处理、有机化学中的生物碱、类固醇、碳水化合物等都与医学关系较为密切。当文献内容涉及两个或两个以上类目时，根据其主要内容分类，在相关的类目中用参见指引。

CA 的正文以报道性文摘为主，其次为指示性文摘，也有少量的题录。正文部分按大类在目次表中的顺序编排，每大类开始标明大类类号、类名及该类的收录范围。

CA 收录文献类型很多，每大类又分为 4 小部分，每小部分之间用 4 条短线分开。这 4 小部分是：期刊论文、技术报告、会议录和汇编文献；新书及视听资料；专刊文献；相互参见。

2. 索引部分

CA 的索引体系完善，可分为期索引、卷索引、卷辅助索引、指导性索引、累积索引和来源索引，为使用者从不同的角度查找所需文献提供了方便。

6.4.3 著录格式

CA 收录的文献类型比较齐全，不同类型的文摘著录格式不同。现对几种常

见文献类型的著录格式进行注释。

1. 期刊论文的著录格式及其说明

（1）著录格式

① 128：277133b ② A Method for the Measurement of Site-Specific Tautomeric and Zwitterionic Microspecies Equilibrium Constants. ③ D'Angelo, Joseph C.; Collette, Timothy W. ④ (National Exposure Research Laboratory, U. S. Environmental Protection Agency, Athens, GA 30605 USA). ⑤ Anal. Chem. ⑥ 1997, 69(8), 1642-1650 ⑦ (Eng), ⑧ American Chemical Society.

（2）说明

1）文摘号，由卷号、文摘顺序号和计算机核对码三部分构成。文摘顺序号每卷从1号开始，同卷之内连续编号。

2）论文标题（用黑体字），一律采用英文，其他语种标题均按原意转译成英文。

3）作者姓名（姓前名后），合作者之间用分号隔开，其排列顺序与原始文献相同。一篇文摘中至多著录10个作者姓名，超过时则只著录前9位，其余用“et al”（等等）表示。

4）作者工作单位或论文寄发单位和地址，置于圆括号内。

5）登载论文的期刊名称缩写。

6）期刊的年、卷（期）、起止页码。

7）论文的文种，以缩写置于括号内。

8）期刊的出版单位。

2. 会议录和汇编资料的著录格式及其说明

（1）著录格式

① 128：296435t ② Diamond and related materials. ③ Dillon, Rodney O. ④ (Center for Materials Research, Center for Materials Research and Analysis, University of Nebraska, Lincoln, NE 68588-0511, USA). ⑤ *Synth. Prop. Adv. Mater.*, [*Pap. Tutorial Lect. Pan Am. Adv. Inst.*], 1*st* ⑥ 1995 (Pub. 1997), 1 – 33. ⑦ (Eng). ⑧ Edited by McHargue, ⑨ Carl J. Kluwer: Boston, Mass.

（2）说明

①~⑦ 与期刊论文相同。

⑧ 资料汇编者的姓名。

⑨ 出版者、出版者所在的城市、州或国家。

3. 技术报告的著录格式及其说明

(1) 著录格式

① 128: 268672z ② Smoke Plume trajectory from in situ burning of crude oil in Alaska: field experiments. ③ McGrattan, K. B. ; Walton, W. D. ; Putorti, A. D. ; Evans, D. D. ; Twilley, W. H. ; McElroy, J. ④ (Natl. Inst. Standards Technol., gaithersburg, MD USA). ⑤ *Report* ⑥ 1996, (NIS-TIR-5764; Order No. PB96-131560GAR), ⑦ 42pp. ⑧ (Eng). ⑨ Avail. NTIS. ⑩ From Gov. Rep. Announce. Index(U. S.) 1996, 96(5), Abstr. No. 05-01, 130

(2) 说明

①~④ 同期刊论文。

⑤ 技术报告的名称,若为单独出版的技术报告,以斜体字的"Report"表示。

⑥ 技术报告出版时间、编号及索取号。

⑦ 技术报告总页数。

⑧ 技术报告的文种。

⑨ 技术报告来源。

⑩ 刊载该报告的刊物。

4. 学位论文的著录格式及说明

(1) 著录格式

① 128: 297293g ② Modeling the interaction of phosphorus control and fishery nan-agement in the Lake Ontario ecosystem. ③ Jain, Rajeev ④ (Clarksin Univ., Potsdam, NY, USA). ⑤ 1997. 305pp. ⑥ (Eng). ⑦ Avail. UMI, Order No. DA9713346. ⑧ *From Diss. Abstr. Int.*, B 1997, 57(11), 6718

(2) 说明

①~④ 同期刊论文。

⑤ 学位论文出版时间及其总页数。

⑥ 学位论文的文种。

⑦ 学位论文来源及其索取编号。

⑧ 登载学位论文的刊物。

5. 新书及视听资料的著录格式及说明

(1) 著录格式

① 128:294163d ② Special Issue on Engineering Plastcs-Recent Developments in Synthesis and Applications [In Kobunshi Ronbunshu, 1997; 54(4)]. ③ (Tokushugo:

Enjiniaringu Purasuchikku-Gosei to Oyo Gijutsu no Shinkaiten) ④ Ito, Shinzaburo; Hashimoto, Toshimasa; Mikami, Yoichi; Watanabe, Hiroyuki; Watanabe, Masayoshi; Editors ⑤ (Society of Polymer Science, Japan: Tokyo, Japan). ⑥ 1997. ⑦ 123pp. ⑧ (Japan) ⑨ ¥4500.

(2) 说明

① 文摘号。

② 文献的英文译名。

③ 文献的字母对译题名。

④ 著者或编者。

⑤ 出版者及其所在城市、州或国家。

⑥ 出版年。

⑦ 出版物的总页数。

⑧ 出版物的原文语种。

⑨ 出版国家的原定价。

6. 电子出版物的著录格式及说明

(1) 著录格式

① 134: 326666n ② Spinodal decomposition in high temperature gauge theories. ③ Miller, Travis R.; Ogilvie, Michael C. ④ (Dep. Physics, Washington Univ., St. Louis, MO, 63130, USA). ⑤ *Los Alamos Natl. Lab., Prepr. Arch., High Energy Phys.-Lattice* [Preprint] ⑥ 3 Apr 2000, ⑦ 1 – 16, ⑧ arXiv: hep-lat/0004004 ⑨ (Eng), ⑩ Los Alamos National Laboratory. Avail. URL: http://xxx.lanl.Gov.ref/hep-lat/0004004

(2) 说明

① 文摘号。

② 电子出版物名称。

③ 著者。

④ 著者单位与地址。

⑤ 经营预印本(电子出版物)单位的名称,用缩写、斜体字,"preprint"置于其后的括号中。

⑥ 电子出版物放在 Web 上的完整时间:日、月、年,用粗体,或只有年。

⑦ 电子出版物的起止页码。

⑧ 电子出版物编号。

⑨ 电子出版物文种。

⑩ 网站经营者及其电子出版物的网址。

7. 专利文献的著录格式及说明

（1）著录格式

① 128：296612y ② Irregularly shaped glass fibers from two distinct glasses for insulation. ③ Rapp, Charles F. ; Potter, Russell M. (Owenscorning Fiberglas Technology, Inc., USA) ④ U. S. US 5, 622, 903 (CL. 501-35; C03C13/00), ⑤ 22 Apr 1997, ⑥ US Appl. 435, 003, 4 May 1995; ⑦ 11pp. ⑧ Cont. -in-part of U. S. Ser. No. 435, 003, abandoned. ⑨ (Eng).

（2）说明

① 文摘号。

② 专利文献题名。

③ 专利发明者及专利权受让者(置于专利发明者之后的括号内)。

④ 专利所属国家,以缩写表示;专利号;专利分类号,前者是美国专利分类号,后者是国际专利分类号。

⑤ 专利公布日期。

⑥ 专利权优先国;专利申请号,申请号前用缩写 Appl. 表示;专利申请日期。

⑦ 专利说明书总页数。

⑧ 参考专利,是指与本专利有关的专利。

8. 参见部分的著录格式及说明

（1）著录格式

① For papers of related interest see also Section:

② 2 ③ 482v ④ Drug andhormone effects on vitamin D metabolism.

487a Development of new vitamin D analogs.

⑤ For patents of related interest see also Section;

63 7330c Eye drops for cataract treatment

（2）说明

① 参见与本类内容有关的论文。

② 参见的大类的类号。

③ 参见的文摘号。

④ 参见的论文标题。

⑤ 参见与本类内容有关的专利文献。

CA 的文摘部分是按类编排的,如果用户使用分类系统未查检到所需的内容,特别要注意本大类末尾的参见部分。因为化学文摘服务社按文献的主要内容入类,如文献涉及两个或两个以上的内容,只根据文献主要内容入类并作文摘,其余类则在类目末尾处作参见指出,以补充分类排列的不足。

6.4.4 辅助索引及使用方法

利用 CA 检索文献,除利用正文的分类途径以外,主要是利用辅助索引。读者可以根据课题的要求和已有的线索,在索引体系中选择一种或几种索引进行检索。

1. 期索引

CA 的期索引是为了检索本期的文摘而设置的索引,附在每期末尾。期索引有三种,即关键词索引、专利索引和著者索引。

(1) 关键词索引(Keyword Index)

关键词又称自由词,是直接从文献的篇名或内容中抽出、不加规范而具有实际意义的词。用关键词编制的索引称关键词索引,任何一个能反映文献主题内容的词都可作为关键词,如商品名、习惯名等,它比较接近自然语言。CA 的关键词索引使用电子计算机编排,随期出版,可帮助用户了解最新动态。

关键词索引将 2 ~5 个从不同角度反映文献内容的词排列在一起,词与词之间没有文法关系,不表达一个完整的意义,阅读时读者应根据各关键词的含义,进行逻辑分析,依据文摘的中心内容决定取舍。关键词索引的每条款目中的关键词,除一个作标目关键词以外,其余的都当作说明语。当作说明语的关键词可以轮流当作标目关键词,原标目关键词和其他说明语关键词重新组成说明语。关键词索引分别按标目关键词和说明语的字顺排列,这就是关键词的轮排。同一篇文摘在关键词索引中的款目经过轮排,少则出现 1 ~2 条,多则出现 10 条以上。关键词索引著录格式如下所示(选自 CA, 1998, 128(1):Keyword Index):

① Child

  ② acute poisoning ③ 1019m

Childhood

  recurrent laryngeal papilloma immunohistochem 1648r

Children

  Japanese blood lead passive smoking

Laser

  excimer semiconductor film silicon crystn ④ P 9324c

说明：

① 关键词，检索入口词。

②关键词说明语，排列在相应的检索入口词下。

③ 文摘号，根据文摘号可以到正文中查到文摘。

④ 文摘号前面的字母"P"，表示此篇文献为专利文献。

（2）专利索引（Patent Index）

专利索引是根据专利号编制的一种索引，收编本周收到的专利文献。期专利号索引始于 1958 年，期专利对照索引始于 1963 年。从 1982 年开始，两种索引合并为专利索引，它同时具备专利号索引和专利对照索引的职能。

CA 的专利索引收编了 31 个国家和 2 个专利组织的专利文献。通常讲的专利文献是指专利说明书。某一机构或个人先后在若干国家申请的内容相同的专利中，最早批准公布，提交给美国化学文摘服务社（CAS）报道的专利，称为基本专利；其他内容相同、语言相同或不同的专利为等同专利。申请基本专利后，超过 12 个月，再向其他国家申请获得的专利为非优先权专利（Nonpriority）；在基本专利基础上作某些补充、修订或部分改进，获得新的专利称为相关专利。相关专利包括：分支专利（Division）、增补专利（Addition）、相关专利（Related）、再公告专利（Reissue）、连续专利（Continuation）、部分连续专利（Continuation-in-part）。基本专利、等同权利和相关专利共同构成一个专利族。

专利号由专利国别代码和专利顺序号组成。专利索引首先按专利国别代码的字顺排序，每个国家代码下按专利顺序号由小到大排列。在基本专利后给出 CA 的文摘号及此专利的所有等同专利和相关专利。利用此处列举的相关专利可以看出此项技术的发展过程，利用等同专利则可以选择其中熟悉的文种和较近的馆藏。专利索引著录格式如下：

① EP（European Patent Organization）

② 169016 A2（A3，B1）（Designated States：
AT，BE CH，DE，FR，GB，IT，
LI，LU，NL，SE），③ 105：128365b
④ AT 128715 E
AU 592951 B2
CA 1261549 A1
JP 61/036223 A2（07/094474 B4）
⑤ JP 62/255429 A2（06/008318 B4）

(Related; Nonpriority)

US 34090 E(Reissue; Related)

US 35694 E(Reissue; Related)

US 4774228 A(Division; Related)

US 4774322 A(Continuation; Related)

US 4810691 A(Division; Related)

US 4843063 A(Continuation; Related)

JP(Japan)

05/259487 A2 ⑥(2645953 B2) ⑦[93259487],

120:81565j

⑧ 09/302169 A2, See EP 806440 A2

说明:

① 专利国别或专利组织名称,索引按国家或组织名称的两个字母代码的字顺排列,本例为欧洲专利局。

②“EP 169016 A2”为基本专利,“EP 169 016”为专利号码,“A2”为专利类别代码。其后的A3,B1是以同一专利号码发表的后续阶段。“Designated States”后的国家代码为此项专利欧洲专利局指定的国家和地区。

③ 该专利首次发表在CA上的文摘号。

④ 等同专利。

⑤ 相关专利。“Related”说明该专利与基本专利相关;“Nonpriority”说明该专利申请时超过了优先权期限;“Reissue”为再公布专利;“Division”分为几个部分申请的专利的一部分;“Continuation”在内容上相连续。

⑥ 该日本专利的不同阶段,不同申请号码。

⑦ 用公元纪年法表示的日本专利号。日本“昭和”年加65为公元纪年;“平成”年加88为公元纪年,本例日本“平成”05年加88为93年。

⑧“JP 09/302169 A2”为等同专利,参见基本专利“EP 806440 A2”。

在每期专利索引的使用说明中,有“专利国家代码与专利类型代码表”。

(3)著者索引(Author Index)

CA自创刊以来一直编有著者索引,该索引是将个人著者、团体著者、编辑者、专利发明者和专利权所有者按其姓名的英文字顺排列。款目中的个人姓名,姓用全称放在前面,名用全称或缩写放在后面;团体著者用全称或缩写,款目末端给出文摘号。文摘中有几名著者,在索引中就排列几次。文摘号前面有字母“P”的表

示该文献为专利文献。著录格式如下(选自 CA, 2001, 134(2) : 1A):

① Aalkjaer, ② Christian ③ 15560s

Aarbakke, Jarie 13168w

Aaronson, ④ H. I. 16369y

……

Abbott, Laboratories ⑤P 17404tP 17686

说明:

① 著者姓全称。

② 著者名全称。

③ 文摘号。

④ 著者名缩写。

⑤ 文摘号前的字母“P”说明该文献为专利文献。

2. 卷索引

卷索引是为查找整卷内容而设立的,待每卷各期出齐后出版。目前,卷索引有化学物质索引、普通主题索引、分子式索引、专利索引和著者索引。

卷索引中,化学物质索引和普通主题索引是期关键词索引在内容上的延续,只是选择规范化主题词作为款目的标目词。在 76 卷以前,化学物质索引和普通主题索引是一种索引,即主题索引。由于新的化合物不断涌现,造成主题索引的内容过多,一般的概念性主题已不便于检索,从 76 卷开始,把原主题索引分为化学物质索引和普通主题索引。

(1) 化学物质索引

化学物质索引(Chemical Substance Index, 简称 CS),收录化学元素、化合物及其衍生物、聚合物、抗生素、酶、激素、蛋白质、多糖、基本粒子等。凡是组成物质的化学元素清楚、价键清楚、立体结构清楚的化学物质,化学文摘服务社给该化学物质一个登记号,登记号置于方括号内,一般由三段构成,三段之间用短横相连,第一段最多为六位数,第二段为两位数,第三段为一位数。化学物质主题词的使用规则根据同期的《索引指南》,在《索引指南》中有登记号的主题词入化学物质索引。

化学物质索引中的主题词带有不同的副主题词,副主题词与主题词一样都是黑体,并用逗号与主题词分开。副主题词的作用是把同一主题词下研究不同方面的文献相对集中在一起,以便检索。副主题词分为普通副主题词和化学功能基副主题词。

(2) 普通主题索引

普通主题索引(General Subject Index, 简称 GS),收录尚未获得登记号的化学

物质和一般概念性的标题，包括：动物名、植物名、细菌名、真菌名、器官名、疾病名、治疗方法、手术名、药品名、物理化学的概念和反应、生物化学的标题（如酶类）、氨基酸、激素类等。凡特指的药物名称通常入化学物质索引；泛指的药物类名入普通主题索引，如降压药、抗生素等。普通主题词的使用规则根据同期的《索引指南》，在《索引指南》中没有登记号的主题词入普通主题索引。

普通主题索引的编排方法与化学物质索引基本相同，但在副主题词的使用上与化学物质索引有所不同，除使用化学物质索引中的 26 个副主题词以外，在人体的 25 个器官和组织下使用 5 个副主题词，即 composition（成分），disease or disorder（疾病或功能紊乱），metabolism（代谢），neoplasm（肿瘤）和 toxichemical and physical damage（化学中毒和物理损伤）。CA 于 1992 年 116 卷对该组副主题词进行了调整，调整后的副主题词为：composition；metabolism；toxichemical。于 1994 年 121 卷再次调整为 disease；neoplasm。

用普通主题索引查阅疾病方面的主题有下列几种情况：第一种是 25 个器官组织名称以内的疾病通常查器官名称加副主题词，但如有专指疾病名称的则可以直接查疾病名称，如肝炎可以直接查 hepatitis，而不能查 liver，disease。第二种是 25 个器官组织名称以外的疾病主题直接查器官名称，在说明语中寻找欲查疾病。少数的也可以直接查疾病名称，如哮喘可以直接查 asthma，而不必查 bronchi。第三种是非器官组织疾病主题直接查疾病名称，如细菌、病毒、真菌引起的各种全身疾病。其著录格式如下（选自 CA General Subject Index，1997，127）：

① Amines， ② analysis

③ planar chromatog. for anan. of ④ R ⑤ 47900h

说明：

① 主题词，索引按主题词的字顺排列。

② 副主题词。

③ 说明语。

④ 文献类型。

⑤ 文摘号。

(3) 分子式索引

分子式索引（Formula Index，简称 F），提供从分子式的角度检索文献的途径。它包括已经注册登记的所有化合物的分子式，也包括尚未正式命名的化合物的分子式，从这一点上说，该索引是化学物质索引的补充。分子式索引尤其适用于检索分子量大、异构体少、结构复杂的物质。该索引按本卷所收录文献中涉及到的化学

物质的分子式字顺排序，分子式下举出所有该分子式的同分异构体的标准命名、登记号和文摘号，没有详细的说明语。对于较为简单的有机化合物和较为常见的无机化合物，索引中不作说明，直接指引到化学物质索引中。

分子式索引中使用的分子式是按 Hill System 进行规范后的分子式。Hill System 的基本原则是：同一分子式内部不同部位出现的同一元素的原子数目相加；凡有机化合物先排碳和氢，然后按字顺把其他元素排在碳氢之后；凡无机化合物一律按字母顺序排列元素。例如，葡萄糖的分子式是 $C_5H_{11}O_5CHO$，应排作$C_6H_{12}O_6$；硫酸的习惯写法是 H_2SO_4，应排作 H_2O_4S。

分子式索引的著录格式如下（选自 CA Formula Index，1997，127）：

① $C_{14}H_{10}$

② Anthracene ③［120－12－7］. ④ See Chemical Substance Index

9H－Fluorene，9－methylene－［4425-82-5］， ⑤ 51046u，66733x.

For general derivs. see Chemical Substance Index

说明：

① 分子式。

② 化学物质名称，在同一分子式下，按同分异构体名称字顺排列，同一名称时再按名称前的空间构型符号的字顺排列。

③ 登记号（置于方括号内）。

④ 该物质下没有列出文摘号，而是要参见“化学物质索引”。

⑤ 文摘号。

（4）著者索引

卷著者索引（Author Index，简称 A），将全卷各期中的著者全部重新按姓名字顺排序，在第一著者名下列出其他合著者及文献篇名；在合著者名下用“See”引见到第一著者名下。

卷著者索引的著录格式如下（选自 CA Author Index，1997，127）：

① Smith，Abraham

② Determination of purity by thermal analysis， ③ 7950t

Smith，Arthur B

④ —； ⑤ Thomas，F.；Nimitz，W. A.

Binding energies and the bach，82415a

Beta emission and the bach，92029s

⑥ Smithies，A. C. See Shimmins，J.

⑦ Smith Kline and French Laboratories

Hypotensive composition, ⑧ P 17985x

说明：

① 著者姓名，作标目的著者姓名用黑体字，索引按标目著者姓名的字顺排列，卷著者索引姓名尽量用全称表示。

② 文献篇名。

③ 该文摘在 CA 中的文摘号。

④ "—"代表第一著者姓名，在卷著者索引中，凡用作标目的著者姓名独占一行，下面款目再用到该著者时用"—"表示。

⑤ 合著者排在第一著者后面，不同著者之间用";"分开。

⑥ 合著者也按姓名顺排在索引中，并使用"See"引见到第一著者名下。

⑦ 团体著者名称。

⑧ 文献类型代号。

(5) 专利索引

卷专利索引(Patent Index, 简称 P)，包括本卷各期专利索引的内容，重新按专利国别代码和专利顺序号排序。卷专利号索引为 1935—1980 年的 Vol. 29—93，卷专利对照索引为 1963—1980 年的 Vol. 58 ~ 93。从 1981 年 94 卷开始，两索引合并为专利索引。其使用方法与期索引相同。

3. 卷辅助索引

除上面介绍的 5 种卷索引之外，还有一种卷辅助索引，即环系索引(Index of Ring Systems)，位于分子式索引之后。

环系索引是依据环状化合物的结构式，按其环数、环的大小和环架上主要元素(不考虑氢和取代基)及其数目编成一种索引，主要用于查找已知结构式的环状化合物母体的 CA 选用名称，进而转查化学物质索引以获得文摘号。由于它不直接提供文摘号，只协助读者更好地利用化学物质索引，因而它是化学物质索引的辅助索引。

(1) 著录格式如下：

① 3—RING SYSTEMS

② 6,6,9

③ $C_4N_2 - C_6 - C_8N$

④ Azonino [2, 1-b] quinazoline

(2) 说明：

① 环数为3。

② 每环架上的元素数。

③ 环架上的元素构成。

④ 化学物质名称。

4. 累积索引

累积索引(Collective Index)是各种卷索引的累积本。累积索引的种类与卷索引相同,累积索引与卷索引的关系就相当于卷索引与期索引的关系。累积索引的编排方式与相应的卷索引稍有不同,因累积索引由多卷累积而成,因此在累积索引中每条款目的文摘号前注有卷号。

(1) 例如(选自 CA Collective Index GS12):

Carcinogens

aberrant colon crypts induction by, colon

carcinoma in relation to, ①110: 149593t

(2) 说明:

① 卷号和文摘号,此例为110卷。

5. 指导性索引

指导性索引是指导读者使用 CA 各种索引的工具。指导性索引有两种:一种是索引指南,另一种是登记号手册。

(1) 索引指南

索引指南(Index Guide, 简称 IG)是读者正确选择主题词的依据。在 CA 的卷索引中,化学物质索引和普通主题索引都使用规范化的主题词为标目,索引指南中规定了主题词,注明了意义不明确主题词的内涵和外延,以及化学物质索引和普通主题索引的标引规则。索引指南是自1968 年 CA 第 69 卷开始编制的,其基本内容是从当时的主题索引中抽出的交叉参见、标题解释和结构式图解以及同形异义词、商品名称、习惯名称和俗称等。同时在主题索引中基本废除上述内容。

索引指南的基本功能如下:

1) 化学物质和普通主题的"See"(见)

当一种化学物质(包括商品名称、俗称、习惯名称等)或一个普通主题概念有不同的名称时,不作为主题词的词去见(See)作为主题词的词。例如:

Cicer cuneatum

See Chickpea

2) 化学物质和普通主题的"See also"(参见)

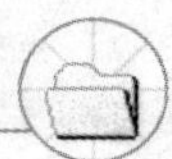

当一种化学物质或一个普通主题有意义相近或相关的其他主题词时，两主题之间互为参见(See also)，以扩大检索范围。例如：

Cibatul

See also Epoxy resins

3）索引标题解释

对于含义不明确的索引标题，用简短的文字注明其内涵并指出与其他索引标题的区别与联系。例如：

Gallium iodide(GaI_3)［13450－91－4］

Studies of unspecified gallium iodides are also indexed at this heading. Species with other molecular formulas are indexed at their own headings

4）同形异义词解释

对形同而含义不同的词，后加括号注明区别，分别给出不同的主题词。例如：

Insulin(rabbit－A reduced)

See Insulin(human－A reduced)［24800－70－5］

Insulin(sheep-B reduced)

See Insulin(ox- B reduced)［16941－47－2］

5）普通主题索引的主题词等级类目表

索引指南附录1是普通主题索引的等级类目表(Hierarchies of General Subject Headings)，该表的作用是帮助读者明确普通主题词之间的隶属关系，以便扩大或缩小检索范围。

普通主题词等级类目表把普通主题索引中所用主题词先分为64个大类，每个大类下按词与词之间的学科隶属关系分成若干级，一级词前不带点，二级词前带一个圆点，三级词前带两个圆点，依次类推。专指程度越高，带的圆点越多。每个大类下主题词的排列以英文字母分段，结构清楚。

为了方便读者使用等级表，在等级表的主表后还有等级索引(Hierarchy Index)。该索引把等级表中所有主题词不论级别全部按字顺排列，其后注明该词在等级表中的位置。

索引指南问世以来，随着化学物质和普通主题索引收录范围的改变，不断修正其内容。目前共有这样几版索引指南：1968—1971年版、1972年版、1976年版、1977年版、1984年版、1987年版、1990年版及1992—1996年版。读者使用时应注

意选择相应的版本。

(2) 索引指南增刊

索引指南增刊(Index Guide Supplement),是在两次索引指南之间,另出版一种指导性索引,叫做索引指南增刊,以对索引指南的内容及时进行校正、修改和补充。索引指南增刊主要包括三个方面:一是添加新条目;二是删减老条目;三是修改、补充现有条目。

(3) 登记号索引

登记号索引(Registry Number Index)创刊于1969年,1971年停刊,后改名为登记号手册继续出版。登记号索引、登记号手册与索引指南一样,均系指导性索引,不直接提供文摘号。该索引主要有两种作用:一是从登记号查出CA选用的化学物质名称;二是从登记号查出该物质的分子式。

登记号索引和登记号手册的编排方式相同,都是按照登记号的大小顺序排,在每个登记号后给出相应的CA选用名称和分子式。

6. 来源索引

来源索引是美国化学文摘服务社为读者提供CA收录文献来源情况的辅助性工具。它包括美国化学文摘服务社资料来源索引、美国化学文摘服务社资料来源索引季度增刊和摘用刊名变更表。

(1) 化学文摘服务社资料来源索引

化学文摘服务社资料来源索引(Chemical Abstracts Service Source Index)是帮助读者索取原始文献的索引。在CA每期文摘正文部分,每条款目都由题录和文摘两部分构成,题录中原始期刊名称一律用缩写形式,这就给读者索取原始文献带来困难,资料来源索引收录CA所引用的出版物的缩写与全称对照、出版、改版及收藏情况。除此之外,索引正文前面还有查阅说明、编制原则、各类缩写与全称参照(包括国家、城市、语种、机构)以及CA所收核心期刊1 100种。

(2) 化学文摘服务社资料来源索引季度增刊

化学文摘服务社资料来源索引季度增刊(Chemical Abstracts Service Source Index Quarterly),是资料来源索引在内容上的补充和延续,内容包括来源索引出版后资料来源情况的变更,凡是资料来源索引中查不到的内容都可以在该来源索引以后的增刊中查到。每季度出版一期,每年的最后一期包括前三期的内容。

(3) 摘用刊名变更表

摘用刊名变更表(CA Abstracted Publications Additions and Changes)附在CA双号期的末尾处,其内容包括:新收期刊的刊名、期刊出版年份及出版机构的情况,

原收期刊的停刊及刊名更改的情况。本表是季度增刊在内容上的延续,凡在资料来源索引和季度增刊中查不到的内容可以查此表。1996 年以后不再刊登此表。

6.4.5 CA 光盘数据库

CA 通过书本式检索工具、联机检索数据库等提供服务外,1996 年正式推出光盘版 CA。它提供两种检索功能和两种辅助检索功能:浏览检索(Browse)和高级检索(Search);化学物质扩展检索(Subst)和分子式扩展检索(Form)。其检索方法与前面的数据库相似。

6.5 EBSCO

6.5.1 概述

EBSCO Publishing 公司成立于 1984 年。1994 年,EBSCO 推出在线全文数据库 EBSCOhost。至今为止,EBSCO 可以为图书馆提供 60 多种数据库。其中最主要的两个全文数据库是 ASP(Academic Search Premier)和 BSP(Business Source Premier)。ASP 收录了 7 600 多种学术期刊的索引和文摘,其中有 3 900 种具有全文,是 EBSCO 最大的全文数据库,内容涉及社会科学、自然科学、经济、教育、文化等诸多方面,其中有 993 种是 SCI 和 SSCI 收录的核心期刊。提供的信息内容最远可追溯至 1975 年。BSP 收录的文献侧重于经济、管理和金融领域,涉及的主题范围有国际商务、经济学、经济管理、企业管理、商业、贸易、市场、金融、会计、劳动人事、银行等。收录了 4 600 余种期刊,3 800 余种有全文,其中有 SCI 和 SSCI 收录的核心期刊 388 种。提供的信息内容最远可追溯至 1922 年。数据库的数据每日更新。

6.5.2 检索方法

EBSCO 数据库主页界面如图 6-16 所示。右上方为实用工具条,包括 4 个部分:新检索(New Search),用于在不同的界面下返回检索界面;查看文件夹(View Folder),用于打开文件夹,查看文件夹中已存的信息;参数选择(Preferences),选择与显示结果相关的参数,可设置检索结果显示内容的详略及每屏显示的文献条数;帮助(Help),获得在线帮助 EBSCOhost Help。左上方“Language”下拉菜单可供选择数据库界面的语种。

可以选择一个或多个数据库进行检索，单击数据库名称前的小方框，点击“Continue”进入数据库检索界面。也可以直接点击数据库名称进入检索界面。各数据库的检索方式不完全相同，以下以 ASP 数据库为例说明 EBSCO 系列数据库的检索方法。

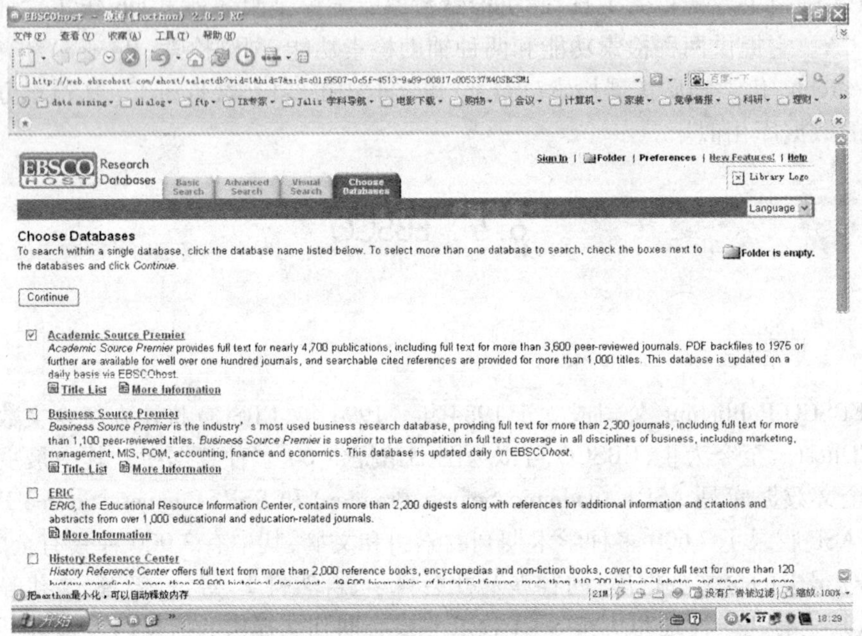

图 6-16 EBSCO 主页

数据库提供 Keyword（关键词检索），Subjects（主题检索），Publication（出版物检索），Indexes（索引检索），Images（图像检索），References（参考文献检索）等几种检索方法。其中，Keyword（关键词检索）又有 Basic Search（基本检索）和 Guided Search（高级检索）两种检索方式。

1. 关键词检索（Keyword）

系统默认的检索界面为关键词检索的基本检索界面。

（1）基本检索（Basic Search）

在检索框中输入检索词或检索式，然后单击搜索（Search）即可得检索结果。如果检索时不限定某字段，基本检索默认在所有字段中进行检索。在基本检索中可以使用以下字段代码对检索词进行字段限定检索：TX—All text，AU—Author，

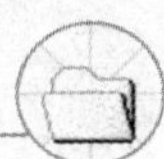

TI—Title，SU—Subject，AB—Abstract，GE—Geographic terms，KW —Keyword，IS—ISSN，SO—Journal name，AN—Access Number。逻辑算符用 and，or，not 表示；截词符用 *（可替代一个字符串）和?（只替代一个字符）表示；词组检索用“”表示。

在页面下半部分的检索限定区，还可以对检索范围进行限定和扩大。可从以下 8 个方面对检索范围进行限定：Full Text（全文）；Reference Available（参考文献）；Peer Reviewed（经过同行评价的刊物）；Published Date（出版日期）；Publication（出版物名称）；Publication type（文献类型）；Number of Pages（页码）；Articles with images（是否有图的文献）。从“在全文中进行检索”和“含有检索词的同义词或相关的词”方面扩大检索范围。

（2）高级检索（Advanced Search）

高级检索中的关键词检索提供 3 个检索输入框，即在检索框中根据需要选择检索字段，输入检索词，使用逻辑算符，进行逻辑组配。输入的检索词可以是关键词，也可以从检索历史中选择。在限定检索范围或扩展检索范围有多项选择时，按下 Ctrl 键并单击鼠标左键。在进行多库检索时，refine search 栏中既有针对所有数据库的一般限定条件，也有针对个别数据库的特殊限定条件。其检索方法与基本检索类似。

2. 主题词检索

（1）直接浏览主题词

可点击页面左上角的箭头（Page）进行翻页浏览。

（2）根据检索要求浏览主题词

1）在检索输入框（Browse for...）中输入检索词。

2）选择显示方式，可按字母顺序（Alphabetical）或按相关度排序（Relevancy Ranked）来显示。

3）点击 Browse 按钮，系统自动查询以检索词为首、包含此词或与此词最相关的主题词。

4）选择合适的主题词并单击，可以浏览到此主题词的上位词、下位词。

5）点击“ADD”按钮，系统自动将该主题词粘贴到检索输入框内。

6）点击“Search”按钮搜索符合条件的文献。

3. 出版物检索

点击 Publications 进入出版物检索界面。

（1）可以点击与出版物名称首字母相同的字母进行浏览，查看所需的出版物名称。

(2) 也可以在浏览输入框中输入有关出版物名称的检索词,再选择与检索词匹配的方式,点击 Browse 键开始检索。"Publications Beginning With"代表前方一致;"Match Any Words"代表任意匹配;"Exact Phrase"代表精确匹配。

(3) 显示出版物名称的结果列表,在检出的出版物名称下面有出版物的简介,点击出版物名称进入该数据库收藏该刊的年代列表,再点击年代和卷期,即可查到该刊所刊载的文章篇名列表。

4. 索引项检索

点击 Indexes 进入索引项检索。

(1) 首先选择索引字段(Browse an Index:),系统提供了 10 个备选字段:Author,Entry Date,Geographic Terms,ISSN,Journal Name,Keywords,Language,Publication & Document Type,Subjects(ALL),Year of Publication。

(2) 输入检索词。

(3) 点击 Browse 按钮,浏览检索结果。

(4) 选中检索结果(一项或多项),选择逻辑关系,点击 Add 按钮,转入关键词检索。

5. 图像检索

点击 Images 进入图像检索界面。

(1) 输入检索词(Find:),检索词的构成与关键词检索中的基本检索相同。

(2) 选择检索类别(Select Specific Categories for Search)。包括人物、自然科学、地点、历史题材、各国地图和国旗的照片和图片。如果不作选择,则在全部图片库中检索。

(3) 扩大检索:默认为包含所有检索项(Include all search terms by default)。

(4) 点击 Search(提交),或 Clear(清除)。

6. 参考文献检索

点击 Reference 进入参考文献检索。

(1) 输入检索词(一项或多项):作者、题名、来源、年代、所有字段。

(2) 点击 Search,查找与检索词相关的参考文献。

(3) 在检索结果列表中选择若干篇文章,点击 Find Citing Articles,即可查找出对应的引用文献。

6.5.3 检索实例

例如,检索"医用机器人"方面的研究论文全文。

1. 检索步骤

(1) 首先分析课题,确定已知条件,拟定关键词:机器人、医用。

(2) 选择数据库 EBSCO 中的 Academic Source Premier。

(3) 确定检索表达式,进行检索词和字段的选择,如要求篇名中出现“机器人”,摘要中出现“医学”等字样,选择高级检索方式。检索结果如图 6-17 所示。

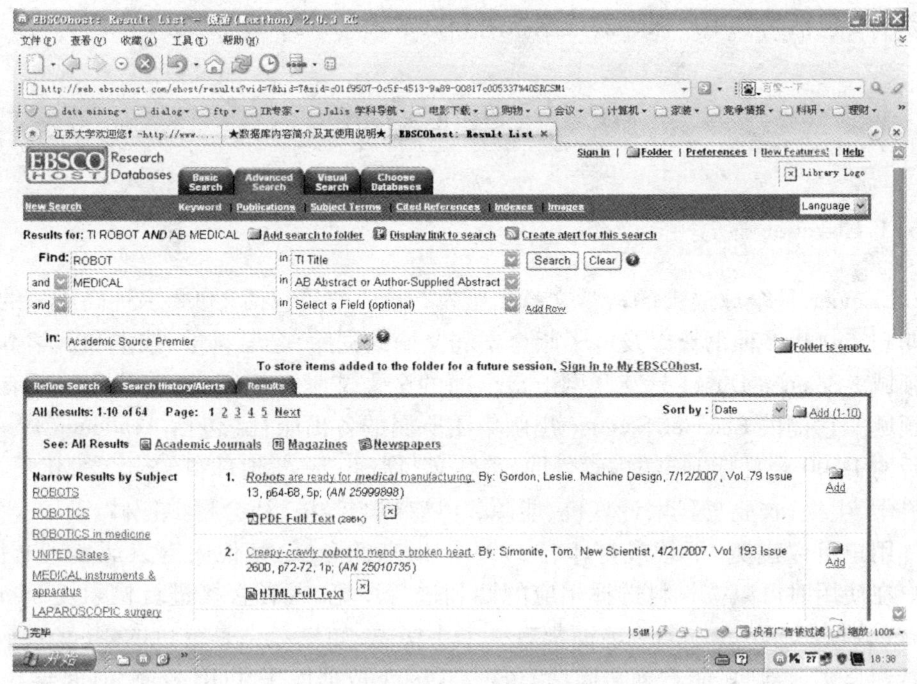

图 6-17 EBSCO 检索结果

欲查看或下载全文,点击“Full Text”即可,全文为 PDF 格式。

2. 检索结果

检索结果可以按照出版时间(Date)、来源名称(Source)、作者姓名(Author)和相关度(Relevance)四种方式排序。点击文献篇名可查看该篇文献的详细题录信息。全文有 HTML 和 PDF 两种格式。“国内馆藏与全文链接”可以检索到刊物的国内馆藏情况。点击检索式或检索结果后面的“Add”标识,可将相应的检索式或检索结果保存到读者的个人文件夹中。

6.5.4 EBSCO 的个性化服务(My EBSCOhost)

点击页面右上方的 Sign In of My EBSCOhost,新用户需注册,老用户直接输入用户名和密码即可登录。登录成功后,页面左上角的 EBSCOhost 图示上会出现“My”的黄色图样。点击页面右上方的“My Folder”即可获得个性化服务。个性化服务主要包括调取用户保存的检索结果和检索式、定题服务、建立个人网页等。

6.6 Science Direct

6.6.1 Elsevier 概述

Elsevier 是全球最大的科学文献出版发行商,产品包括 2 000 多种高质量的学术期刊、5 000 多种书籍以及电子版全文和文摘数据库,涵盖科学、技术和医学等各个领域。Science Direct 是互联网上最全面的全文文献数据库,涵盖了几乎所有学科领域。它提供 Elsevier Science 出版集团所属的各出版社(包括 Academic Press)出版的 1 500 余种期刊全文。学科涵盖数学、物理、天文、地球科学、化学、化工、材料科学、生物、农业、医学、计算机、能源、环境科学、经济、社会科学各科。

用户可以浏览、下载或打印自 1995 年以来的全文,其他内容只能看到文摘。用户在使用时可以按学科选择相应的期刊进行浏览,或者直接进行检索。Science Direct 数据库中的每本期刊前面都有一个小标志,如果标志是绿色的■,就表示能够看到全文,否则只能看到文摘。Science Direct 数据库采用 IP 控制,凡是学校 IP 范围内的用户都可以免费使用。

6.6.2 Elsevier 检索方法

查询该系统的期刊和文章,可以按刊物浏览和按关键词检索的方式进行。

1. Elsevier 的检索基础

在检索中,常用的算符有:

(1) 逻辑算符: AND(与)、OR(或)、NOT(非),系统默认词间关系为 AND。

(2) 通配符: * 表示前方一致;“”表示精确检索。

(3) 位置算符: ADJ,表示两词位置固定;NEAR 或 NEAR(n),表示两词之间可插入 1 或 n 个字符,前后顺序任意。系统默认值为 10。

(4) 同义词检索：TYPO[ ]，表示可检出同义而拼写不同的词。如 TYPO [fiber]，还可检出 fibre。

(5) 如果使用自然语言查询，不区分词序大小。除规定符号外，所有标点被视为空格。检索词不受大小写限制。系统自动检索词的单、复数。

2. Elsevier 的检索方法

(1) 期刊检索：在快速检索“Browse”页面，可按学科分类(Category List of Journals)或按刊名字顺(Alphabetical List of Journals)两种方式浏览每种期刊各期的详细信息。在“Alphabetical List of Journals”下点击某一字母或在“Category List of Journals”列表下点击某一期刊类目，即按字顺显示以该字母开头的所有期刊或属于该期刊类目的所有期刊。点击某一期刊显示其所有卷期；点击某一期显示该期登载的所有文章。

(2) 快速检索：在 Science Direct 主页有快速检索入口，在“Quick Search”后面对应的检索字段输入框中输入检索词、词组或检索式，然后点击“Go”按钮，即开始检索并直接进入结果显示页面。

(3) 高级检索：在 Science Direct 主页选择“Search”，打开页面后点击“Advanced Search”，进入高级检索界面。

(4) 专业检索：在 Science Direct 主页选择“Search”，打开页面后点击“Expert Search”，进入专业检索界面。如果一个检索课题有两个以上的检索条件(检索词)，选择专业检索，可编写较复杂的检索式进行检索。在专业检索状态下，检索词可按自然语序输入，即可输入一个词，也可以输入一句话，系统将根据句中实词自动检索。条件限定与高级检索相同。

(5) 检索结果的各种形式。检索后，首先显示的是检索结果的数量和篇名目录页。在目录页中，有 Summary Plus(文摘显示)，全文显示有 Full Text Links 格式和 PDF(打印)格式。

6.6.3 Elsevier 检索实例

例 1：检索“化学工程”方面的论文。

分析研究课题，选择“Title，Abstract，Keywords”字段，在输入框输入“chemical engineering”，点击“Go”，便可以检索出标题中含有“chemical”与“engineering”的文献。如果要实现精确检索，需在检索词上加双引号，如“chemical engineering”，如图 6-18 所示，则检索结果中两个词必须相邻且词序固定。检索结果如图 6-19 所示。

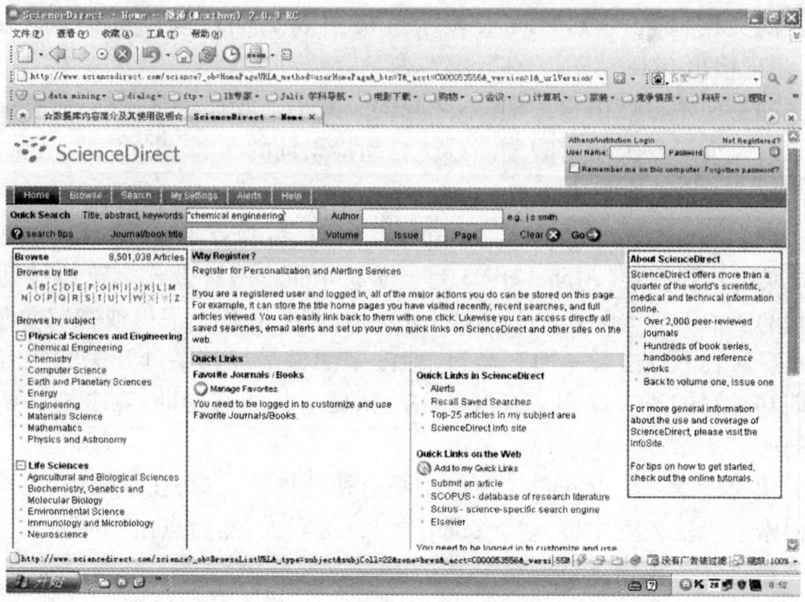

图 6-18 Science Direct 主页快速检索示例

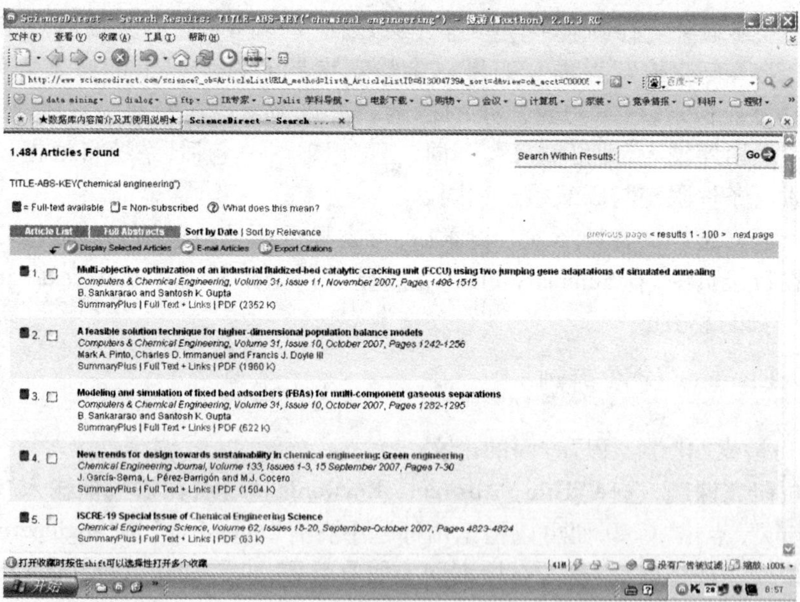

图 6-19 Science Direct 快速检索示例结果

例 2：检索有关“绿色食品与健康”方面的文献。

确定关键词：绿色食品(green food)，健康(health)。

选择检索字段：green food 限定在 Title 字段中，health 限定在“Abstract, Title, Keywords”中。检索结果如图 6-20 所示。

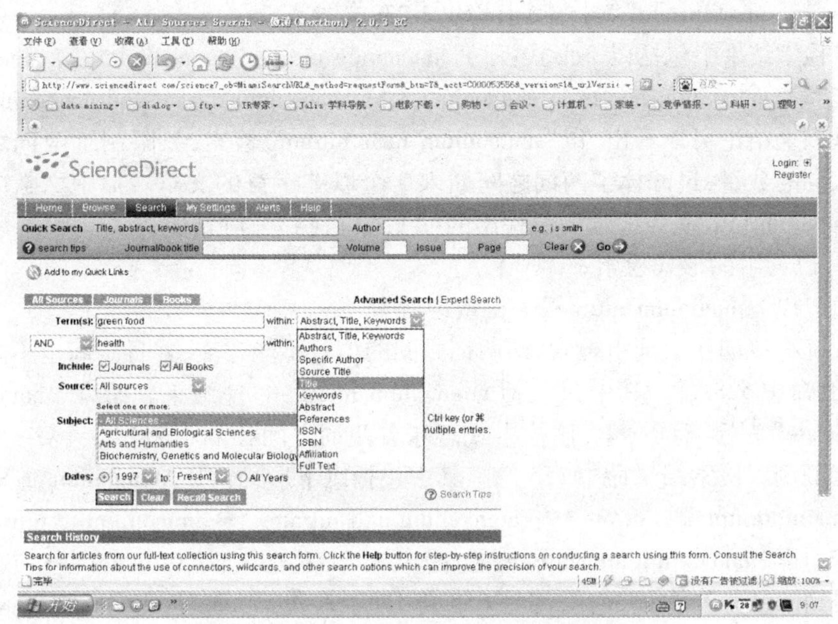

图 6-20　Science Direct 高级检索示例

6.6.4　Elsevier 的检索技巧与特色

该系统以" "作为括号使用，如果两词用引号引起，系统默认是词组，用 near 作为位置算符，限制两词之间的关系，以 and 作为逻辑与运算符。这些规定应该与其他系统没有什么差异，但在具体使用" "，AND 和 NEAR 时，如何界定它们之间的关系？

1. AND

首先，以 ammonium nitrate 作为检索词，共检索出 1 529 篇文献。再以“ammonium and nitrate”作为检索词，得到同样的 1 529 篇文献。其结果包括以下形式：(1) ammonium inhibition of nitrate. (2) nitrate and ammonium. (3) ammonium, and ammo-nium. (4) ammonium on nitrate. (5) nitrate uptake with ammonium.

可以发现，这两种检索方式所检索出的文献最多，而且与其他检索系统的含义一样。只要有 ammonium 和 nitrate 出现就算命中。但如果以其他方式检索,就会出现与我们一般理解的意义有所不同的检索结果。

2. NEAR

系统对 NEAR 的定义是:两词中间可以插入 5 个字符,位置可以颠倒。以"ammonium near nitrate"为检索词,检出 1 239 篇文献。

其检索结果中包括以下形式:(1) ammonium nitrate, ammonium. (2) ammonium nitrate. (3) ammonium nitrate to ammonium. (4) ammonium nitrate and ammonium.

从以上结论可以看出,以"ammonium near nitrate"检索,只限制了两词之间可以插入词的数量,过滤掉了两词之间插入 5 个以上字符的文章。命中文献应包括以 ammonium nitrate 为检索词所检出的(2),(3),(4)三种情况。

3. 以词组的形式检索

(1) 以"ammonium nitrate"为检索词检索

系统将该词作为词组检索,即两词之间的位置不能改变,并且中间也不能插入任何词,命中 528 篇。其中只包括 ammonium nitrate 一种结果。而以"ammonium near nitrate"为检索词检索,该检索式意味着两词之间相隔不超过 5 个字,并且位置不能颠倒。检索结果命中 155 篇。其中包括以下形式:① Ammonium or Nitrate. ② Ammonium uptake, nitrate. ③ ammonium and nitrate. ④ ammonium to nitrat.

(2) 以"ammonium and nitrate"检索

得到的结果与上式一样,都是 155 篇,其中只包括 ammonium and nitrate 一种检索结果。由此得出一个结论:认为"ammonium near nitrate"等同于"ammonium and nitrate"。在题目里用相同的检索式进行了检索,得到的结果同样是 22 篇,通过对比发现,命中的文献完全相同。而所有命中文献的题目中出现了以下 4 种情况:① ammonium and nitrate. ② ammonium or nitrate. ③ ammonium cerium nitrate. ④ ammonium, and nitrate.

通过阅读某条全记录格式,发现该条记录所表达的并不是我们所需要的硝酸铵的概念,所以,以该两种形式检索"ammonium nitrate"并不合适。

结论:在 Elsevier 数据库中,以"ammonium nitrate","ammonium and nitrate"和"ammonium nitrate"检索得出的结论与我们使用的其他系统相同,而"ammonium near nitrate"和"ammonium and nitrate"在该系统中具有相同的含义,系统将 near 和 and 作为检索符号看待。在检索中,可以随意选择使用。但不同的是,"ammonium near nitrate"和"ammonium and nitrate"两个检索式命中的文献,并没有"ammonium nitrate"所命中的文献,而"ammonium nitrate"所命中的 528 篇文献,也不包括

“ammonium near nitrate”和“ammonium and nitrate”的文献,这是该系统与其他检索系统最大的不同。所以,在检索中要注意检索要求,如果仅仅需要硝酸铵的文献,那么以“ammonium nitrate”为检索词检索就更加准确。如果想保证查全率,可以再增加“ammonium near nitrate”或“ammonium and nitrate”两个检索式,作为补充。

6.7 Medline

6.7.1 概述

Medline(MEDLARS Online,医学文献联机数据库)是美国国立医学图书馆MEDLARS系统中规模最大的医学文献数据库,是当前国际上最具权威的生物医学数据库,也是医学工作者最信赖的医学检索工具。它包括INDEX MEDICUS,INTERNATIONAL NURSING INDEX,INDEX TO DENTAL LITERATURE所收录的生物医学文献,共收录了1966年以来70多个国家40多个语种约3 900多种生物医学期刊。另外,还于1976—1981年收录了有关专著,内容涉及多个学科领域。现有文献记录约900万条,每年报道文献量约30~40万条,其中75%以上是英文文献,60%以上有文摘。Medline数据库每月更新一次,文献量增长迅速,每月增长量为28 000~35 000篇。面对数量庞大的文献记录,该数据库按照不同年代,将其分为5个回溯文档和1个当前文档。

6.7.2 使用方法

1. 点击webSPIRS on Medline。
2. 屏幕显示各年的数据库。
3. 在选择的数据库方框内打钩(点击),此时“打开选择的数据库”变为可点击状态,直接点击,进入检索状态。

6.7.3 检索实例

要查找肺肿瘤治疗的外文文献,打开网络浏览器IE或Netscape,在地址栏内输入高校网址,即可进入其图书馆主页开始查找资料,用鼠标指向馆藏资源图标,会出现功能菜单,选择本馆数字资源导航,左键点击即可进行文献数据库查询。从所列数据库中可以找到Webspirs on Medline,用鼠标左键点击进入数据库。其首页如图 6-21 所示。

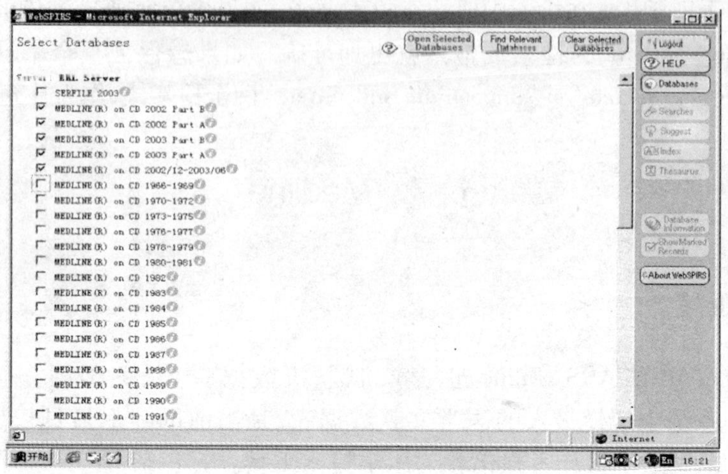

图 6-21　Medline 首页

用鼠标左键点选要查找的年份，可以看到点选后的数据库前会出现√，而没有√的数据库不在查找的范围。选择后用鼠标左键点击左上绿色的“Open Selected Databases”键，即开始文献检索。

进入检索界面后，如需用关键词查找，则直接在 Find 输入框内输入检索词或检索式“lung neoplasms and therapy”，点击绿色的“Start Search”键，如图 6-22 所示。

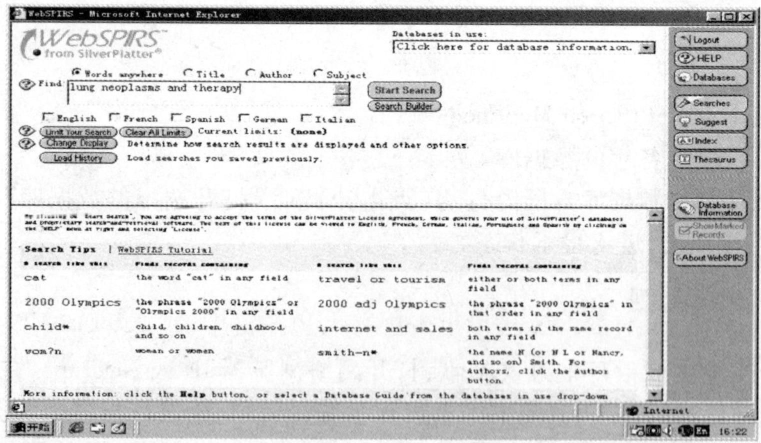

图 6-22　检索界面

这样就可以找到有关肺肿瘤治疗的文献资料了，如图 6-23 所示。

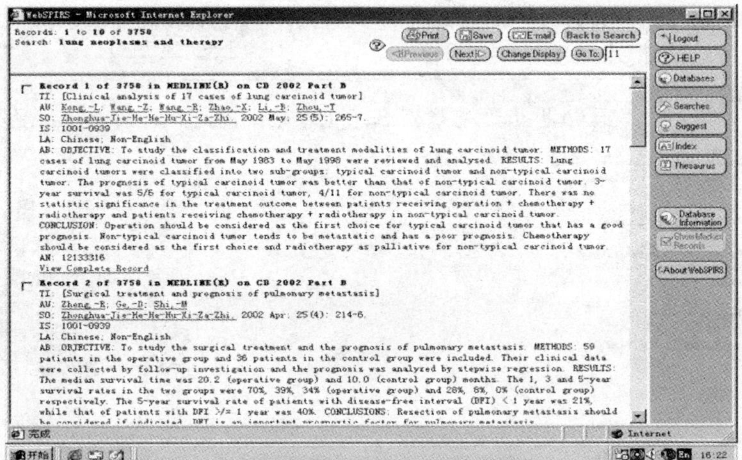

图 6-23　检索结果

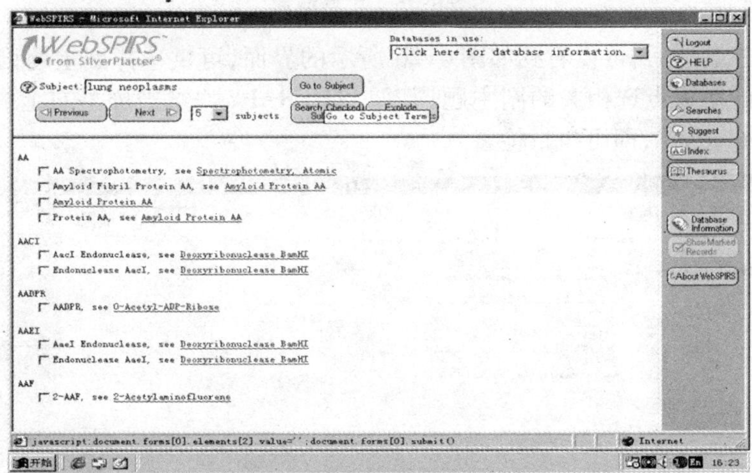

图 6-24　主题词检索

如果需要用主题词查找，可以点击屏幕右边按键中的“Thesaurus”键，进入主题词检索。主题词检索能使检索结果更贴近检索需要，但需要相关的检索知识。在 Subject 输入框，输入相关的检索词“lung neoplasms”，然后点击输入框旁边的“Go to Subject”键，如图 6-24 所示。这样就可以选择相关的主题词了。选好之后，点击屏幕右上的“Explode Subject”，可以进行扩展查询。扩展查询可以帮助找到相关的下位概念，使检索选词更方便，其界面如图 6-25 所示。

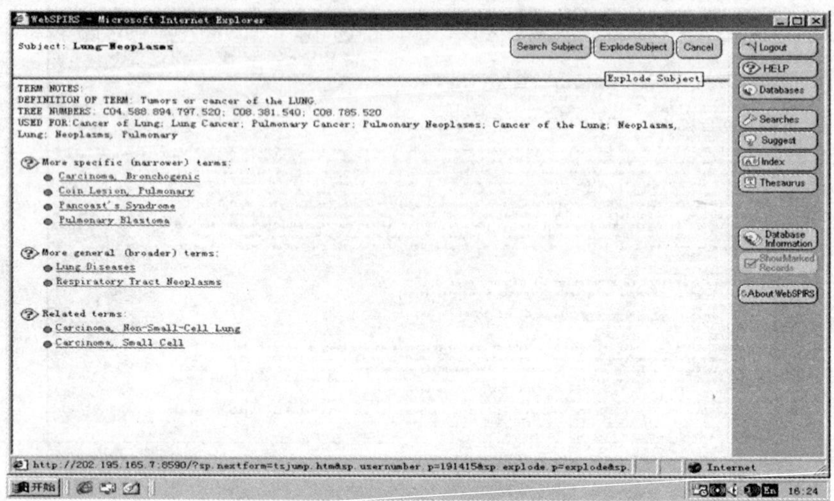

图 6-25　扩展检索

选好主题词后，可以看到如图 6-26 所示的界面，可供选择副主题词。使用鼠标在屏幕的中央点选相关的副主题词，如“THERAPY”，点击屏幕右上的“Explode Checked Subjects”，即可执行检索。

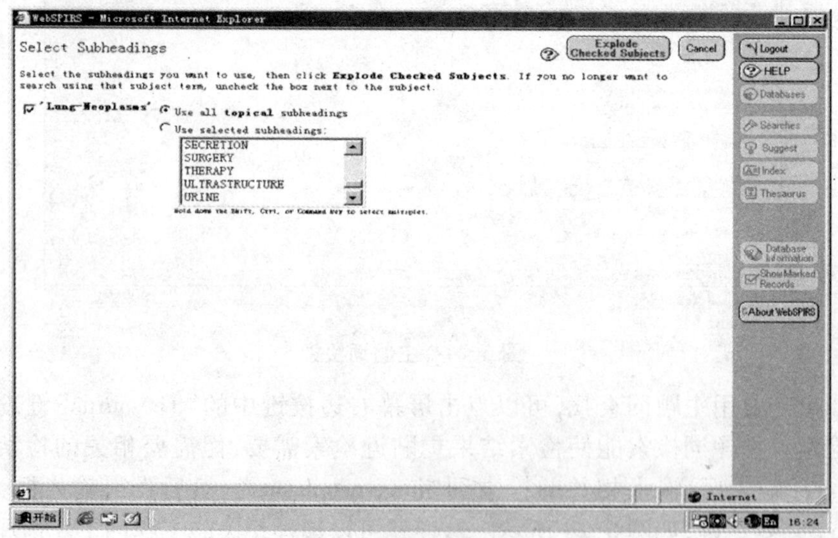

图 6-26　副主题词检索

查到的检索结果可以提供浏览、打印(Print)、下载(Save)等输出服务,相应的按键在屏幕的右上方。查找结束以后,点击右边的"Logout"键可退出,"Search"可以重新进行自由词的检索,"Thesaurus"可以再次进行主题词的查询。检索结果如图6-27所示。

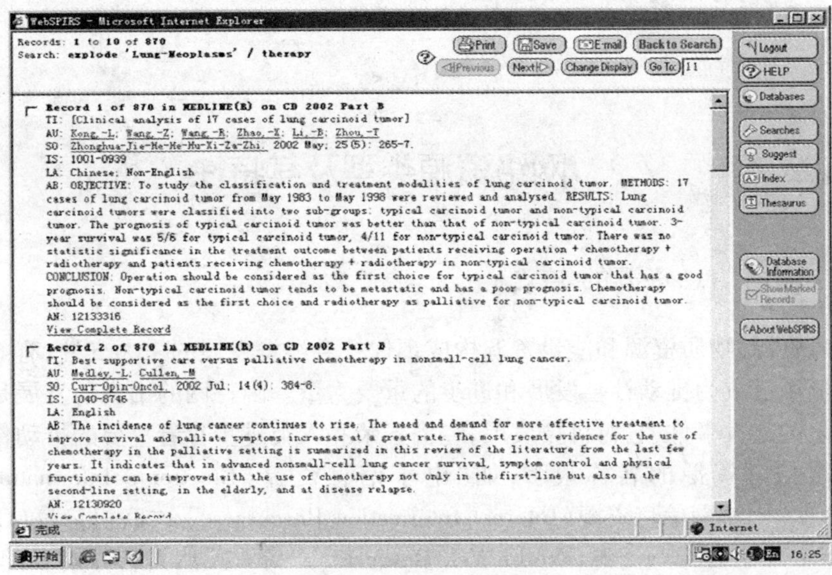

图6-27 检索结果

思 考 题

1. SCI 数据库的作用是什么? 如何检索与使用 SCI 数据库?
2. Springer Link 数据库有何特色? 如何利用该数据库?
3. 如何在 Chemical Abstracts(CA)数据库中检索医学文献?
4. EBSCO 数据库的个性化服务包含哪些内容?
5. Elsevier 数据库有哪些检索途径?
6. Medline 数据库的特点如何? 其演变过程和检索方法如何?
7. 何为 MeSH? 它有何作用?

7 网络医学资源

7.1 网络资源类型及其特性

7.1.1 网络信息资源的定义

信息资源、物质资源和能量资源构成现代社会经济发展的三大支柱,有效地获取信息资源已成为推动社会发展和进步的重要力量。因特网的出现与发展是人类文明史上的重大事件,它对科技发展、经济繁荣和人类进步有着重要的推动作用。

网络信息资源的名称很多,如"电子信息资源(Electronic Information Resources)"、"因特网信息资源(Internet Information Resources)"、"联机信息(On-line Information)"、"万维网资源(World Web Resources)"等。虽然其名称繁多,但是实质一样。在本书中,统一命名为"网络信息资源",主要是指以电子数据的形式将文字、图像、声音、动画等多种形式的信息存放在光、磁等非印刷纸质的载体中,并通过网络通信、计算机或终端等方式再现出来的信息资源,也可以理解为通过计算机网络可以利用的各种信息资源的总和。

7.1.2 网络信息资源类型

网络信息资源的存在形式多种多样,按照不同的标准可以分为不同的类型。

1. 按付费情况划分

(1) 付费信息资源。用户需要进行注册登记,并通过一定的付费方式缴纳所需费用后才能使用,一般分为个体注册和团体注册。个体注册用户先注册、交费,获取账号和密码,使用时必须输入账号和密码才能进入系统,如 NSTL 以及国外一些在线杂志;团体注册主要是针对单位用户(如学校、机关、企业等),单位在缴费注册的同时提供自己的 IP 地址,由资源提供者开通对集团用户的资源使用权限,用户只有通过自己的 IP 才能访问资源,如 Dialog,OVID 全文数据库,EBSCO 数据库等。

(2) 免费信息资源。网上相当多的信息都是免费信息。比如,新闻网站、WHO网站、国家疾病控制中心网站等,这些免费信息资源网站大多都由政府、非赢利组织机构、单位或个人提供。

因特网上的付费和收费是相对的。有的数据库或网站在刚开始运行时,为了吸引用户而实行免费,但过一段时间后就开始收费。一些在线期刊刚出版时收费,但过1~6个月或一两年后就可以免费使用。目前,大多数免费医学专业在线杂志都采用后一种方式。

2. 按所对应的非网络信息资源划分

(1) 图书馆藏目录。随着数据库技术的发展,图书馆馆藏资源目录(简称馆藏目录)已经发展成为OPAC(Online Public Access Catalog/ Open Public Access Catalog,联机书目公共查询系统)。用户不仅可以在图书馆局域网内查询,也可以在因特网上查询一些图书馆的馆藏目录。

(2) 电子期刊。电子期刊是指在网络环境下编辑、出版、传播的期刊。专业电子期刊一般是由各种专业学会或专业出版社编辑出版,有ISSN号,内容权威,出版时间快。目前,大多数电子期刊都提供了检索功能,使用方便。

(3) 电子图书。电子图书是指在网络环境下编辑、出版、传播的图书。目前,网上电子图书的数量相对于印刷型图书还是比较少,但是由于现有信息技术为电子书刊的出刊发行创造了良好条件,网络电子书刊的数量正急剧增加,从而创造了一种新型的科学出版和学术研究环境。目前,提供中文图书全文阅读和下载比较方便的有"书生之家(http://www. shusheng. net)"、"超星数字图书馆(http://www. ssreader. com)"等。此外,FreeBooks4Doctors. com提供一些免费的医学图书,读者可以进行检索和阅读。

(4) 参考工具书。许多传统的和现代的参考工具书都已进入了因特网,如国外的大不列颠百科全书、牛津大辞典,国内著名的金山词霸等。这些网络版参考工具书使用起来非常方便。此外,用户还可以利用网上为数众多的指南、名录、手册、索引等。

(5) 数据库。目前,许多数据库通过因特网直接为用户提供信息检索服务,这些数据库的内容涉及不同领域、不同专业,如PubMed(医学文献联机数据库)、CBMdisc(中国生物医学文献数据库)、CMCC(中文生物医学期刊文献数据库)、EI(工程索引)等。数据库每年都在大量增长。

(6) 其他类型的信息。除了上述几种类型的信息之外,电子邮件、电子公告、新闻组、网上论坛也成为信息交流的重要渠道,并成为网络信息的重要组成部分。

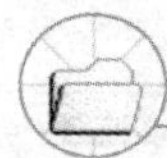

3. 按信息交流的方法划分

(1) 非正式出版信息:如电子邮件、专题讨论小组和论坛、电子会议、电子公告板新闻等。

(2) 半非正式出版物:如从各种学术团体和教育机构、企业和商业部门、国际组织和政府机构、行业协会等机构的网站上,可以查询从正式出版物系统所无法得到的“灰色”信息。

(3) 正式出版物:通过万维网,可以查询到的各种数据库、电子杂志、电子图书、报纸、专利信息等都属于正式出版物。

4. 按照所采用的网络传输协议划分

(1) WWW 信息资源:WWW(World Wide Web,万维网)是 20 世纪 90 年代初期由位于瑞士的欧洲粒子物理实验室(CERN)研究中心开发出来的。由于它能方便迅速地浏览和传递分布于网络各处的文字、图像、声音和各种超文本信息,在 20 世纪 90 年代中后期得到迅速发展。因特网上的 WWW 服务器以每年翻几番的速度增长,成为因特网信息资源的主流。

(2) FTP 信息资源:FTP(File Transfer Protocol,文件传输协议)是因特网上历史最为悠久的网络工具。它允许人们通过协议连接到因特网上的一个远程主机上读取所需文件并下载。因特网刚开始的时候,网上的文件大部分都是在 FTP 站点上,所以 FTP 在因特网的发展史上发挥着重要的作用。至今 FTP 都还是发布、传输软件和长文件的主要方法。

(3) Telnet 信息资源:Telnet 是因特网的远程登陆协议,允许用户将自己的计算机作为某一个因特网主机的远程终端与主机相连接,从而使用该主机的硬件、软件和信息资源。

(4) 用户服务组信息服务:用户通信或服务组是因特网上颇受欢迎的信息交流形式,包括新闻组(Usenet News Group)、电子邮件群(Listserv)、邮件列表(Mailing List)、专题讨论组(Discussion Group)等。它们都是由一组对某一特定主题有共同兴趣的网络用户组成的电子论坛,是因特网上进行交流和讨论的主要工具。

(5) Gopher 信息资源:Gopher 又称信息鼠,是一种基于菜单的网络服务,类似万维网的客户服务器形式的信息资源体系。操作方法是:在一级菜单的指引下,用户只要在树型结构排列的多层菜单中逐级深入,选择特定的选项,就可以检索到所需信息,而不必考虑这些信息的存储方式和存储地点。

7.1.3 网络信息资源的特点

了解网络信息资源的特点,是为了明确网络信息资源的优势与劣势,在网络信息资源的检索与利用方面更好地发挥主观能动性。网络信息资源的特点体现在以下几个方面。

1. 信息量大,传播广泛

网络信息资源极为丰富,因特网已经成为继电视、广播和报纸之后的第四媒体。它既是信息资源存储和传播的主要媒介之一,也是集各种信息资源为一体的信息资源网。据估计,网上每天发布的信息量超过700 M。由于信息源的增多,信息发布的自由,网络信息量呈爆炸性增长。

2. 信息层次多,品种多样

因特网上的信息资源层次众多,有一次信息、二次信息、三次信息;品种多样,有文本信息、图像信息、视频信息、音频信息等,包括各种书目信息、电子期刊、软件资源等。其信息资源包罗万象,几乎覆盖所有学科、领域、地域、语种,既包括政府、高校、科研院所、学术团体、行业协会的信息,更有大量的企业和个人网站信息。

3. 自由发布,交流直接

因特网上的信息发布分为正式和非正式两种。正式的发布必须经过一定的审查程序才能发布,如政府信息、公司信息、团体组织信息、在线期刊数据库等;非正式发布是指不需经过审查就能发布信息,如个人网站、BBS、网上评论、电子邮件、聊天工具等,使用者可以在这些非正式的平台上任意发表意见、观点、心得体会等,同时还可以与他人进行交流。

4. 信息传播速度快,变化频繁

因特网上的信息更新相当及时,基本上是随时更新。比如,新闻网站、商业网站只要服务器上的网页进行更新,终端用户立即就可以看到网页内容的变化。

5. 检索方便,实用性强

网上进行检索的工具有搜索引擎、数据库检索等,这些检索工具界面友好,使用者只需输入关键词就可以检索出大量的资料。作为专业科技工作者,还可以从网上检索到大量的免费全文期刊及其论文全文。

6. 分散无序,缺乏管理

因特网信息资源的分散表现在:信息没有一个控制中心,各种信息分布在不同网站,由不同的管理人员管理,并且信息的URL、链接、内容都处于经常性的动态

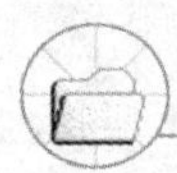

变化中，其变化、更迭、新生、消亡等随时都在发生。信息的发布有很大的自由度和随意性，也没有统一的标准，缺乏必要的质量控制和管理机制，这些都造成了因特网信息的分散无序和管理的困难。

7. 内容庞杂，良莠不齐

因特网上的信息基本上对所有学科，不管是商业信息、个人信息、科研信息、学术信息，还是政府组织信息都有所覆盖，既有大量高水平的研究成果，也有许多低劣虚假信息，信息质量良莠不齐，为网络信息的有效利用带来了极大的不便。

7.2 网络搜索引擎

搜索引擎是通过因特网查询网络信息的重要工具。与我们前面讲述的手工检索工具书一样，搜索引擎实际上是一种网络资源的检索工具，是一种网页网址检索系统，有的提供分类和关键词检索途径，有的仅提供关键词检索途径。它是将因特网上的网站资源地址和(或)内容收集、整理后，加以分类或进行主题标引，形成网络资源数据库，并将之作为一种新的网络资源提供给人们使用。

7.2.1 搜索引擎的发展

在互联网发展初期，网站相对较少，信息查找比较容易。但随着互联网的高速发展，在因特网上查找所需资料如同大海捞针，为满足大众信息检索需求的专业搜索网站就应运而生了。

1. Archie——搜索引擎的祖先

Archie 是第一个自动索引互联网上匿名 FTP 网站文件的程序，但它还不是真正的搜索引擎，1990 年由蒙特利尔大学学生 Alan Emtage 发明。Archie 是一个可以以文件名查找文件的系统，可搜索 FTP 文件名列表。用户必须输入精确的文件名搜索，然后 Archie 会告诉用户哪一个 FTP 地址可以下载该文件。

2. Gopher

1993 年，内华达大学开发了一个 Gopher(Gopher FAQ)搜索工具(Veronica FAQ)。Gopher 是一种用菜单方式来查找资源的工具，通过层层菜单指引找到所需资源。它与 FTP 的目录结构类似。

3. 全文搜索引擎

1994 年初，华盛顿大学 Brian Pinkerton 开始了 WebCrawler(Brian Pinkerton

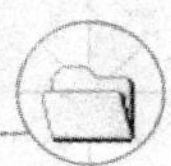

Announces the Availability of Webcrawler)的研究。WebCrawler 是互联网上第一个支持搜索文件全部文字的全文搜索引擎。在它之前,用户只能通过 URL 和摘要搜索,摘要一般来自人工评论或程序自动摘取正文的前 100 个字。

4. 集成搜索引擎(All-in-One Search Page)和元搜索引擎(Meta Search Engine)

1995 年,一种新的搜索引擎形式出现了。用户只需提交一次搜索请求,由元搜索引擎负责转换处理后提交给多个预先选定的独立搜索引擎,并将从各独立搜索引擎返回的所有查询结果集中处理后再返回给用户。第一个元搜索引擎是华盛顿大学硕士生 Eric Selberg 和 Oren Etzioni 开发的 Metacrattwler。

5. 自然语言搜索引擎

Alta Vista 是第一个实现高级搜索语法的搜索引擎。用户可以用 Alta Vista 搜索 Newsgroups(新闻组)的内容并从互联网上获得文章,还可以搜索图片名称中的文字,搜索 Titles,Java applets,ActiveX objects。Alta Vista 也声称是第一个支持用户向网页索引库提交或删除 URL 的搜索引擎,并能在 24 小时内上线。1997 年,Alta Vista 发布了一个图形演示系统 Live Topics,可以帮助用户从成千上万的搜索结果中找到所需信息。

6. 专业性搜索引擎

随着互联网规模的急剧膨胀,搜索引擎之间开始出现了分工协作,并有了专业的搜索引擎技术和搜索数据库服务提供商。如国外的 Inktomi 本身并不是直接面向用户的搜索引擎,但向包括 Overture(原 GoTo),LookSmart,MSN,HotBot 等在内的其他搜索引擎提供全文网页搜索服务。国内的百度也属于这一类(百度已于 2001 年 9 月开始提供公共搜索服务)。因此从这个意义上说,它们是搜索引擎的搜索引擎。

另一方面,不同学科的搜索引擎也应运而生。如医学类的专业搜索引擎就主要收录与医学科学有关的网络信息。

7.2.2 搜索引擎的工作原理

搜索引擎虽然品种繁多、功能不一,但是它们的总体结构和基本工作原理都是一样的。它根据检索规则从其他信息服务器上得到数据并对数据进行加工处理,自动建立索引,并通过检索接口为用户提供信息查询服务,能够自动对因特网资源建立索引或进行主题分类,并通过查询语法为用户返回匹配的资源。

搜索引擎的原理可以看做三步:从互联网上抓取网页→建立索引数据库→在索引数据库中搜索排序。

1. 从互联网上抓取网页

(1) 程序自动抓取:利用能够从互联网上自动收集网页的系统程序,自动访问互联网,并沿着任何网页中的所有 URL 进入到其他网页,重复这过程,并把访问过的所有网页收集回来。

由于网上资源庞杂,变化多端,依靠人工收集、加工这些信息非常困难。因此,大型搜索引擎一般都采用被称为网络搜索机器人(Robot)、网络蜘蛛(Spider)、网络漫游者(Webwander)等自动跟踪标引软件对网络资源进行收集、整理。这些跟踪标引程序定期(各搜索引擎的周期不同,可能是几天、几周或几月,也可能对不同重要性的网页有不同的更新频率)遍历 Web 空间,不断从一个站点移动到另一个站点,自动建立索引,并加入(更新)到网页数据库中。除了这些网站自动跟踪软件自动收集网站资源外,用户也可向搜索引擎提交网站信息,通知网站自动跟踪程序对网站进行索引。

(2) 手工目录索引:依靠用户提交注册信息并依赖搜索引擎的管理人员来增加索引的数目,也称作分类数据库(Category Database)。一些专业的搜索引擎资源数量不大,可通过人工在 Internet 上收集得到后,由管理人员对这些资源进行分类和主题标引,建立起网络资源数据库。

2. 建立索引数据库

由分析索引系统程序对收集回来的网页进行分析,提取相关网页信息(包括网页所在 URL、编码类型、页面内容包含的关键词、关键词位置、生成时间、与其他网页的链接关系等),根据一定的相关度算法进行大量复杂计算,得到每一个网页针对页面内容中及超链中每一个关键词的相关度或重要性,然后用这些相关信息建立网页索引数据库。

3. 在索引数据库中搜索排序

当用户输入关键词搜索后,由搜索系统程序从网页索引数据库中找到符合该关键词的所有相关网页。因为所有相关网页针对该关键词的相关度早已算好,所以只需按照现成的相关度数值排序,相关度越高,排名越靠前。最后,由页面生成系统将搜索结果的链接地址和页面内容摘要等组织起来返回给用户。

7.2.3 搜索引擎分类

搜索引擎按其工作方式主要可分为 3 种,即全文搜索引擎(Full Text Search Engine)、目录索引类搜索引擎(Search Index/Directory)和集成搜索引擎(All-in-One Search Page)/元搜索引擎(Meta Search Engine)。

1. 全文搜索引擎

全文搜索引擎是名副其实的搜索引擎，国外具代表性的有 Google，Fast/AllTheWeb，Alta Vista，Inktomi，Teoma，WiseNut 等，国内著名的有百度（Baidu）。它们都是通过从互联网上提取的各个网站的信息（以网页文字为主）而建立的数据库中，检索与用户查询条件匹配的相关记录，然后按一定的排列顺序将结果返回给用户。因此，它们是真正的搜索引擎。

2. 目录索引搜索引擎

目录索引虽然有搜索功能，但从严格意义上说并不是真正的搜索引擎，仅仅是按目录分类的网站链接列表而已。用户完全可以不用进行关键词查询，仅靠分类目录也可找到所需信息。目录索引中最具代表性的莫过于大名鼎鼎的雅虎。其他著名的还有 Open Directory Project（DMOZ），LookSmart，About 等。国内的搜狐、新浪、网易搜索也都属于这一类。

3. 集成搜索引擎/元搜索引擎

集成搜索引擎，亦称为"多引擎同步检索系统"，即在一个因特网页面上链接若干种独立的搜索引擎，检索时需点选或指定搜索引擎，一次检索输入，多引擎同时搜索，搜索结果由各搜索引擎分别以不同页面提交，其实质是利用网站链接技术形成的搜索引擎集合，而并非真正意义上的搜索引擎。在搜索引擎发展进程中，集成搜索引擎只是元搜索引擎的初级形态，以其方便、实用在网络搜索工具家族中占据一席之地。

元搜索引擎，也称为聚类搜索引擎，是用户同时利用多引擎进行网络搜索的中介。它没有自己独立的数据库，基本的工作原理是在接受用户查询请求后，同时在其他多个引擎上进行搜索。检索时，元搜索引擎根据用户提交的检索请求，调用源搜索引擎进行搜索，对搜索结果进行汇集、筛选、删并等优化处理后，以统一的格式在同一界面集中显示。著名的元搜索引擎有 InfoSpace，Dogpile，Vivisimo 等，中文元搜索引擎中具代表性的有搜星搜索引擎。在搜索结果排列方面，有的直接按来源引擎排列搜索结果，如 Dogpile；有的则按一定的规则（如聚类分析）将结果重新排列组合，整理后返回给用户，如 Vivisimo。

目前运营的元搜索引擎各具特色，功能各有侧重，完全"理想"的尚不多见。一些元搜索引擎在某些方面较为优秀，而其他功能则欠缺或需改进。大多元搜索引擎不支持多语种，尤其是汉语检索；一些元搜索引擎实现检索语法转换的能力有限，不支持指定字段检索，不能充分发挥各个独立搜索引擎的高级检索功能；部分元搜索引擎无源搜索引擎列表。用户不能自主选择和调用源搜索引擎。大部分元搜索引擎仅支持调用 Alta Vista，Excite，GoTo. com!，Yahoo，Infoseek，Lycos 等常用的搜索引擎，一些大型搜索引擎如 NorthernLight，HotBot 等被排除在外，人为地限制了搜索资源的利用。在检索结果上，元搜索引擎只能返回数十条“相关度”较高的结果，大量可能有价值的检索结果被忽视，影响了检索结果的全面性。

元搜索引擎的功能受到源搜索引擎和元搜索技术的双重制约：一方面，源搜索引擎各具特色的强大功能在元搜索引擎中受到限制而不能充分体现；另一方面，任何一种元搜索技术都不能发掘和利用源搜索引擎的全部功能。

7.2.4 搜索引擎的使用

搜索引擎虽然种类繁多，但基本原理相同，使用方法也相似。目前，国内外大多数搜索引擎都提供了分类浏览和关键词检索两种方式。

1. 分类浏览

从分类目录浏览得到的一般是某个网站的链接。使用方法比较简单，进入搜索引擎页面，根据其提供的分类目录，选中欲查看的类别，逐层点开即可。一般的分类目录都是从大范围到小范围，从大学科到小学科，逐级展开，最后进入站点的 URL，通过链接进入相应的站点。

2. 关键词检索

大多数的网络搜索引擎除了提供分类浏览外，还提供关键词检索，即在特定的检索输入框中输入欲检索的信息内容的片段，可以是一个词、一个词组或一个短语甚至是一句话，搜索引擎就会在数据库中检索并返回含有检索词的网页。

一般的搜索引擎都提供简单（基本）和复杂（高级）检索两种模式。简单检索模式只有一个对话框，在对话框中输入检索提问（可以带有一定的语法），点击检索按钮即可。而复杂检索则提供了多种限制和多个检索提问框。

利用关键词检索，其检索提问依据不同的搜索引擎有不同的提问方式，但常用的检索（提问）方式有以下几种。

（1）词组或短语搜索。几乎所有的搜索引擎都支持词组或短语检索，即如果用双引号（有的系统允许使用其他符号，如连字符）将一个词组或短语引起来，系统将检索出与其完全一致的检索结果。这是最常用的检索方式，也是使用搜索引擎的首选方法。

（2）二次检索。多数搜索引擎允许在前一次检索的结果中进一步检索，以提高查准率。

（3）逻辑运算。这是通过逻辑运算符号来表达检索提问间关系的一种检索方

法。它与光盘检索一样,有逻辑“与”、“或”、“非”三种基本形式,逻辑运算符号分别用 and(+ 或空格),or,not(- 或 and not)表示。搜索引擎不同,其逻辑运算符不尽相同。

(4) 字段限制检索。一般在复杂检索中提供,限制欲检索的主题出现在网页的标题、域名、链接、URL、网页创建者或网页内容中等。

(5) 截词和通配符检索。使用英文搜索引擎时可以采用这种检索方式,是解决因同一单词的不同拼写、不同词形、单复数、缩略形式等导致的漏检而采取的一种比较有效的方法。截词符一般用“*”,代表一串字符,常放在词头或词尾;通配符一般用“?”,代表一个字符,可以放在词中。至于如何使用,应根据搜索引擎提供的说明而定。

(6) 大小写区分也称大小写敏感。多数搜索引擎对大小写没有特别要求,都不区分大小写,但也有一些搜索引擎对此有严格的限制。对于人名、地名(如 George Bush,Taxas)、专有词(如 AIDS,Aids)检索有帮助。

7.2.5 综合性搜索引擎

我们经常使用的雅虎、Google、百度、搜狐等都属于综合性的搜索引擎。

1. 雅虎(YAHOO!)

YAHOO!(http://www.yahoo.com)是因特网搜索引擎的先锋,创立于 1994 年。该搜索引擎有别于其他搜索引擎之处在于它提供了全面的分类体系,将因特网上的 WWW 服务节点按主题建立了分类索引。站点目录分为 14 个大类,每一个大类下面又分若干子类,搜索十分方便。该站点链接速度快,包含范围广,数据容量大,简便易用。

早期的 YAHOO! 只有分类目录,如今它也提供关键词检索。雅虎中国网站(http://cn.yahoo.com)于 1999 年 9 月正式开通,它是雅虎在全球的第 20 个网站。

(1) 分类浏览。根据雅虎提供的 14 个分类目录,依次找到所需内容所在的低层目录即可。如查找有关“非典型肺炎”的信息,可依次点击“健康与医药 > 疾病与症状 > 肺炎 > 非典型性肺炎”,在最后一级查到相关网页的链接,打开链接即可连接相关网页。

(2) 关键词检索。有简单检索和高级检索两种模式。简单检索只要在检索框中输入检索提问即可,其提供的分类可以与关键词检索配合使用,先选中某一分类,再在提问输入框中输入检索提问,系统即在该分类目录下检索。高级检索则提供了更多限制,包括检索结果限制选项(Show result with)、更新时间(Updated)、站点/域名(Site/Domain)、目录(Mature Content Filter)、国别(Country)、语种(Language)、每页结果返回个数(Number of Results)等选项。

2. 百度

百度(http://www.baidu.com)创建于2000年,是世界上最大的中文搜索引擎。其数据库中有超过1亿的网页可供检索,对重要中文网页实现每天更新。有新闻,Flash、网站、网页、图片、mp3、信息快递等分类信息。百度还提供网页快照、网页预览(预览全部网页)、相关搜索词和错别字纠正提示等功能。

百度检索比较简单,只要在检索提问框中输入关键词,回车或点击搜索按钮,百度就会自动找出相关的网站和资料。百度会寻找所有符合查询条件的资料,并把最相关的网站或资料排在前列。

(1) 百度要求输入的检索词(关键词)要一字不差,可以是任何中文、英文、数字或中、英文数字的混合体,如大话西游、windows、白介素-1。输入“白介素-1”和“白介素1”的检索结果是不一样的。

(2) 关键词间的空格默认为逻辑“与”,表示同时满足检索要求。如“肝炎 干扰素”表示检索的结果中同时含有“肝炎”和“干扰素”。

(3) 并行搜索(逻辑“或”)使用“A/B”表示,搜索或者包含关键词A,或者包含关键词B的网页。

(4) 特殊定位搜索:在一个或几个关键词前加“intitle:”,表示搜索的内容出现在网页的标题中,如“intitle:sars”;用在“inurl:”后加url中的文字,可以限制只搜索url中含有这些文字的网页,如“inurl:mp3”表示搜索url中含有“mp3”的网页。

3. Google

Google(http://www.google.com)由斯坦福大学的博士研究生Larry Page和Sergey Brin于1998年创建,目前已成为世界首要搜索引擎,其搜索引擎技术为绝大多数门户网站或搜索引擎所采用。使用方法与中文百度搜索引擎相似,提供简单检索和高级检索,英文Google还提供分类浏览。

简单检索的规则和界面与百度相似。选择“Web”可搜索网页,“Images”表示图片,“Groups”表示新闻组,“Directory”表示网页目录可以分类浏览,“News”表示新闻。

I'm Feeling Luck(手气不错)按钮:是Google检索的特色功能之一,在检索提问输入框中输入提问后,系统会自动进入它所认为与检索提问最相关(推荐)的网站。

Preferences(参数选择):用于设置检索的一些参数,如检索界面的语言、检索

内容的语言、结果返回最大数等。

Language Tools(语言工具):可以设置检索结果的翻译。Google是多语种搜索引擎,如果对某些语种不熟悉,则可通过语言工具的设置,Google在完成检索后自动将网页翻译成用户能读懂的文种。

Advanced Search(高级检索):提供4种方式,即网页检索(Web Search)、特定页面检索(Page-Specific Search)、产品检索(Google Product Search)和特色主题检索(Topic-Specific Search)。

网页检索是最常用的检索方式,在相应的提问输入框输入检索词或完成检索条件限制,点击"Google Serach"按钮。

特定页面检索包括"类似网页"和"链接"搜索。前者搜索与用户输入的URL相匹配的类似的网页,后者搜索与该网页存在链接的网页。

特色主题检索是设置一些特色的超链接,包括Apple Macintosh,BCD Unix,Linux,U. S. Government,University等。

产品检索是2003年才开始提供的服务,属于购物指南类的产品搜索,可以查找用户所需的有关商品信息。

无论简单检索还是高级检索,在检索时须注意以下问题:

(1) 逻辑运算规则:逻辑"与"用"AND",逻辑"或"用"OR",逻辑"非"用"-"。关键词间可用空格代替"AND"。逻辑"或"的"OR"必须大写,如"AIDS OR hiv"。

(2) 专用语搜索:在检索名言警句、专有名词或一个句子时,只要给检索提问加上双引号即可。例如,"Mother In law"与Mother In law的检索结果是不同的。

(3) 忽略语检索:有些词或符号在网页上出现的频率过高,如http,com,I,www以及数字、符号等,Google在做索引时都做了忽略处理,如果检索时一定要包括则要强制性地在这些词语前面加上"+"号。

(4) 大小写不敏感:英文Google不区分大小写。

4. 元搜索引擎Vivisimo

Vivisimo(http://www.vivisimo.com)是一个聚类搜索引擎,拥有目前最好的搜索结果自动分类技术。这个搜索引擎由美国卡耐基大学研发,除了提供常用搜索引擎的索引与查询服务外,还提供了其他搜索引擎的集成查询功能。

简单检索时,在检索提问框中输入检索提问,点击"Search"按钮即可(也可通过下拉菜单选择某个搜索引擎进行搜索)。

Vivisimo的搜索结果页面是以框架形式出现的,左边框架是搜索结果的分类群组项目(Cluster),单击旁边的“+”号可以打开该类目录下的查寻结果;右边框架罗列了所有的搜索结果,除了网址,还有该结果的简单描述以及来源于何种搜索引擎。

支持逻辑运算。“AND”或“+”表示逻辑“与”,“OR”表示逻辑“或”,“AND NOT”表示逻辑“非”。短语搜索加双引号(“”)。

高级搜索则将各种搜索引擎全部罗列出来,根据需要选择一个或多个搜索引擎搜索,还可选择语种、结果显示的内容(字段)、打开链接的方式等。

5. Teoma

Teoma(http://www.teoma.com)采用的是Google型搜索技术。检索返回的结果有3种类型:

(1) Results:与检索提问相关的网页,直接可以打开网页。

(2) Refine:建议缩小检索范围的主题。可以通过系统提供的检索主题进一步调整检索范围。

(3) Resources:这是由一些专家和热心工作者收集整理的与用户的检索相关的主题资源目录。

另外,Teoma还提供Google搜索引擎的推荐网站链接,此称Sponsored Link。

Teoma适合专业型查询,如药品、生化产品以及诸如临床病症等专业型信息查询。

6. AlltheWeb(fast)

AlltheWeb(http://www.alltheweb.com)是当今成长最快的搜索引擎之一,目前支持255种文件格式搜索,其数据库已存有49种语言的30多亿个Web文件,更新速度快,搜索精度高,被认为是Google强有力的竞争对手。

AlltheWeb属于全文搜索引擎。目前提供常规搜索、高级搜索和主题搜索功能。常规搜索支持普通关键词搜索,以及“+”、“-”、括号“()”等逻辑命令符号,分别对应AND,NOT,OR等布尔逻辑命令,并且可使用引号(“”)进行精确匹配搜索。高级搜索提供限定语言、关键词过滤、域名过滤、IP地址过滤和指定网页大小等功能,方便用户进行更精确的查询。主题搜索包括新闻、FTP文件、图像、视频、音频、Flash和MP3搜索。

7.2.6 医学专业搜索引擎

1. HON

HON(http://www.hon.ch)是由在瑞士日内瓦的非盈利性组织“网络健康基金会”(The Health on the Net Foundation)1996年建立的一个医学信息站点,该站点

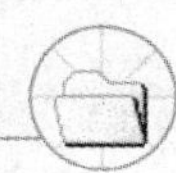

专门诊断因特网所提供的信息的正确性和可靠性，并提倡网络伦理。这个组织发展了一套用以检测网站信息的正确性和可靠性的系统，运用此系统，上网者可随时确知自己浏览的资料的可信度。

HON 建立的医学搜索引擎包括 MedHunt 和 HONSelect。HON 还根据使用对象的不同，提供 3 种不同对象的登录入口，包括个人、医学专业人员和网络出版者，针对不同的用户群体提供其感兴趣的信息。

(1) MedHunt：是 HON 搜索引擎的主要服务，通过 MedHunt 搜索出来的是与检索提问相关的所有网页。使用比较简单，只要在检索输入框中输入欲检索主题的关键词，点击"Go"按钮即可。也可点击 MedHunt 进入高级检索界面。在高级检索状态输入检索提问后依次完成检索语法(all the words，any of the words，adjacent words)和数据库选择(all，hospitals，support，events)后，提交即可。在结果显示页面，通过点击页面上方的信息类型按钮可以直接检索与前面输入的检索主题相关的各种信息。

(2) HONSelect：是将来源于不同数据库的同类信息资源进行整合后，再提供给用户。这是 HON 提供的特色服务。进入 HONSelect 后，可以疾病(Diseases)、解剖部位(Anatomy)为入口进行检索。使用 HONSelect 检索，要求输入的检索词应是医学主题词(Medical Subject Headings，MeSH)。在检索结果显示页面的上方有 All Web sites，HONcode sites，News 等选项，点击任何一项，系统就会将与检索提问相关的信息显示出来。用户使用 HONSelect 时要注意：检索结果中的 PubMed 检索需要进一步确定主题词和副主题词后方能得到检索结果，此处的 PubMed 检索只在诊断、治疗、病因、预后 4 个方面进行检索；All Web sites(站点资源)检出的站点资源按域名列表，在域名后列出出现在同一站点的网页数(数字即为命中的网页数)，点击图标可以展开在该站点的所有命中网页，Images(医学图像)是与检索提问相关的图片；Conferences(医学会议)是指会议预告信息；News 是与提问有关的新闻报道。

2. CliniWeb

CliniWeb(http://www.Ohsu.edu/cliniweb)是一个基于分类目录的临床医学搜索引擎，分为解剖学(Anatomy)、微生物学(Organisms)、疾病(Disease)、化学(Chemistry)和药理学(Chemicals and Drugs)、诊断和治疗技术及仪器(Analytical Diagnostic and Therapeutic Techniques and Equipment)、心理学(Psychiatry and Psychology)、生物科学(Biological)7 大类。可以同时用英语、法语、德语、西班牙语和葡萄牙语进行检索，还可以直接链接到美国国立医学图书馆 PubMed 系统的免费

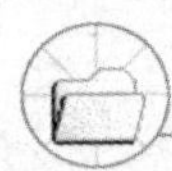

Medline 检索。CliniWeb 共链接了 10 000 多个临床网页的指南,所有资源均采用医学主题词进行了标引分类,检索到的信息针对性强。

CliniWeb 提供浏览和检索两种方式。浏览方式通过其提供的 7 个大类逐层展开即可。检索界面非常简单,但要求使用的检索词应是 MeSH。依次完成检索语种的选择、输入检索词,点击“Submit Query”按钮即完成检索。需要说明的是,CliniWeb 检索结果按主题词的树状结构顺序显示,如果某主题词还有下位主题词,在该主题词后用“x more specific term/s, xx more link/s”表示,点击主题词便可展开与该主题词相关的链接;CliniWeb 的 PubMed 检索,将与临床相关(诊断、治疗)和综述的文献特别列出以示强调。

3. HealthAtoZ

HealthAtoZ(http://www.healthatoz.com)是美国医学网络公司于 1996 年建立的卫生与医学专业搜索引擎。这是一个大众化的网站,为医学工作者和健康消费者提供医学信息搜索服务。该引擎收集了全球范围的网上生物医学资源(以美国为主),有超过 50 000 个有关健康和医学的网址,资源类型有 Web, FTP, Gopher, 讨论组和新闻组等,所有资源都经过医学专业人员人工分类和标注,且每周进行更新,保证了内容的准确性和有效性。

该网站将其资源按主题的字母顺序排列,可根据检索主题的首字母浏览或输入检索词进行检索。

4. Achoo

Achoo(http://www.Achoo.com/main.asp)是美国 MNI 系统公司创建并维护的医学搜索引擎节点,是 Internet 上用户较多的医学专业搜索引擎。在 Lycos 的 Top5 排行榜中,Achoo 不但列医学搜索引擎的首位,而且是整个医药卫生健康类节点的冠军。Achoo 收录了大量的医学资源,还辟专栏介绍每周新入节点和反映医学最新进展、最新发现的页面。用户可从主页直接进入查询页面或是进入各个目录中浏览。Achoo 的目录包括商业、疾病、机构组织和参考资源 4 大类。有关医学期刊、数据库、论坛等都在参考资源栏目中,通过其提供的类目可以逐层打开链接。其检索包括简单检索和复杂检索。

(1) 简单检索:在“Search Achoo”后的输入框中输入检索词,点击“Search”按钮即可。此处还可对检索的范围和方法做一些限制。

(2) 复杂检索:点击主页上方的“Search”标签,进入 Achoo 的检索主页面。Achoo 提供了多种检索,选“Search Achoo”项进入复杂检索界面。复杂检索将所有的限制都放在桌面上供用户选择,除了检索语法、检索范围的限制外,还提供资源

位置和资料类型的限制。

使用词组检索时要注意词和词之间须用逗号隔开，而不是用空格。如检索肝癌(liver cancer)的信息，应该用"liver,cancer"作为检索提问。

5. Health Web

Health Web(http://www.healthweb.org)是美国中西部各医学中心的医学信息专家管理的一个搜索引擎，最初只是一个基于分类目录的医学专业搜索引擎，目的是为健康工作者和健康消费者提供各种医学信息资源。它根据疾病所属学科的首字母进行分类，同时提供了各种医学专业搜索引擎，如 MedExplore，MedFinder，MedHunt，Medical World Search，还有各种通用搜索引擎如 Ata Vista，Excite，HotBot，Infoseek，Lycos 的链接，还提供了对 Internet 上的医学信息进行评估的网址。

可以使用 MeSH 或自由词进行检索，检索结果按照相关度(百分比)依次排序，相关度越高，显示越靠前。

6. MedSite

MedSite(http://www.medsite.com)是由美国 Medsite 出版公司于 1997 年 7 月建立的著名医学搜索引擎，收集了 1 万多个与医学以及卫生相关的站点，收录范围主要以美国、加拿大为主，其余国家部分收录。

MedSite 除了提供医学主题的分类目录浏览和站点检索的功能，还提供交互性的医学继续教育、期刊、医学书店、医药产品检索服务。

7.2.7 INFOMINE 虚拟图书馆

INFOMINE(http://infomine.ucr.edu)是为大学教师、学生和研究人员建立的网络学术资源虚拟图书馆，整合了主要的学术资源，是一个检索学术信息的搜索引擎。

1. 数据库概况

INFOMINE 共包括 9 类数据库。

(1) 生物、农业和医学数据库：覆盖了生命、农业和医学的大部分领域，着重于基础理论和相关的应用研究，有关遗传学、生物化学、生态学的资源均能通过特殊主题数据库和检索工具检索到。

(2) 商业和经济数据库：覆盖了商业和经济的大部分领域，包括财政、银行组织管理、市场、人力资源、会计、收入分配、福利、环境经济、劳工政策、城市经济、国际贸易和公共财政等。

(3) 多样性文化及种族资源数据库：覆盖美国的多样性文化和种族资源领

域,关于文化、文学、社会、经济和人口统计学的许多资源均包括在内。

(4) 电子期刊:包括大量学术性和研究性的免费或付费期刊,付费资源能否利用取决于用户所在的图书馆是否购买了该数据库的使用权。

(5) 政府信息数据库:包括美国联邦、州、地方政府和国际组织的信息资源。

(6) 地图和地理信息系统(GIS)数据库:包括各种类型的地图、地图设计、GIS及GIS相关软硬件、遥感技术、人造卫星和雷达、航空摄影等。

(7) 物理、工程、计算机和数学数据库:覆盖了物理、工程、计算机和数学领域的大部分学科,包括基础科学和应用科学。气候学、古生物学和环境科学中与物理学相关的部分也包括在内。

(8) 社会学和人类学:覆盖大部分相关学科,与图书馆学、文学相关的资源也包括在内。

(9) 视觉艺术和表演艺术数据库:包括所有的视觉艺术(含建筑学)以及表演艺术,包括音乐、戏剧、电影、博物馆、区域性文化等。

INFOMINE 报道款目的著录内容包括:资源名称、简介、URL、相关资源链接、人工选择或专家选择、收费情况,并为用户提供了发表评论的平台。

2. 检索方法

INFOMINE 的检索界面友好,检索方法简单易用。检索功能包括基本检索、高级检索和浏览3种方式。

(1) 基本检索:在 INFOMINE 首页的检索框中直接输入检索词(主题词、作者、关键词等),单击"Search"或回车键就可以检索出相关资料。

(2) 高级检索:输入检索词,可使用逻辑检索(AND,OR,AND NOT)或特定符号(*,""等)来扩大或缩小检索范围。如输入检索词"industr *",可检出"industries","industry","industrial","industrialization"等结果。输入检索词"rivers",检出的结果必须和"rivers"完全匹配,包括大小写。输入"new mexico"表示引号内的词必须完全紧密相连。这些逻辑检索的使用方法与其他数据库基本相同。通过点选菜单和下拉菜单的组合使用,可以限定检索范围、检索的数据库范围、资源的类型和路径、检索结果的显示方式等。

(3) 浏览:INFOMINE 在基本检索、高级检索和每个数据库的页面下,都提供了浏览功能,可以从目次表、美国国会主题词表、标题、关键词和作者等途径进行浏览,查找所需的资料。

7.3 医学软件搜索

在 Internet 上有专门的医学软件下载网站,其提供的软件包罗万象,有各类临床应用的诊断和治疗类软件,还有各类医学基础学习应用分析软件;有共享软件、免费软件和开放源代码软件。这些软件对临床医学和基础工作以及科研教学工作的开展起着非常重要的支持作用。

7.3.1 医学软件网站

1. 酷吧软件园医学软件共享中心

酷吧软件园医学软件共享中心(http://www.gdsoft.net)的特色就是专门提供各类医学软件的共享软件、免费软件、源代码等,包括医学管理、药学管理、医院管理、医药常用、辅助诊断、影像工作站、仪器配套、DICOM 软件、源代码。

2. 中华检验网软件下载

中华检验网软件下载(http://www.chinalabnet.com/software)主要提供生物医学的核酸分析、医学绘图、蛋白分析类软件以及一些医学电子图书。

3. 医学下载

医学下载(http://download.fsyyy.com/SoftList/Catalog_2_SoftTime Desc_1.html)由佛山市第一人民医院建立,主要提供医院信息管理、医学仿真软件、医疗器械专用软件、医学统计软件和医学检验软件的下载。

4. 医学 CT 网站

医学 CT 网站(http://www.sdhct.com.cn)有大量的 CT 图库、CT 技术文章、同行交流(BBS)、CT 相关软件下载,是医学影像专业及医学专业人士的理想去处。

7.3.2 医学软件

1. NoSA

NoSA 覆盖了绝大部分常用的统计分析方法,嵌入了当代数据处理技术,能满足从事各类研究的专家、学者对数据作统计分析的需要,是各专业研究生、本科生统计学教学的优秀课件。从数据录入与管理、统计分析、绘图到结果管理,NoSA 风格独特,其核心算法(广义线性模型建模)是创制组全体成员数十年探索的结晶,计算结果通过了 SAS,SPSS 的验证。

2. PEMS

PEMS 是以杨树勤教授主编的《中国医学百科全书·医学统计学》(上海科学技术出版社,1982 年版)为监本,参考近年出版的医学统计专著,精选了极为实用的医学统计方法,由四川大学华西公共卫生学院卫生统计学教研室研制,并由著名统计学家杨树勤教授审定的极受欢迎的医学统计软件。

PEMS 非常适用于医生的临床科研数据分析、医学院校师生的教学或自学,更适合于基层卫生工作者的数据分析。PEMS 3.1 分两个版本:单机版(标准版)和网络版。

3. OSIRIS

OSIRIS 能够处理各种符合 DICOM 3.0 的医学图像软件(如 CT,MRI 等),是医学图片处理的著名工具软件。

4. Chemwindow 6.0

Chemwindow 6.0 是一个简便易用的化学分子式及立体结构的绘图软件,可运行于 Windows 3.x,Windows 9x,Windows 2000,体积小,无须安装,是一种绿色软件。使用过程中,默认保存为“*.cw2”文件,也可通过拷贝的方法直接转到 Word 中。在 Word 6.0 中,它自动转为 office 绘图做成的图形,可以直接双击的方式在 Word 中编辑而不用启动 Chemwindow,也可以再拷贝回 Chemwindow 中编辑。

5. 金山词霸 2003 医学版

由著名的金山软件公司开发。作为专为医学领域设计的实用工具软件,“金山词霸医学版”在原有 61 部丰富词库的基础上特别收录了王贤才教授主编的权威医学辞书《英中医学辞海》修订版,辞书中的词条根据享誉全球的《Dorland's Illustrated Medical Dictionary》第 26、27 版编译而成,每词条具备详细的中文释义及音标,如“syndrome 综合征”下引出综合征条目达 26 页。“金山词霸医学版”秉承“金山词霸 2003”的全部强大功能,可全文检索单词的例句,支持并列输入单词进行检索,非常方便。

6. 新编全医药学大词典——专业版

由北京康复信息高科技研究开发中心开发的《新编全医药学大词典——专业版》是供医生等专业人士使用的医药学词典软件。以全国自然科学名词审定委员会医学名词分会公布的词汇为框架,英汉、汉英对照,有医学词汇量 200 余万条,公共词汇合计 200 多万词条,涵盖了临床各科、基础医学、分子生物学、药物、器械和中医中药等领域的最新词汇,是目前最新、最权威、最全面和最实用的集医学、药学和器械学为一体的大型工具词典软件之一。含 MeSH 词表,对检索和查阅 Medline

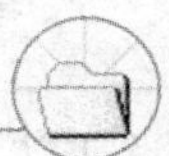

文献库极有价值。

7. 全国医院信息速查软件

该软件收录全国(除港、澳、台地区外)县级以上17 000多家医院2003年最新资料,内容包括医院名称、地址、邮编、电话、床位、日门诊量、等级、专科、院长、科室主任、主要医疗设备、网址、E-mail地址及交通路线等,具有较强的使用和保存价值。此软件是目前全面翔实地反映全国医院信息的软件,是目前医院信息查询的实用工具。

8. NIH Image

NIH Image是由Wayne Rasband编写的Mac图像分析应用程序,可对图像面积、平均密度、重心及用户定义的多边形区域,自动进行点的分析、测定路径长度和角度,可用于分析电泳/杂交条带。

9. Clustal

Clustal是一类多序列比较软件,可以应用于MacOS,Wintel,UNIX和VMS计算机,是分子生物学中很有用的一类分析工具,可用于对多个核酸或蛋白序列的比较,寻找特征化蛋白家族的诊断模式,预测新序列的二级/三级结构,设计PCR引物以及分析分子演变进程。

10. Primer Premier V5.0

Primer Premier V5.0是一种非常好用的顶级引物设计软件,主要功能有:设计PCR/RT—PCR、测序、杂交高效引物;通过对多个基因序列的同源性比较,在多个基因序列的高保守区设计跨物种及多病原基因检测引物。易于控制和掌握PCR反应、杂交反应的条件和参数,对优化PCR扩增及杂交反应条件提供了大量的参数指标。

11. 易优专利检索软件

易优专利检索软件能够根据用户需求同时检索中国、美国、欧洲、日本、加拿大、澳大利亚、新西兰、世界专利组织等国家和机构的官方专利数据库。它可以通过一些综合性专利检索站点,进行全球任何一个国家的免费专利检索。易优能精确地检索出以上列出的各个国家和机构的专利文献全文以及其他国家的专利文献摘要。软件的特点是:界面美观,易操作,可在同一中文界面下对全球各国专利说明书进行检索。

7.4 医学信息开放获取

开放获取(Open Access)是近年来国际学术界、出版界、图书情报界为了推动科研成果通过互联网免费、自由地利用而进行的运动。其目的是促进科学信息的广泛交流,促进通过网络进行科学交流与出版,提高科学研究的产出效率。医学科学信息资源的率先开放获取将对整个科学出版、科学信息交流、科学研究乃至科研合作产生深远的影响,对世界各国平等、有效地利用人类的科技文化遗产和科技成果具有重要意义。

7.4.1 医学信息开放获取的概念及含义

1. 开放获取(Open Access, OA)

也被翻译为开放存取、开放共享、开放取阅、开放近取、免费阅览等。2001年12月,OSI(Open Society Institute)在布达佩斯召集学术期刊OA支持者召开国际研讨会,并起草了"Budapest Open Access Initiative"(BOAI)宣言,对OA定义为:"论文的全文可以免费供用户阅读、下载、拷贝、散发、印刷、搜索或链接。"

《柏林宣言》由德国马普学会发起,由德国、法国、意大利等国的科研机构于2003年10月22日在德国柏林联合签署。宣言全称为《关于自然科学与人文科学资源的开放使用的柏林宣言》,旨在利用互联网整合全人类的科学与文化财产,为各国研究者和网络使用者提供一个免费的、开放的科研环境。宣言呼吁各国科研机构向网络使用者免费开放更多科学资源,"以促进利用互联网进行的科学交流与出版"。《柏林宣言》对OA的定义是:"全文在线免费获取,完全版本的论著储存在至少一个在线服务器中,以确保免费阅读,不受约束地传播……和长期的数据库式(Archive)储存。"

ISI对OA的定义:任何经由同行评论的电子期刊,以免费的方式提供给读者或机构取用、下载、复制、打印、发行或检索文章。

作者可保有著作权,但在出版前需付给出版社500~1 500美元。OA的出版方式很广,有的出版后完全免费开放,有的则限于出版后一年才可公开使用全文,有的出版社甚至仅提供免费的目录或摘要内容。

2. OA出版模式与传统模式的差别

(1) 传统模式的信息载体是印刷版或电子版,以商品形式有偿提供。OA模式的信息载体以电子版形式为主,公开无偿提供给用户(读者)。

(2) 传统模式是读者付费,有个人购买或集团购买、按阅读次数付费等形式。OA模式是作者付费,有个人付费、机构付费或广告赞助、基金会赞助等形式。

3. 现代医学信息交流和获取的新特点

(1) 医学文献信息越来越改变为网上的虚拟化和获取的现实化。

(2) 医学图书馆馆员既是数字化资源的管理者,又是网络资源挖掘者。

(3) 医学文献信息资源可通过无疆界的网络全球共享。

(4) 各国图书馆的潜在规模可无边界化,尤其是 Google 与诸多大学和公共图书馆的合作和欧洲数字图书馆一体建设规划的确定。

(5) 医学信息利用者在虚拟网络环境中,可快捷、无障碍地获取文献信息。

7.4.2 开放式获取的意义与作用

(1) 降低商业出版的费用和利润。例如,埃尔塞维尔集团是世界上最大的科学文献出版商,每年出版 1 800 余种高质量的科技和医学等学术期刊,销售额高达 22 亿美元。相反,科学教育界并没有能够得到更多的经费去获得增长的文献信息。

(2) 促进科学交流,降低传统出版模式阻碍科学交流与发展的概率。

(3) 信息与情报管理人员和科学家联合起来共同倡议新的信息交流和出版模式,即开放获取(OA),改变了原有的出版模式。

7.4.3 OA 的信息交流和出版模式的优势

1. 作者、期刊/数据库、读者群三者之间的关系

(1) 作者: 关注投稿方便、广泛的读者群和显示度、高影响因子、快捷出版、编辑规范、高质量的同行评议。

(2) 读者: 关注快捷出版、在线检索、阅读方便、高质量的研究成果、编辑的完整性与高质量。

(3) 期刊/数据库: 重视被引率、内在的学术水平。

2. 当今医学文献信息交流对出版界的挑战与要求

(1) 医学文献信息总量越来越大,质量越来越高。

(2) 提供医学信息检索并获取原始论文的二次信息服务正变得日益重要。

(3) 医学信息买卖最小单元不再是期刊的征订,可以按论文篇数或网络信息的页数计费。

(4) 医学信息开放存取、免费获取、公开获取、开放使用、开放式出版已变成可能。

3. 生物医学网站的建设进一步提高了期刊的显示度

2004 年 4 月,ISI 发布了 OA 期刊的引用分析报告,对比了 190 种 OA 期刊与其他 8 700 余种期刊的被引情况。目前,BMJ, JAMA, JBC 等均已成为 OA 期刊。

例如,WJG 世界华人消化杂志网(http://www.wignet.com)2003 年 4 月 15 日开通 OA 以来,截止 2004 年 10 月 26 日点击率已达 2 826 231 人次,平均每天超过 5 000 人次;内容与国际性检索系统和相关学会广泛链接,1999 年至 2004 年 8 月,WJG 的 SCI 他引总数为 1 109 次,逐年增加,期刊影响因子逐年提高。

7.4.4 国际生物医学开放式获取的现状与趋势

1. 免费获取全文主要网站及网址

(1) HighWire(http://intl.highwire.org)

HighWire Press 是免费提供全文的、全球最大的学术文献出版商之一,于 1995 年由美国斯坦福大学图书馆创立。最初仅出版著名的周刊"Journal of Biological Chemistry",目前通过该界面还可以检索 PubMed 收录的 4 500 余种期刊中的 1 500 多万篇文章,可看到文摘题录。已收录电子期刊 850 多种,其中超过 846 760 万篇文章可免费获得全文。HighWire Press 收录的期刊覆盖的学科有:生命科学、医学、物理学、社会科学、生态、环境科学等。

(2) 科技搜索引擎:SCIRUS(http://www.scirus.com)

SCIRUS 是目前互联网上最全面、综合性最强的科技文献门户网站之一。包括 16 700 万 science-specific 网页,1 460 万条 Medline 文摘;550 万篇 Science Direct 全文;120 万项 USPTO 的专利;近 25 万篇 IDEAL 全文;10 600 篇 NASA 技术报告;将近 26 万篇来源于 E-Print ArXiv 的电子文献;1 410 篇来源于 CogPrints 的电子文献;5 352 篇来源于 BioMed Central 的全文;565 条来源于 Neuroscion 的新闻;465 种来自 Chemistry Preprint Server 的预印。

(3) DOAJ(http://www.doaj.org)

DOAJ(Directory of Open Access Journals),由 Lund University 建立,它提供有质量控制的可免费获取的网上电子期刊资源,它的目标是建成一个无学科、无语言限制的综合性的科学期刊系统,方便科研人员使用,并可提升期刊的显示度。目前,该网站已收集了 1 605 种期刊,其中 401 种期刊有一定的学术水平,并被分成了 17 个大类。

2. 国外 OA 医学文献信息的质量控制

医学文献信息的质量控制主要是 OA 期刊和 OA 期刊论文仓储两大部分。OA 期刊为了确保期刊论文的质量,沿用了传统学术期刊在发展过程中形成的同行评审制度,并完善了这种制度。目前,几乎所有的 OA 期刊都是同行评审期刊。例如,BioMed Central 是一家独立的出版单位,目前出版生物医学领域的 OA 期刊 100

多份。BioMed Central 也对论文的质量进行严格控制，对提交的所有研究论文均进行同行严格评议，并且要求评审人员在每篇论文后面署名，论文的初稿、评审人员的意见、作者的修改稿连同论文的最终稿都同时在网络上发布。而 OA 仓储一般不实施内容方面的实质评审工作，只是要求作者提交的论文基于某一特定标准格式，并符合一定的学术规范，如 arXiv 电子印本文档库就没有评审程序，送入文档库的论文没有经过任何审核，也没有说明哪些论文不能提交到该文档库，这实际上默认了文责自负的原则。

3. 国外 OA 医学文献信息的经费支持

新技术的发展导致了出版和传播成本的降低，尤其是复本印刷和邮寄成本的减免，但这并不意味着不需要成本，尤其基本的硬件投入和人员工资仍是主要的成本支出。在运行费用方面，OA 期刊比 OA 仓储要高得多。首先，OA 期刊实施严格的同行评审制度，而这正是目前 OA 期刊最主要的成本。其次，OA 仓储尤其是机构 OA 仓储一般都是由大学图书馆创建和维护的，学科 OA 仓储也基本都是由相关的大学院系和研究所管理，而目前大学图书馆和院系在硬件基础上都已经相当成熟，所以也为 OA 仓储节省了一大笔资金。因此，OA 期刊和 OA 仓储在解决基本经济费用方面也存在着很大的不同。OA 期刊主要采用作者付费模型，即作者从项目或课题经费中抽取部分经费用于出版研究成果，如 BioMed Central 就采用这种形式维持期刊出版的基本费用。另外，OA 期刊也在寻找其他的途径，包括争取相关机构的赞助、经营广告业务、提供印刷产品的收费服务以及为用户提供收费的增值服务。

4. 国外 OA 医学文献信息的知识产权问题

从使用角度来讲，开放存取就是允许他人免费使用已经发表的研究成果，这种出版模式与现行的版权法并不冲突。现行版权法赋予作者拥有限制作品传播的权利，同时也赋予作者自由传播作品的权利。开放存取出版模式仅仅只限于出版作者愿意免费提供使用的作品，它需要充分尊重作者的个人意愿。OA 期刊虽然允许作者保留版权，同时也要求作者在提交论文时承诺遵守一定的协议。当前最常用的是创作共用授权协议（Creative Commons License），这是由在斯坦福大学数字法律和知识产权专家领导下的创作共用组织制定的有关数字资源授权的版权协议。因此，OA 期刊的知识产权保护在现行著作权法的法律框架中实施。对 OA 期刊来说，OA 期刊论文仓储则在知识产权方面存在着一定的障碍。就 OA 仓储预印本而言，在作者完成预印本后，作者仍然拥有版权，可以自由地将该预印本存放在任何一个 OA 论文仓储。但一旦该论文被传统期刊录用，商业出版者为了独占和垄断目的,往往都要求作者将论文的版权完全交给出版者,如果作者同意在传统期刊上发表,则一般都失去了论文的版权。迫于OA的压力,尤其是医学文献,一些商业出版者已经开始允许作者将预印本存档在某一公共仓储中,但还有众多出版者并没有这样的承诺。针对这种情况,对于在期刊上正式发表的论文,作者又向OA仓储提交勘误本,提供的最后版本是和原先预印本在内容方面有不同之处的一个版本。通过勘误本,医学研究人员就可以间接免费地访问论文的最后版本。

5. 国外OA医学信息的意义

开放获取数字资源检索方法,是为了进一步推动生物医学科研成果通过因特网免费、自由地利用和获取的运动。大多数网上医学文献信息可以自由开放获取,只有少量会禁止获取、套录和下载。二次生物医学文献信息基本上都是开放式的,只要熟悉链接路径,检索十分便利。

7.4.5 当前国内OA的状况

在我国,对于OA的认识和实践还处于起步阶段。在OA仓储方面,主要有中国科技论文在线、中国预印本服务系统、奇迹文库预印本论文项目、arXiv中国镜像以及香港科技大学利用DSpace构建的机构OA仓储;而在OA期刊方面,国内目前还是空白。

1. 中国预印本服务系统(http://prep.istic.ac.cn 或 http://prep.nstl.gov.cn)

预印本(Preprint)是指科研工作者的研究成果还未在正式出版物上发表,出于和同行交流目的自愿先在学术会议上或通过互联网发布的科研论文、科技报告等文章。与在刊物发表的文章以及网页发布的文章比较,预印本具有交流速度快、利于学术争鸣、可靠性高的特点。

中国预印本服务系统是由中国科学技术信息研究所与国家科技图书文献中心联合建设的,以提供预印本文献资源服务为主要目的的实时学术交流系统,是国家科学技术部科技条件基础平台面上项目的研究成果。该系统由国内预印本服务子系统和国外预印本门户(SINDAP)子系统构成。

(1) 国内预印本服务子系统主要收藏的是国内科技工作者自由提交的预印本文章,可以实现二次文献检索、浏览全文、发表评论等功能。目前仅有医学论文21篇。

(2) 国外预印本门户(SINDAP)子系统是由中国科学技术信息研究所与丹麦技术知识中心合作开发完成的,它实现了全球预印本文献资源的一站式检索。通过SINDAP子系统,用户只需输入检索式即可一次对全球知名的16个预印本系统

进行检索,并可获得相应系统提供的预印本全文。目前,SINDAP 子系统含有预印本二次文献记录约 80 万条。

2. SINDAP 全球科技预印本检索服务

(1) SINDAP 是中丹预印本合作项目(Chinese-Danish Preprint Collaboration Project)的首字母缩写,目标是为了促进科研工作者发布自己的预印本文章以及使用预印本数据库。SINDAP 系统利用开源软件构建,通过全球合作进行运作。

(2) SINDAP 利用 OAI 协议,有选择地采集世界上主要科技预印本网站的数据。SINDAP 现提供来自 17 个预印本网站的 746 549 条记录供检索。

3. 奇迹电子文库(http://www.qiji.cn)

该文库是由中国一群年轻的科学、教育与技术工作者创办的非赢利性质的网络服务项目,目的是为中国研究者提供免费、方便、稳定的 eprint 平台,并宣传提倡开放共享理念。目前,奇迹电子文库设有数学、物理学、化学、材料科学、生命科学和计算机科学等分类,但仅有生命科学论文 155 篇。

7.4.6 OA 总结

目前,OA 医学期刊正处于不断发展和壮大阶段。首先,期刊的数量一直在稳步增加,包括新创办的 OA 医学期刊和由基于传统订阅出版模式的期刊转变而来的 OA 医学期刊;其次,期刊所覆盖的学科范围突破了自然科学领域,社会科学和人文科学领域的 OA 期刊始出。OA 医学期刊在发展中国家和高福利保障国家中的发展尤为突出。目前,比较有代表性的有 DOAJ。

OA 医学期刊的发展已开始得到传统文摘索引服务商的认可并成为他们收录的重点对象。据 ISI 期刊引文报告显示,截至 2004 年 6 月份,被权威文摘索引机构 ISI 收录的开放存取期刊已经有 239 种,占 WOS 系统(SCI,SSCI,A&HCI 集成在该系统中)收录期刊的 2.6%。由于 OA 医学期刊的创办时间比较短,除了少数 OA 医学期刊的影响因子超过同学科领域的传统期刊,大多数 OA 医学期刊的影响因子都不是很理想,绝大多数权威和经典的医学期刊仍为少数几家全文期刊出版商所垄断,但 OA 医学期刊的快引指数(Immediacy Index)相对而言都比较高。OA 医学期刊的快引指数相对较高,一方面说明了 OA 医学期刊相比传统期刊能更及时有效地被医学科研人员所利用,另一方面也说明 OA 医学期刊也在逐渐被医学科研人员所认可。

随着开放获取的不断发展,将会形成有利于科学信息传播、促进科研进程的保障机制,就能加快建立新的学术交流模式,为建立科学发展观和医学科技的可持续发展服务。

思 考 题

1. 网络信息资源有何特点？它包含哪些类型？
2. 如何正确使用网络搜索引擎？
3. 何为医学信息开放获取(Open Access)？其作用、意义如何？
4. 常见医学软件网站包括哪些？

8 专利文献检索

8.1 专利基本知识

1. 专利的含义

世界知识产权组织给专利下的定义是:专利是“由政府机构或代表几个国家的地区机构根据申请而发给的一种文件,文件中说明一项发明并给予它一种法律上的地位,即此项得到专利的发明,通常只能在专利持有人的授权下,才能予以利用(制造、使用、出售、进口)……”。由此可见,专利包含三层意思。

专利的第一层意思是从法律角度来阐述,专利就是专利权的简称。专利权是由国家专利主管机关依法授予专利申请人或其权利继受人在一定期限内对其发明创造享有的专有权或独占权。也就是说,专利权是一种专有的、排他性的权利,是国家授予发明人对其发明创造所享有的一项独占实施权,其他人未经专利人许可,不得实施其专利,否则就是侵权,要赔偿损失,严重的要受法律制裁。

专利权是一种知识产权,与有形产权不同,它具有时间性和地域性限制。专利权的时间性限制是指专利权只在一定期限内有效,期限届满后专利权就不再存在,它所保护的发明创造就成为全社会的共同财富,任何人都可以自由利用。专利权的有效期由专利法规定。我国专利法规定,发明专利有效期为20年(自申请日算起),实用新型专利和外观设计专利的有效期为10年(自申请日算起)。专利权的地域性限制是指一个国家授予的专利权,只在授予国的法律有效管辖范围内有效,对其他国家没有任何法律约束力。每个国家所授予的专利权,其效力是相互独立的。

专利权并不是伴随发明创造的完成而自动产生的,需要申请人按照专利规定的程序和手续向专利局提出申请,经专利局审查,认为符合专利法规定的申请才能授予专利权。如果申请人不向专利局提出申请,无论其发明创造如何重要,都不能授予专利权。

专利的第二层意思是从技术角度来阐述的，即指受专利保护的技术发明，简称“专利技术”。专利技术有两个特点：第一个特点是它必须具备专利法中规定的“三性”（新颖性、创造性、实用性）条件，这“三性”是授予专利权的实质条件。新颖性是指在申请日以前没有同样的发明或者实用新型在国内外出版物上公开发表过、在国内公开使用过或者以其他方式为公众所知，也没有同样的发明或者实用新型由他人向国务院专利行政部门提出过申请并且记载在申请日以后公布的专利申请文件中。创造性是指同申请日以前已有的技术相比，该发明有突出的实质性特点和显著的进步，该实用新型有实质性特点和进步。实用性是指发明或者实用新型申请的主题必须能够在产业上制造或者使用，并且能够产生积极效果。另一个特点是它必须把发明技术内容详细记述于专利说明书。专利说明书由各国专利局公开出版发行，任何人均可购买、订阅。因此，专利技术是不保密的，人人都可以得到，但又不能随意使用或仿造。

专利的第三层意思是从文献角度来阐述，即指专利说明书。专利说明书中记载有发明内容的详细说明和受保护的技术范围。

人们在谈到专利概念时，可泛指上述含义的任何一种。例如，人们通常说其拥有三项专利——就是指他拥有三项专利权；这项产品包括三项专利——就是指这项产品使用了（拥有）三项受到专利权保护的发明创造；查专利——就是指查阅专利文献。

2. 专利的类型

各国对申请专利的发明创造，按其技术上的深度和范围分为若干类型。我国专利法将专利分为发明专利、实用新型专利、外观设计专利三种类型。

发明专利是技术上改革较大的发明，提供新的、先进的、经济效果好的解决方案，是专利的主体。实用新型专利是指对产品的形状、构造或者其结合所提出的适于实用的新的技术方案，多为对设备的零部件的革新设计。外观设计专利是指对产品的形状、图案或者其结合，以及色彩与形状、图案的结合所做出的富有美感并适于工业应用的新技术。

以圆珠笔为例，圆珠笔芯的发明，其原理和结构与钢笔和铅笔不同，可以申请发明专利；圆珠笔操纵结构（旋转的、按揿的）的发明，使其使用更方便，可以申请实用新型专利；圆珠笔的外形设计美观大方，可以申请外观设计专利。

3. 不授予专利权的领域

按照专利法规定，一项发明创造只要具备了取得专利的实质条件就可以获得专利权。但是，为了保护国家、社会和公众的利益，促进国民经济的发展，我国专利

法根据专利保护的特点和我国经济、技术发展状况，对一些主题作了不能取得专利权的例外规定。我国专利法规定，不授予专利权的有以下各项：

(1) 违反国家法律；

(2) 违反社会公德；

(3) 妨害公共利益；

(4) 科学发现；

(5) 智力活动的规则和方法；

(6) 疾病的诊断和治疗方法；

(7) 动物和植物品种；

(8) 用原子核变换方法所获得的物质。

4. 专利制度

专利制度是主权国家保护与鼓励发明创造、推动技术进步和经济发展的一种管理制度。其基本内容是国家专利机构依据专利法，对申请专利的发明进行审查，经批准后，在法律上授予发明人在规定期限内的经济特权，同时把申请专利的发明内容公开发表，以便进行技术交流和有偿转让。

专利制度具有以下四个方面特征：

(1) 法律保护

专利制度的最终目的是通过奖励发明来促进科技进步。为了达到这一目的，它必须具有两大作用，即保护发明和利用发明。根据专利法保护发明创造，这是专利制度最重要的特征。实行专利制度的国家必须有自己的专利法。而且一项发明创造可以在许多国家申请专利保护，同时世界范围内还有双边或多边条约对专利进行法律保护。目前，世界上已有 160 多个国家实行了专利制度。我国首部专利法于 1984 年 3 月 12 日经第六届全国人民代表大会常务委员会第四次会议通过，于 1985 年 4 月 1 日正式实施。此后于 1992 年和 2000 年两次修正，目前实施的专利法是 2000 年修正的，自 2001 年 7 月 1 日起实施。

(2) 科学审查

专利要取得法律保护，必须经过严格的审查，符合一定的条件，才能授予专利权，不进行技术审查就很难保证专利的质量。世界上绝大多数国家采取审查制。一般审查的内容是指对“三性”的审查，即对某项发明是否具有新颖性、创造性和实用性进行审查。为了完成对专利“三性”的审查，各国专利机构都需要拥有一批通晓各专业技术并经过法律知识专门训练的审查专家队伍，同时必须拥有完善的专利文献供审查时检索。

(3) 公开通报

公开通报,是指将发明创造的技术内容和权属以专利公报和专利说明书的形式在世界范围内进行公开。这是为了更好地实现专利的目的——利用发明而设置的。保护发明显然能起到奖励发明的作用,但单靠保护还不能完全达到奖励的目的,只有在保护的同时能够利用发明,才能达到奖励发明的目的。为使发明得到广泛利用,专利权人从申请日起就有义务将其发明内容公开,不公开或不充分公开就不能获得独占权。专利制度要求申请人以说明书的形式向社会公开发明创造的内容,为公众提供及时、可靠的技术信息。

(4) 国际交流

国际交流就是在实行专利制度的国家之间,可以依照共同参加的国际公约或双边往来互惠协定进行技术、贸易和经济等方面的交往。专利制度作为一种法律制度,建立在商品经济基础上,它使专利突破国界而成为国际商品。目前,世界上较为著名的专利国际公约有《保护工业产权巴黎公约》和《专利合作条约》。

专利制度的核心是专利法。专利法是以调整发明创造者与发明使用者之间所产生的社会关系的一种法律规范。它的实质是依照法律确认和保护发明创造的产权。专利法依据国家的宪法,规定专利的主体、客体和内容,专利权的保护形式,专利权的审批制度,专利权的期限、终止和无效,专利权人的权利和义务,以及对专利权的转让等一系列问题。它是有关专利的一切法律行为所必须遵循的法律规定,主要解决发明创造的权利归属和发明创造的使用、推广等问题。

8.2 专利文献

1. 专利文献的含义

世界知识产权组织 1988 年编写的《知识产权教程》阐述了现代专利文献的概念:“专利文献是包含已经申请或被确认为发明、实用新型和工业品外观设计的研究、设计、开发和试验成果的有关资料,以及保护发明人、专利所有人及工业品外观设计和实用新型注册证书持有人权利的有关资料的已出版或未出版的文件(或其摘要)的总称。”该教程还进一步指出:“专利文献依一般的理解主要是指各国专利局的正式出版物。”

由此可见,就广义而论,专利文献是实行专利制度的国家及国际性专利组织在审批专利过程中产生的官方文件及其出版物的总称,主要包括申请说明书、专利说

明书等各类有关文件，以及专利公报、检索工具和专利分类表等出版物；就狭义而言，专利文献通常单指专利说明书。

2. 专利文献的类型

专利文献根据其不同功能分为三大类型：一次专利文献、二次专利文献、专利分类资料。

（1）一次专利文献

一次专利文献指详细描述发明创造具体内容及其专利保护范围的各种类型的专利说明书。

（2）二次专利文献

二次专利文献指刊载文摘或专利题录、专利索引的各种官方出版物，如专利公报、年度索引等。专利公报既是检索工具，用于专利说明书的检索，又可用于及时掌握专利申请公布和专利权授予、撤销的近期信息，以及了解各国专利工作动态和法律、法规的变更情况；索引用于检索各种专利信息，单独出版，成为一种独立的检索工具。

（3）专利分类资料

专利分类资料包括专利分类表、分类定义、分类表索引等，是用以确定分类号的工具。所谓检索专利，实质上就是利用公报、索引等检索专利说明书。

3. 专利文献的分类与 IPC

专利文献数量很大，目前全世界每年出版的专利说明书达 100 多万件，全世界的专利文献总数已达 3 000 万件。科学管理专利文献，既便于专利审查员查新检索，又便于广大公众从技术主题查找。通常人们用分类的方法管理专利文献，即按照专利文献中的发明创造技术构成，分门别类地组织专利文献，从而揭示每一件专利说明书的基本内容，揭示某一技术领域都有哪些专利技术，以及各类专利技术之间的相互关系。

各国的专利分类法主要采用两种分类原则：一是按功能分类，二是按应用分类。国际专利分类表（International Patent Classification，简称 IPC）则综合这两种分类原则的优点，确定采用功能分类和应用分类相结合，以面向功能为主的分类原则。

（1）国际专利分类表及其结构

国际专利分类表第一版于 1968 年 9 月 1 日开始实行。目前已有 50 个国家和国际组织采用。我国于 1985 年也采用了此分类表。

IPC 从等级结构形式，将全部技术内容按部、大类、小类、大组、小组逐级细分，组成完整的分类系统。

1）部（Section）

整个分类表共分为8部。用英文大写字母A～H表示每一个部的类号。每个部类号相对应的类名都概括地指出该部所包含的技术范围，通常对陈述主题不作精确的定义，往往仅简要表明该部所包括主题范围的概括性特点。8个部的类号和类名如下：

A部：人类生活必需（农、轻、医）

B部：作业、运输

C部：化学、冶金

D部：纺织、造纸

E部：固定建筑物（建筑；采矿）

F部：机械工程（机械工程；照明；加热；爆破）

G部：物理

H部：电学

2）大类（Class）

每一个部按不同的技术主题范围分成若干个大类，每一个大类的类号由部的类号及在其后加上两位数字组成。每一大类号对应的类名表明该大类包括的主题内容，是对所从属的各个小类包括的技术主题的全部说明。例如：

G部：物理

G01　测量；测试

G02　光学

G03　摄影术；电影术；利用光波以外其他波的类似技术；电刻术；全息摄影术

G04　测时学

G05　控制；调解

G06　计算；推算；计数

G07　核算装置

G08　信号装置

G09　教育；密码术；显示；广告；印鉴

G10　乐器；声学

G11　信息存贮

G12　仪器的零部

G21　　核物理;核工程

在某些大类类名后有一个大类索引,它只是对该大类内容的一种情报性概要,帮助使用者尽快查找有关的技术主题位置。

3) 小类(Subclass)

每一个大类包括一个或多个小类。每一个小类类号由大类类号加上一个大写字母组成。每一个小类号对应的类名尽可能确切地表明小类的技术主题内容。例如:

G01　　测量;测试

G01B　长度、厚度或类似线性尺寸的计量;面积的计量;不规则的表面或轮廓的计量

G01C　测量距离、水准或者方位;勘测;导航;陀螺仪;摄影测量

G01D　非专用于特定变量的测量;不包括在其他单独小类中的测量两个或多个变量的装置;计费设备;未列入其他类组的测量或测试

G01F　容积、流量、质量流量或液位的测量;按容积进行测量

G01G　称量

G01H　机械振动或超声波、声波或亚声波的测量

G01J　红外光、可见光、紫外光的强度、速度、光谱成分,偏振、相位或脉冲特性的测量;比色法;辐射高温测定法

G01K　温度测量;热量测量;未列入其他类组的热敏元件

在某些小类类名后有一个小类索引,以便使用者根据索引直接进入所需的技术主题分类位置。国际专利分类的设置原则是通过各小类的类名,并结合小类的有关参见或附注尽可能精确地定义该小类所包括的主题范围。

4) 大组(Main Group)

每一个小类细分成许多大组,每一大组的类号由小类类号加上一个1~3位的数、斜线"/"及数字"00"组成。每一大组号对应的类名明确表示可检索发明的技术主题范围。例如:

G01K　　温度测量;热量测量;未列入其他类组的热敏元件

G01K1/00　　非专用于特殊类型温度计的零部件(用于减小热惯性的电路入7/42)

G01K3/00　　给出除温度瞬时值外其他结果的温度计(7/42优先)

G01K5/00　　以材料的膨胀或收缩为基础的温度测量(9/00优先;给出除温度瞬时值外的其他结果的入3/00;由液体产生蒸汽的入11/00;热启动开关入

H01H)

5) 小组(Subgroup)

每一主组可以细分成若干小组。每一个小组的类号由小类类号加上一个1~3位数,后面跟着斜线"/"符号,再加上一个除"00"以外的至少有两位的数组成。每一小组号对应的类名明确表示可检索属于该大组范围之内的一个技术主题范围,小组的类名前加一个或几个圆点表示该小组的等级位置,两个圆点从属于其紧靠着的一点的类,3个圆点从属于其紧靠着的两点的类,依次类推。圆点越多,表示分类越细,专指度越高。例如:

G01K1/02　　·指示或记录装置的特殊应用,例如:用于远距离指示
G01K1/04　　··标度
G01K1/06　　···方便读数的装置。例如:照明,放大镜
G01K1/08　　·保护装置,例如外壳
G01K1/10　　··防止化学腐蚀的
G01K1/12　　··防止过热损坏的

主组和小组的等级不是由编号数字来决定的,而是由IPC表中类名前的圆点数决定。一个完整的IPC分类号由代表部、大类、小类、主组或小组的符号结合构成。例如:

F	部:	机械工程
F02	大类:	内燃机
F02D	小类:	内燃机控制
F02D1	大组(主组):	燃料喷射泵控制
F02D1/18	小组(分组):	具有控制脉冲装置的定时喷射调节

(2) IPC(国际专利分类法)的作用

IPC是各国专利文献统一分类的工具,依据IPC表对专利文献进行分类标引后,便于对专利文献进行分类管理、检索、使用,有利于全球专利资源的共享;按分类途径检索专利信息时,IPC表是用以确定分类号的工具;利用IPC分类编排专利文献,可方便地从中获得技术上和法律上的信息;借助IPC,可对专利信息进行选择性报道;借助IPC,对某一个技术领域进行现有技术水平的调研;IPC可作为进行专利统计工作的基础,从而对各个技术领域的技术发展状况作出评价。

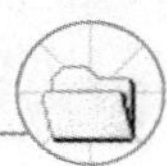

4. 专利文献的特点

与其他科技文献相比，专利文献主要有以下特点：

(1) 内容广泛，系统连续

专利制度在许多国家由来已久，因此许多国家都保存了大量广泛而系统的专利技术文献。由于专利文献保存的系统性，可以反映出技术从无到有，从低级到高级的完整技术进化史。

(2) 内容新颖，报道迅速

由于专利制度中特有的优先权原则，发明人往往会在发明完成的第一时间里提出专利申请。因此90% ~95%的发明创造会很快地首先出现在专利文献中，所以专利文献是跟踪技术创新领域最新进展的一个重要媒介。根据多个专利权威机构的调查表明，一般80%以上的专利不会再以其他形式（论文、会议等）发表。

(3) 格式统一，形式规范

各国出版的专利说明书文件结构一致，均包括扉页、权利要求、说明书、附图等内容。扉页采用国际通用的INID代码标识著录项目，引导读者了解、寻找发明人、申请人，请求保护的国家，专利权的授予等有关信息。权利要求说明技术特征，表述请求保护的范围。说明书清楚、完整地描述发明创造内容。附图用于对文字说明的补充。更重要的是，专利文献均采用或标注国际专利分类划分发明所属技术领域，从而使各国的发明创造融为一体，成为便于检索的、系统化的科技信息资源。

8.3 中国专利文献

8.3.1 中国专利文献类型

我国出版的专利文献主要包括以下类型：

1.《中国专利公报》

《中国专利公报》是国家知识产权局编辑出版的官方出版物，分为《发明专利公报》、《实用新型专利公报》和《外观设计专利公报》三种，创刊于1985年，周刊，每星期三出版。

三种专利公报所刊载的内容大体可分为三部分：第一部分公布或者公告专利申请和授权决定；第二部分发布专利事务公告；第三部分是索引。

第一部分公布发明专利申请和实用新型专利申请中记载的著录事项、摘要和摘要附图，著录事项包括该申请的名称、国际专利分类号、申请日、申请号、公开号或授权公告号等。对于实用新型专利公报的公开就是授权公告的公布。发明专利的授权公告只有著录事项。外观设计专利公报公告的除著录事项之外，还包括外观设计的各种视图或者照片，以及简要说明，不出单行本。1994 年我国参加了《专利合作条约》(简称 PCT)，中国专利局已经成为 PCT 申请的受理局，所有《发明专利公报》都增加了国际申请有关著录事项。

第二部分是专利事务。记载与专利申请的审查及专利的法律状态有关的事项。诸如申请的撤回、专利权的撤销、专利权的无效宣告、专利权的终止、专利权的继承或转让等。由于三种专利的审查方法不一，所以专利事务略有不同。

第三部分是索引。这部分将每期公报所公布的专利申请以及授权的专利，按 IPC(国际专利分类号)、专利号和专利权人编排 3 个索引，同时给出授权公告号/专利号对照表。

2.《发明专利申请公开说明书》、《发明专利说明书》

《发明专利申请公开说明书》报道的是经初步审查合格、没有进行实质审查、未授予专利权的发明专利申请的一次信息，每周出版一次。我国专利法规定，对发明专利申请实行早期公开、延迟审查制度。发明专利申请提出后，经初步审查(形式审查)合格，自申请日起满 18 个月即行公布，出版《发明专利申请公开说明书》。

《发明专利说明书》是经过实质审查并授予专利权的发明专利的一次信息，每周出版一次。因为发明专利要经过实质审查，所以申请之日起到专利权的获得，往往要经过几年的时间。在这段时间里，有的发明人会对其发明做一些修改，使其更具先进性。所以，在专利权授予时，国家知识产权局对曾做较大修改的发明出版《发明专利说明书》。同一件专利的《发明专利说明书》比《发明专利申请公开说明书》更具有先进性和参考价值。

3.《实用新型专利说明书》

我国专利法规定，实用新型专利申请只需要通过初步审查即可获得专利权。《实用新型专利说明书》是经初步审查并授予专利权的实用新型专利的一次信息，每周出版一次。

4.《中国专利索引》

《中国专利索引》由知识产权出版社编辑出版，对每年公开、公告、审定和授权的专利以题录的形式进行报道，是检索中国专利文献的一种十分有效的检索工具。

该索引 1997 年以前出版《分类年度索引》和《申请人、专利权人年度索引》两种。《分类年度索引》是按照国际专利分类或国际外观设计分类的顺序进行编排

的;《申请人、专利权人年度索引》是按申请人或专利权人姓名或译名的汉语拼音字母顺序进行编排的。两种索引都按发明专利、实用新型专利和外观设计专利分编成三个部分。1997 年开始改为三种,即在保持原来两种不变的基础上,增加《申请号、专利号索引》,以申请号数字顺序进行编排,并且改为每季度出版一次。

8.3.2　中国专利文献的结构体系与编号

专利说明书是专利文献的主体内容。专利说明书有相对稳定的结构与编号系统,掌握这些知识有助于查找专利文献的内容。

1. 结构体系

专利说明书一般由扉页、权利要求书、说明书及附图组成。

扉页主要包括发明名称、申请人(专利权人)、申请号(专利号)、专利代理情况及发明内容的摘要等内容。权利要求书表明申请人请求专利行政部门对其发明或者实用新型给予法律保护范围。说明书是专利文献的核心文件,它将发明创造的内容完整、清楚地表达出来。附图是对说明书的补充,便于用户理解实施,我国专利制度要求实用新型专利必须有附图。

2. 编号系统

我国自正式出版中国专利说明书以来,说明书的编号体系经历了 4 次变化:1985—1988 年为第一阶段,1989—1992 年为第二阶段,1993—2003 年 9 月为第三阶段,2003 年 10 月以后为第四阶段。该编号体系包括以下几种。

(1) 申请号

申请号是申请人在提交专利申请时专利行政部门给予的编号,三种专利均有申请号。申请号构成:年份 + 专利申请种类 + 流水号 + 计算机校验码。

现阶段我国的专利申请号采用国际上通行的 12 位阿拉伯数字表示,包括申请年号、申请种类号和申请流水号三部分。按照由左向右的次序,第 1 至 4 位数字表示受理专利申请的年号,第 5 位数字表示专利申请的种类,“1”代表发明,“2”代表实用新型,“3”代表外观设计,第 6 至 12 位数字(共 7 位)为申请流水号,表示受理专利申请的相对顺序。专利申请号中使用的每一位阿拉伯数字均为十进制。申请号中的年号采用公元纪年,如“2004”表示专利申请的受理年份为公元 2004 年。申请流水号一般按照升序使用,如从 0000001 开始,顺序递增,直至 9999999。

(2) 专利号

专利号是专利申请经审查合格后,专利局授权时给的号码。一项发明创造被授予专利权后,申请号即变为专利号,并在专利号前冠以 ZL 两个汉语拼音字母。

例如：ZL93105342.1；ZL93200567.2；ZL93301329.X。为便于管理，专利号和申请号相同。

(3) 公开号

对发明专利申请公开说明书的编号。发明专利申请经形式审查合格后，公开其申请说明书时给的号码，只有发明专利有此号码。

(4) 公告号

对发明专利和实用新型专利批准授权后出版的专利说明书的编号，以及对外观设计专利授权公告的（无专利说明书）编号。

公告号构成：国别＋专利申请种类＋流水号（6位数字）＋阶段代码。

例如：CN1020584C 表示发明专利授权公告号；CN2013635Y 表示实用新型专利授权公告号；CN3012543D 表示外观设计专利公告号。

8.4 中国专利文献检索

8.4.1 中国专利文献手工检索

《中国专利公报》和《中国专利索引》是查找中国专利文献、检索中国最新专利信息和了解中国专利局专利审查业务活动的主要工具书。

当知道分类号、申请人名、申请号或专利号时，就可以直接以它们为入口，从索引中查出公开（公告）号，根据公开（公告）号就可以查到专利说明书，从而了解某项专利的全部技术内容和要求保护的权利范围。若要了解该专利的法律状态，可以通过索引查出它所刊登的公报的卷期号，再根据卷期号查公报，获得该专利的法律状态；如果想了解某一技术领域的现有技术状况（即既不知道申请人，又不知道专利号，但又想了解自己所从事的发明创造项目的专利技术状况），可以根据该项目所属技术领域或者关键词，去查阅国际专利分类表，确定其分类号，从分类索引中的公开（公告）号、申请人所申请的专利名称以及公报的卷期号，查出专利的摘要，通过阅读摘要取舍是否索取专利说明书或者直接根据索引查出的公开（公告）号查阅其专利说明书。

若根据所属技术领域或者关键词难以选定国际专利分类表时，可先利用《国际专利分类表技术用语索引》或《关键词索引》（即 Official Catchword Index），按字顺查出所选主题词（关键词）相对应的 IPC 号，再根据初步查出的 IPC 号，选用 IPC

表确定详细的 IPC 号,再按确定的 IPC 号查出所需专利。

8.4.2 中国专利文献的光盘检索

国家知识产权局知识产权出版社从 1992 年起便开始出版专利文献 CD-ROM 光盘,种类齐全,每种光盘同时装载检索系统,操作较其他形式检索更加方便、快捷,并可形成自己的资源数据系统。目前,光盘已经成为中国专利文献的主要载体(共有《中国专利数据库光盘》、《中国专利说明书光盘》、《中国专利公报光盘》、《中国失效专利数据库光盘》、《中国专利文献检索系统(局域网版)》、《外观设计光盘》六大类近十几种光盘)向国内外发行。各光盘数据库的检索方法大同小异,此处不再赘述。

8.4.3 中国专利文献网络检索

检索中国专利文献的网站很多,这里介绍两个检索功能较全的权威专利网站。

1. 中国国家知识产权局

该系统由中国国家知识产权局和中国专利信息中心创建维护。从 2001 年 11 月 1 日开始对社会公众提供专利检索服务。用户可以免费获得 1985 年我国颁布专利法以来公布的所有专利文献。系统每周三更新。

通过点击 http://www.sipo.gov.cn 进入国家知识产权局网站,选择中文版进入该网站的主页,单击页面上的“专利检索”子航条,即进入专利检索界面。该网站提供菜单检索、IPC 检索两种方式,同时 IPC 分类检索兼容关键词检索。

(1) 菜单检索

菜单检索共有 16 个检索字段,在一个或多个字段的文本框中输入关键词(可以模糊输入),各检索字段之间全部为逻辑 and 运算;每一个检索字段可以输入多个关键词,各关键词之间允许使用布尔逻辑运算符。

例 1:查找青岛“海尔”公司申请的名称中包含“洗衣机”的发明专利。

1) 在菜单检索界面,选择专利检索类型为“发明专利”单选按钮。

2) 根据已知条件不能明确“海尔”公司的完整名称,所以选择模糊输入。在“申请(专利权)人”字段输入“海尔%公司”。

3) 在“地址”字段输入“青岛”。

4) 在“名称”字段输入“洗衣机”,如图 8-1 所示。

5) 单击“确定”按钮。检索结果共有 98 项发明专利,有程序控制方面的,也有

关于离合器的。

图 8-1　专利检索页面

(2) IPC 分类检索

IPC 分类检索在很大程度上提高了查全率,同时兼容关键词检索功能,缩小检索范围,提高查准率。单击检索界面左侧的“IPC 分类检索”按钮,系统便进入“IPC 分类检索”界面。界面显示 IPC 8 个部的分类号及类名(从类名的说明文字中可以了解该类的分类思想),单击分类号,逐步缩小检索范围。确定了分类号和类目后,系统在页面的右侧列出对应类下的所有发明及实用新型专利(无外观设计专利)的数量、申请号和专利名称。在“关键词”字段输入一个或多个关键词,词与词之间可以使用布尔逻辑运算符和优先运算符,单击右侧的 go 按钮即得到分类号与关键词组配检索的结果。

例 2:查找“具有预应力结构的桁架拱桥或八字形拱桥”的发明和实用新型的中国专利信息。

分析课题,确定它的学科范围应属于“E 固定建筑物”,该课题的关键词为“预

应力结构”、“桁架拱桥”和“八字形拱桥”。其检索步骤为：在 IPC 分类检索界面左侧的 8 个部中，选择“E 固定建筑物（建筑、采矿）”→“E01 道路、铁路或桥梁的建筑”→“E01 桥梁”，得到所有符合“E01 桥梁”的专利信息列表，在界面上方的关键词文本框中输入检索式“预应力 and 拱桥 and（桁架 or 八字形）”，单击 go 即可。可得到“预应力混凝土连续桁架拱桥”、“由立柱竖转形成的八字形拱桥”等检索信息。

2. 中国专利信息网

该系统由国家知识产权局检索咨询中心与长通飞华信息技术有限公司共同开发，于 1997 年 10 月建立。用户可以从该网站检索 1985 年至今的中国专利信息。

通过点击 http://www.patent.com.cn 或 http://www.patents.com.cn 登录中国专利信息网站主页，该网站提供简单检索、菜单检索、逻辑组配检索三种检索方式。

（1）简单检索

用户可以从网站首页“简单检索”下的“关键词”字段输入检索词进行简单检索，也可以单击主页的“专利检索”导航条后，在新打开的页面左侧选择简单检索方式。简单检索方式只允许输入文本字段，不包括日期型字段，如公告日、申请日、国际分类号等。

（2）菜单检索

单击主页的“专利检索”导航条后，用户可以在新打开的页面选择“菜单检索”方式。该检索提供了 17 个检索字段，用户可以选择一个或多个检索字段输入相应的检索内容，每个检索字段之间默认的逻辑关系为“且”。该检索方法与国家知识产权局网站的菜单检索基本相同，这里不再赘述。

（3）逻辑组配检索

该检索功能在国内同领域内尚属首家，每个检索式中的优先运算符可以达到两层，具有简单检索和菜单检索不可比拟的灵活性和高效性。单击主页的“专利检索”导航条后，新打开的页面就是逻辑组配检索界面。该界面的“关键词 1”和“关键词 2”的字段中分别可以输入多个关键词，关键词之间可以进行 and，or 及 not 的逻辑组配；可以通过优先运算符来限定多个关键词之间 and，or 及 not 的优先级。

例 3：查找长安大学合并前后的全部专利申请。

长安大学由原来的“西安公路交通大学”、“西北建筑工程学院”、“西安工程学院”合并而成，而“西安公路交通大学”原名为“西安公路学院”，“西安工程学院”原名为“西安地质学院”，所以在检索时应该将所有的名称考虑进去，防止漏检。检索步骤为：

1）在“检索式 1”的“关键词 1”字段中输入“长安大学 or 西安公路交通大学 or 西安公路学院”。

2）选择“检索字段 1”的下拉列表选项，限定检索式的搜索范围为“申请人”。

3）在“检索式 2”的“关键词 2”字段中输入“西北建筑工程学院 or 西安工程学院 or 西安地质学院”。

4）选择“检索字段 2”的下拉列表选项，限定检索式的搜索范围为“申请人”。

5）选择“运算关系”下拉列表选项，确定“检索式 1”和“检索式 2”之间的逻辑组配符号为 or。

6）选择“时间范围”为 1985 年 1 月 1 日至今，如图 8-2 所示。

7）单击“检索”按钮。

图 8-2　逻辑组配检索页面

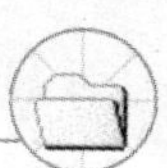

8.5 世界专利文献检索

8.5.1 德温特《世界专利索引》(WPI)

1. 概况

英国德温特出版公司(Derwent Publication Ltd)是一家专门从事专利文献搜集、摘录、标引、报道和提供原文等服务的商业性出版机构。它所编辑出版的《世界专利索引》(World Patent Index,简称WPI)是一种查找世界各国专利文献的检索工具。德温特公司从1951年创办第一种刊物《英国专利文献》之后,经过50多年的变革、补充和完善,其出版物在刊名、专业划分、编排著录格式、载体种类等方面经历了多次变化。发展至今,它共收录报道了世界上28个国家、两个国际专利组织及两种刊物上的文献,内容包括自然科学的一切学科领域。德温特公司为了突出报道重点,根据这些国家和组织的专利制度发达程度、专利文献的数量和质量以及语种等因素,把这些国家和组织划分为"主要"国家和"次要"国家。

"主要"国家:澳大利亚(AU)、比利时(BE)、加拿大(CA)、瑞士(CH)、德国(DE)、法国(FR)、英国(GB)、日本(JP)、荷兰(NL)、瑞典(SE)、前苏联(SU)、美国(US)、南非(ZA)。此外,欧洲专利组织(EPO)和专利合作条约组织(PCT)两个组织,英国《研究公开》(Research Disclosure)和美国《国际技术公开》(International Technology Disclosure)两种刊物也被列入主要国家之列。

"次要"国家:奥地利(AT)、巴西(BR)、中国(CN)、前捷克斯洛伐克(CS)、丹麦(DK)、西班牙(ES)、芬兰(FI)、匈牙利(HU)、以色列(IL)、意大利(IT)、韩国(KR)、卢森堡(LU)、挪威(NO)、葡萄牙(PT)、罗马尼亚(RO)。

2. 特点

德温特专利检索工具是一种使用价值颇高的多国专利检索工具,与其他各国的专利检索工具相比,它具有如下特点:

(1) 德温特专利检索体系报道了28个国家、两个国际专利组织及两种刊物的文献,既有周报,又有齐全的累积索引,检索范围广、查全率高。与各国专利局出版的只可用于查找本国专利文献的检索工具相比,它更加方便,用处更广。

(2) 德温特公司对世界上众多国家出版的专利文献统一用英语编写。因此,只需要用英语一个语种就可以检索28个国家、两个国际专利组织及两种刊物的专利题录和文摘。这在很大程度上解决了工程技术人员的语言障碍问题,方便他们普查世界性的专利文献。

(3) 德温特专利检索工具除报道申请者在某一主要国家或某一国际性专利组织所申请的基本专利外,还报道与该基本专利内容相同的、在其他国家申请的相同专利,并附有查同族专利的索引。这极大方便了检索人员按适合自己的语种选用专利文献,解决未收藏专利的利用问题,同时也可了解某一发明专利的专利权的国际垄断范围。

(4) 出版速度快。一般在专利说明书发表后一个月左右,即在德温特出版物中加以报道。德温特出版物除出版印刷型检索刊物外,还有缩微胶卷、光盘产品和网络数据库,可以满足不同用户的需要。

8.5.2 WPI 的检索途径及使用方法

德温特专利检索体系刊物众多,体系庞大,发展至今已形成现在的由两大部分(索引与文摘),6 个系统(WPI,WPA,CPI,EPI,EPA,Others),约 20 个支系 347 个分册组成的相当完备的世界专利文献检索体系。

由于我国订阅条件所限,大部分馆藏都不能揭示德温特专利检索体系的全貌。根据目前我国有关图书馆和科技信息所收藏情况及实际工作中用户检索的要求,在这里,我们只介绍《世界专利索引》。

《世界专利索引》由四种索引组成,即专利权人索引、国际专利分类索引、登记号索引和专利号索引。这实际上是检索各国专利文献的四条途径。下面将逐一介绍这四种索引的使用方法。

1. 专利权人索引(Patentee Index)

所谓专利权人,是指获得并占有某项发明专利权的人。专利权人大多是公司(企业)、团体机构,也有少部分专利权为个人所占有。专利权人索引的主要用途是查找某一公司(企业)或个人在各国的专利申请情况。为了便于查检,德温特公司把它报道的专利公司或个人一律用四个英文字母编成代码,出版了《公司代码手册》(Company Code Manual),其编码规则主要是:取其名称中具有实质意义的前四位字母作为该专利权人的代码。例如:M and H Plastics Ind 公司,其代码为 MHPL-;G. B. Murphy,其代码为 MURP/。

专利权人索引先按专利权人的代码字顺排,代码相同时,再按优先申请日期顺序排列。使用专利权人索引,关键是确定专利权人代码和德温特分册分类号。其检索步骤为:

第一步,确定要查找的专利权人的原文名称。如果专利权人是非英语语种国家的公司和个人,则需要把其原文名称译成英文。

第二步,按专利权人原文名称的字母顺序,在《公司代码手册》中查出其相应的四字代码,或根据编码规则自行确定代码。

第三步,用已查得的或自编的专利权人代码,在《世界专利索引》有关分册(分册按专业领域而划分)的"专利权人索引"中,按代码字顺即可逐期查检该专利权人在各国所申请的专利。

第四步,通过"专利权人索引"查得所需专利题录后,如欲再查阅专利说明书原文,凭专利号即可向有关收藏单位索取说明书原文。

例4:查找 G. BOSSERT 有关液体加热或冷却装置方面的专利。

第一步,确定专利权人代码。因为 G. BOSSERT 系个人,所以要自行编制代码,根据规定,应取姓氏中前四位字母,即以 BOSS 作为该专利权人代码。

第二步,用已编制的代码 BOSS,在 WPI 的机械分册(WPI Section Q,wk. 9403)的"专利权人索引"中按代码字序查到有关专利。

第三步,检索者若需查阅专利说明书原文,则利用专利号 DE59003671-G 直接去收藏单位借阅即可。

2. 国际专利分类索引(IPC Index)

国际专利分类索引是利用国际上通用的专利分类法来查找文献的检索途径。它是 WPI 的第二种索引,该索引按《国际专利分类表》中的字母顺序和阿拉伯数字大小排列。其检索步骤为:

第一步,确定 IPC 类号。确定所查专利的关键词;按确定的关键词字顺,在《关键词索引》(Official Catchword Index)查出相应的前三级类号;按已查得的 IPC 类号在《国际专利分类表》的相应部类中再细查其主组和分组的类号,得到与所查专利相应的完整的 IPC 分类号。

第二步,确定德温特分册分类号。可参考《世界专利索引》的附录 1——国际专利分类与德温特分类对照简表,由已确定的 IPC 类号确定德温特分册类号,然后利用该分册的 IPC 索引进行检索。

第三步,查得所需专利题录后,可根据专利号向有关收藏单位索取专利说明书。

例5:查找发动机冷却式活塞方面的有关专利文献。

第一步,确定关键词。根据课题要求,可选 Piston(活塞)和 Engine(发动机)作为关键词。

第二步,查《关键词索引》确定大类类号。按关键词(Piston)字顺查《关键词索引》(以 engine 为限定词),可知发动机活塞方面的专利所在类的大类号为 F01 到 F04。

第三步,确定细分类号。根据第二步查得的分类号可知,应查《国际专利分类表》F 分册。查简表知,发动机活塞的分类号是 F02F。再查后面的详表得冷却式活塞的详细分类号为 F02F3/22。为防止漏检,一般确定到四级类目为好。对于此例,确定到 F02F3/00 即可。

第四步,确定 WPI 分册。利用 WPI 后面的附录 1——国际专利分类与德温特分类对照简表,确定与 IPC 分类号 F02F 相对应的 WPI 分册。查得与 F02F 相对应的德温特分类号为 Q52,所以应查 WPI 的 Q 分册。

第五步,查题录。根据 IPC 分类号,查阅 WPI 的 Q 分册的《国际专利索引》,选取切题的专利文献。

第六步,查阅文摘,索取专利说明书。

3. 登记号索引(Accession Number Index)

登记号索引是德温特公司的独创,它对每一基本专利都给一个登记号。德温特公司用完全相同的登记号刊出由不同国家批准的同一内容的发明专利,即基本专利和相同专利的登记号为同一个。通过登记号就可以查找同族专利。由于同族专利收录了许多国家的专利,语种不同,因此掌握一件专利的同族专利可以帮助检索人员按外语语种选用文献,解决未收藏专利的利用问题,了解一件发明专利的专利权的国际垄断范围。

登记号索引是按德温特登记号的年份和登记号的大小顺序编排的,其查找方法是:

第一步,先在 WPI《题录周报》中查得相同专利的德温特登记号。

第二步,在同册同期的 WPI《题录周报》的"登记号索引"中,按查得的登记号年份字母代号的字顺和登记号的大小顺序即可查得其同族专利。

例 6:已知专利号 EP403767-B,查找它们的同族专利。

第一步,按照专利号 EP403767-B 的字顺在"专利号索引"中查得该专利的德温特登记号是 91-000565。

第二步,根据同册同期的"登记号索引",按登记号的顺序查得其同族专利。

4. 专利号索引(Patent Number Index)

专利号由国别代码和阿拉伯数字组成,"专利号索引"按专利国家的英文字母顺序排列,同一国家下面再按专利号大小顺序排列。"专利号索引"可以配合其他

索引使用:由专利号在“专利号索引”中查得它的登记号,据此可转查“登记号索引”,从中查得全部相同专利;根据在“专利号索引”中查得的专利权人代码,在“专利权人索引”查得有关专利的题目、专利号和报道该专利的分册分类号,这样就可在《文摘周报》中查阅文摘。

8.5.3 Internet 上的其他国外专利数据库

目前在 Internet 上可以检索到的国外专利数据库比较多,且大多可以免费使用。下面介绍网上几个主要国外专利数据库的概况。

1. USPTO 网站专利检索

USPTO 是 The United States Patent and Trademark Office(美国专利和商标局)的简称,是美国专利和商标局提供的基于 Web 的网上免费专利信息数据库检索系统,网址为 http://patft. uspto. gov。该网站允许用户检索自 1976 年以来所有美国专利的全文和图像资料。USPTO 网站有两个数据库可供检索:全文库和目录库。

目录库只能检索专利的扉页,其上记录有发明人姓名、专利号、专利标题、专利公布日期、专利摘要、参考专利等项著录内容。全文库可以检索专利中所有的内容。每个库都有三种检索方式:布尔逻辑检索、高级检索和专利号检索。

该数据库除了可以对 1976 年 1 月 1 日以来的所有专利进行全文检索外,还可以查看专利中每页的图片。

2. esp@ cenet 网站专利检索

esp@ cenet 是 Europe’s Network of Patent Databases 的简称,是欧洲专利组织通过其 18 个成员国的专利机构局在因特网上免费向用户提供专利信息检索的站点,其网址为 http://ep. espacenet. com。该网站服务的具体内容包括检索最近两年内由欧洲专利局和欧洲专利组织成员国出版的专利,世界知识产权组织(WIPO)出版的 PCT 专利的著录信息以及专利的全文扫描图像。esp@ cenet 还提供欧洲专利局所收集的 1920 年以来的世界各国专利信息的检索,其中 1970 年以后所收集的专利都有英文的标题和摘要可供检索。

3. IPDL 网站专利检索

它是由世界知识产权组织建立的知识产权电子图书馆,其网址为 http://ipdl. wipo. int,主要提供专利信息的检索服务。其中包括 PCT 国际专利数据库,马德里专利快报数据库和 JOPAL 专利相关文献杂志数据库。该数据库提供简单检索和高级检索,其检索规则与美国专利全文数据库相类似,用户可在网上免费获得专利说明书。此外,在其主页的 Links 中,列出了近 20 个国家知识产权机构的网址。

4. PCT 网站专利检索

PCT 是 Patent Cooperation Treaty(专利合作条约)的简称,是由世界知识产权组织提供的基于 Internet 的免费专利数据库检索系统,其网址为 http://pctgazette. wipo. int。目前该数据库可检索自 1997 年 1 月以后公开的所有 PCT 国际专利说明书的扉页、题录、文摘和图形。数据库数据在每周公开日及时更新著录项、摘要等内容,并提供英语与法语两种工作语言。

5. 日本专利数据库检索

日本专利数据库是由专利局提供的基于 Internet 的免费查询专利检索系统,该数据库收集了各种公报的日本专利(特许和使用新案),采用英语和日语两种工作语言,收录了 1994 年至今的日本专利的题录和摘要,并定期更新。它由专利文献(说明书)图像、书目数据以及专利文献的文本组成,通过对书目数据和文本数据进行检索时所命中的专利列表,可调出相应专利说明书的图形文件查看或下载。

6. 加拿大专利数据库检索

加拿大专利数据库是由加拿大知识产权局(CIPO)专门为从 Internet 上检索加拿大专利而建立的 Web 站点,其网址为 http://patentsl. ic. gc. ca/intro-e. html。该数据库收录了自 1920 年以来近 150 万件加拿大专利,包括专利的著录项目数据、专利的文本信息、专利的扫描图像。该数据库提供四种检索途径:专利号查询、基本文本查询、布尔文本查询和高级文本查询。

思 考 题

1. 何为专利? 专利文献包含哪些内容?
2. 如何检索中国专利文献?
3. 如何检索国际专利文献?

9 信息服务机构及服务模式概述

9.1 图书馆

9.1.1 图书馆简史

在人类文明发展的历史长河中,知识的积累和继承发挥着极大的作用。正是由于人类知识的不断继承和发展,才形成了推动人类社会不断延续前进的巨大力量。而人类知识的交流、积累和继承主要是依靠文献记载来进行的,如图书、期刊、报纸等。伴随生产的发展和科学技术的进步,人类知识逐渐丰富,文献的生产出版量不断增加,需要建立专门的机构来从事文献的收集、整理和保存工作。图书馆就是为了适应这种客观需要而产生和发展起来的。所以说,图书馆是专门用于文献积累、交流和保管的重要机构。

图书馆的英文 Library,是从拉丁文"Liber"(指树木的内皮,可晒干用做书写的材料)演化而来的,意思是"放书的地方"。我们现在所用的"图书馆"一词是日本人所创。1896 年,"图书馆"一词引入我国。《辞海》解释为:图书馆是搜集、整理、收藏和流通图书资料,以供读书、学习和参考研究的文化机构。其包含两层含义:其一,图书馆是收藏图书资料的地方;其二,图书馆收藏的图书资料是供人使用的。藏是用的条件,用是藏的目的。

图书馆的发展在我国经历了三个阶段:藏书楼、近代图书馆和现代图书馆。

1. 藏书楼

早期的藏书机构叫藏书楼,其名字五花八门,有文馆、书院、文津阁等。殷商时代,我国就有了比较成熟的文字和"甲骨文书"。"甲骨文书"的大量出现和使用,使得专门的管理和收藏成为必然。据考古学家发现,殷商时代已经产生了专门保管甲骨文的史官,并且建立了专门收藏保管甲骨文的库房。这可以看做是图书馆的萌芽。秦朝时,秦始皇在都城咸阳的阿房宫设有专门的藏书机构,并设有"柱下

史"负责管理。汉武帝时,皇帝下令"大收篇籍,广开献书之路",第一次由政府下令征集图书,并在宫内建立了收藏图书的馆舍。这可以说是历史上明确记载的国家图书馆。

从三国、两晋、南北朝到隋唐五代,图书馆有了进一步的发展。宋代是我国雕版印刷术的黄金时代,图书数量大量增长,图书馆也得到了迅速的发展。宋代初期,国家图书馆就有"史馆"、"昭文馆"、"集贤馆"。其时,私人藏书也进入了新的发展阶段。后来又出现了藏书丰富的书院,如著名的江西白鹿洞书院、湖南的岳麓书院、河南的应天书院和篙阳书院,世称天下四大书院。

到了清代,封建社会的图书出版事业达到了最高峰。这时的文渊阁(在北京)、文津阁(在承德)、文源阁(在北京圆明园内,今仅存遗址)、文溯阁(在辽宁)、文宗阁(在江苏)、文汇阁(在江苏)、文澜阁(在浙江)等七阁,是主要的皇家藏书楼。

2. 近代图书馆

近代图书馆的产生与资本主义的发展是紧密相连的。首先,欧洲产业革命以后,大机器生产得到了推广,印刷行业也开始使用机器印刷书籍。机器印刷业的出现,使得文献能够大批量生产,给近代图书馆的发展提供了重要的物质条件。

鸦片战争后,我国的封建文化受到了西方资产阶级文化的冲击,带有封建性质的藏书楼逐步解体,而为公众服务的公共图书馆则不断出现,并得到了发展。1904年,在浙江绍兴出现了第一所向社会开放的公共藏书楼——古越藏书楼。同年,我国第一个省级公共图书馆——湖南图书馆诞生,我国第一次使用"图书馆"这一名称。1912年,我国国家图书馆——北京图书馆的前身京师图书馆,正式对外开放。到辛亥革命前后,许多省城纷纷建立省立公共图书馆,旧时以"楼"、"府"、"阁"、"院"、"殿"等为名的藏书楼也改称图书馆,从而掀开了我国近代图书馆的发展史。

3. 现代图书馆

新中国成立以后,由于劳动人民当家做主,图书馆真正成了为人民服务的文化教育机构。党的十一届三中全会以后,图书馆事业开始进入了一个崭新的发展时期。现在,大大小小的图书馆(室)已经遍布祖国大地,形成了庞大的图书馆网,在国家的两个文明建设中发挥着重要作用。

9.1.2 图书馆的类型与功能

在研究性学习的过程中,一些人常有这样的体会:有些参考资料在学校图书馆根本找不到,但在专业图书馆却很容易地找到了。这是因为,不同的图书馆藏书范

围不同。因此我们必须了解图书馆的类型、藏书范围等。

1. 图书馆的类型

图书馆作为文化、科学、教育机构，种类繁多，大小规模不一，按其所属主管部门和服务对象不同，这些数量众多的图书馆可以划分为几种各有特色的类型。为了方便同学们利用图书馆，将其划分为以下几个主要类型：

(1) 公共图书馆。公共图书馆是面向社会公众开放的图书馆，担负着为大众服务和为科学研究服务的双重任务。其中，为大众服务，普及科学文化知识，提高全民科学文化水平是它的首要任务。它的藏书非常广泛，内容涉及各个学科，兼顾通俗性、学术性，如文学作品、传记资料、家居旅游资料、音像制品等。除满足一般读者的需求外，公共图书馆都会有一些具地方特色的馆藏，如首都图书馆的地方志文献特藏。我国的公共图书馆按行政区划建立，包括省、市、自治区图书馆，如上海图书馆、广东省立中山图书馆等。

(2) 高等院校图书馆。大学图书馆是学校的文献信息中心，是为学校教学、科研服务的学术性机构。它的主要职责是通过提供文献信息资源和服务，保证所属大学完成教学、科研任务。

(3) 科学和专业化图书馆。这类图书馆是指中国科学院、中国社会科学院系统及各研究所的图书馆，还有政府部门及其所属研究院(所)和大型厂矿企业的技术性图书资料室，以及一些专业性的图书馆。其服务对象主要是各种专业人员，主要任务是为科学研究和生产技术开发服务，其藏书的学科专业性强，一般按所属单位的科研、生产任务建立藏书体系。它非常注重国内外专业信息资料的收集，其收藏重点是能够支持本单位科学研究的专著、学术会议录、学术期刊和参考工具书，国外文献占很大的比例，特别是国外期刊。

(4) 中小学图书馆。从规模上看，中小学图书馆(室)大多数都是小型图书馆(室)。教育部2003年制定颁发的《中小学图书馆(室)规程(修订)》规定：图书馆是中小学的书刊资料信息中心，是为学校教育、教学和教育科学研究服务的机构。其基本任务是：贯彻党和国家的教育方针，采集各类文献信息，为师生提供书刊资料、信息；利用书刊资料对学生进行政治思想品德、科学文化知识等方面的教育；指导学生课外阅读，开展文献检索与利用知识的教育活动；培养学生收集整理资料、利用信息和终身学习的能力；促进学生德、智、体、美等全面发展。

9.1.3 图书馆的主要服务项目

图书馆为读者开展的主要服务项目包括：

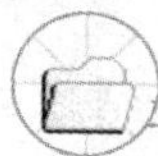

1. 借阅服务

文献借阅是图书馆最基本也是最重要的服务项目,分为外借和馆内阅览两种形式。读者可以利用图书馆目录卡或网络查询系统查询所需要的文献资料,然后到书架上索取,在馆内阅读或外借。各馆对外借书刊都有借阅册数和期限的不同要求,许多有条件的图书馆还开展了网上图书续借、预约借书服务。

2. 馆际互借

馆际互借(Incerlibrary Loan),是帮助本校教师和其他工作人员、学生,从其他图书馆或文献收藏机构获得本校图书馆未收藏的文献资料。同时,本着互惠的原则,也为其他图书馆的读者提供文献资料,从而相互利用对方的文献来满足读者需要的一种服务方式。它是实现资源共享的一种重要手段。

开展馆际互借的图书馆或其他文献收藏机构之间,首先要签订互惠协议和互借规则,并保证严格遵守。其具体服务方式一般有两种:

(1) 在同地区内,互发通用借书证,由读者自己到有互借关系的任何一个图书馆或其他文献收藏机构利用文献。

(2) 图书馆员帮助读者获取文献。首先,由读者向图书馆馆际互借处提出申请,网络条件较好的大学里,读者可利用电子函件传送申请。再由馆员确定拥有所需文献的图书馆和可接受的价格后,或前往该图书馆将文献借出、复印带回,或向该馆发送馆际互借申请,由对方将所需文献传递过来。馆际互借处收到读者所需文献后,通知读者。

馆际互借允许图书外借或部分复印(由于涉及版权问题),但期刊论文或会议论文、专利说明书、标准文献仅提供复印件,国外学位论文则需要购买版权方可获得,音像型文献、计算机软件通常不外借。

3. 参考咨询服务

图书馆工作者大部分受过专业的图书馆教育和培训,对馆内的各种情况比较了解,且具有相当的专业知识水平。在利用图书馆的过程中,读者如有任何问题,均可通过口述、电话、E-mail 等方式进行咨询。

4. 读者教育与阅读指导

读者教育的目的,一方面是向读者宣传和介绍图书馆的资源和服务,使其掌握利用图书馆及其馆藏资源的基本知识和技能;另一方面要提高读者的阅读能力、信息素质。图书馆的读者教育和阅读推广活动形式多样,主要有:出版推荐书目、馆刊,给读者推荐好书、新书;开展“走进图书馆”活动,组织读者参观图书馆,对读者进行图书馆知识的宣传与辅导,使读者对图书馆的工作流程有全面的了解;通过读

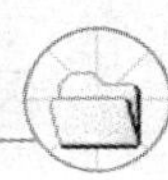

书会、读书沙龙、读书夏令营、读书讲座等形式开展读书活动等;开设图书馆选修课,辅导读者使用图书馆目录、利用二次文献。

5. 信息检索服务

信息检索服务包括印刷本信息检索和电子信息检索的服务。

(1) 代查代检服务:以馆藏专业数据库、国内外联机数据库系统及丰富的网络资源为支持,接受读者委托,进行各类专业定题信息检索,如个人论文收录及被引用情况的咨询服务,并依据检索结果出具检索证明。

(2) 科技成果查新服务:通过手工检索和计算机检索手段,运用综合分析和对比方法,为评价科研立项、成果奖励、专利发明等新颖性、先进性课题提供公开公知的文献资料,并以此作为事实依据。它是一种公众性信息咨询服务工作,简称科技查新。

6. 现代技术服务

现代技术服务,是指对读者提供现代化技术服务。它包括论文打字、文献复印、磁带复录、报刊资料装订、图文扫描以及开放电子阅览室等。读者不仅可以借阅电子出版物,而且可以欣赏 VCD 或在网上漫游。

9.2 情报研究所(信息研究所)

9.2.1 情报研究所(信息研究所)概念

情报研究所,又称信息研究所,是专指从事科技情报工作的特定组织和单位。情报研究所是通过有组织地对情报进行收集、整理、加工、存储、检索、报道和分析、研究等业务活动,及时而准确地传播、交流情报,使之得以充分有效地利用,从而实现并提高情报的经济与社会价值,使之为社会服务的信息服务机构。

根据不同情报研究所的条件,它们分别承担了文献中心、情报检索中心、情报分析中心、情报交流中心、情报咨询中心、数据中心等职责。随着我国科技情报事业体制改革的深入和发展,各级情报研究所面临着面向市场而存在的机遇和压力。

9.2.2 情报研究所的经营决策目标

面对社会信息需求日益增长和其他信息机构激烈竞争的态势,情报研究所必须做出正确的经营决策。其经营决策目标有二:一是发挥其社会公益性的信息服

务职能,为社会提供及时的信息服务;二是要针对社会的需求和自身的某些条件优势推出有特色的信息产品和信息服务,满足社会高层次、多方面的信息需求,提高自身在信息服务业的中心地位。

9.2.3 情报研究所的信息服务优势

根据迈可尔·波特在对企业竞争环境分析中提出的5种作用力理论,可以得出结论,情报所信息服务的竞争力大小取决于:在信息服务行业内的竞争力;与信息服务用户的讨价能力;与信息源的供应渠道的砍价能力;与信息服务或信息产品的替代品的竞争力;与欲进入信息服务领域的其他信息服务提供者的竞争力。

情报研究所信息服务的竞争力在竞争环境中的5种竞争力大小取决于其自身的竞争优势。情报研究所信息服务的竞争优势包括多方面,具体有以下几种。

1. 信息资源优势

信息资源是情报研究所重要的生产要素,信息资源的丰富程度、信息资源的优势及信息资源与其他信息生产要素的配置如何,决定了信息服务机构生产信息产品和提供信息服务竞争力的强弱。情报研究所拥有丰富的或最新的信息资源,这是它们提供信息产品和信息服务的基础,也是这些机构较其他机构或单位具有的资源优势。

2. 营销网络优势

情报研究所拥有的信息产品销售网络和信息服务网络是情报研究所参与竞争的基础条件。网络密集程度或网络延伸的长度如何将直接对情报研究所销售信息产品或提供信息服务产生极大的影响,会直接关系到情报研究所的竞争力。

3. 经验优势

具有从事信息服务和生产信息产品的经验也是情报研究所必须具有的竞争优势之一。首先,具有经验优势的情报研究所在经营过程中可使学习曲线有利于该信息服务机构。其次,经验优势能使情报研究所有能力应对在经营过程中出现的各种问题,减少不确定性。再次,经验优势可减少进入者的威胁,在与新进入者的博弈中占有优势。

4. 技术和人才优势

由于信息产品的生产和信息服务是智力活动的产物,它需要多种技术的支持和优秀的人才资本。因此,技术和人才是信息产品生产的重要生产要素,也是信息服务的必要条件。情报研究所拥有技术和人才优势是其在经营活动中具有竞争力的必要条件,更是从事信息产品和信息服务的进入条件。如对于从事信息咨询业

务的专业情报研究所而言，必须具有专门的人才并掌握专门的技术作为其从事业务的条件，这种条件构成了该信息服务领域的进入障碍。

5. 形象优势

情报研究所具有良好的社会公众形象，对于其销售信息产品和提供信息服务是极其重要的。良好的形象可使公众对信息服务机构产生信任感，其提供的产品和服务也更易于被接受。同时，对于用户来讲，也乐于向该信息服务机构咨询和购买信息。情报研究所的这种竞争优势是靠信息服务机构长期的优良服务所产生的，短期内是不可能具有的。如图书馆和情报研究所作为公益性的信息服务机构，长期服务于社会的信息和知识需求，树立了良好的社会形象，这种优势大大提高了图书馆和情报研究所在信息经营活动中的竞争力。

9.2.4　情报研究所信息研究的内容

情报研究所信息研究的内容涉及信息服务和信息产品生产的4个方面。

（1）信息服务内容和信息产品种类的选择；

（2）提供信息服务和信息产品时机的选择；

（3）信息服务和信息产品服务对象的选择；

（4）信息服务和信息产品营销策略的选择。

9.2.5　情报研究所实例分析

中国科技信息研究所成立于1956年，是国家科学技术部直属的国家级综合性科技信息机构。根据国家经济、科技和社会发展的需求，主要从事科技文献收藏与服务、数据库建设、信息分析研究、信息服务网络基础设施建设、情报学人才培养、媒体出版等业务。50多年来，中国科技信息研究所作为国家级的科技信息研究机构，已在国内外形成了极其广泛的影响，在我国文献工作的基础研究、为领导提供决策咨询服务、中文信息资源建设、联机信息检索的发展、中国科技信息网络的建立等方面发挥了重要作用。

在科技信息体制改革的推动下，为了适应社会主义市场经济，中国科技信息研究所积极行动起来，为社会提供急需的信息服务和信息产品，并成立了万方数据公司。目前，万方数据公司已建立了包括科技信息系统、数字化期刊、企业服务系统、医疗信息系统在内的资源系统和包括服务系统、认证系统、记账系统、更新系统和发布系统在内的软件系统，以上两大系统通过镜像站点方式提供服务。同时，万方数据针对不同的用户需求开发了依托光盘和网络联机为媒介和信息传递方式的信

息服务及信息产品,并取得了极大的成功。

万方数据公司能在信息服务领域取得成功主要有以下三点原因:

(1) 充分发挥和利用了中国科技信息研究所的信息资源优势、技术人才优势、遍及全国的科技信息服务网络优势和公共形象优势。

(2) 具有明确的经营目标。万方数据公司的经营目标非常明确,就是全力做好满足市场需要的数字化信息服务,并在经营决策中始终坚持这一目标。

(3) 适应信息环境。随着我国科技和经济的发展,社会各行各业对信息产生了旺盛的需求,特别是伴随着计算机技术、网络技术、通信技术的广泛应用,人们已不满足于传统媒介的信息传递和存储。万方数据顺应了这种信息需求,大力发展数字化信息资源建设和信息服务,取得了成功。

9.3 档案馆

按照《档案法》等法律法规的规定,根据“统一领导,分级管理”的原则,对国家全部档案和全国档案工作,必须设置全国规模的档案机构进行管理。各级机关的档案,由机关内设立的档案室(处、科)集中管理;各级机关形成的需要长远保存的档案、历史上形成的档案,设立各级各类档案馆统一保管;全国的档案工作,由各级档案行政管理机关统一、分层负责地进行监督和指导。这些保管档案和管理档案工作的机构,在全国范围内构成了一个严密、完整的组织体系。我国档案馆类型多样,划分角度也各不一样。根据《档案法》、《档案法实施办法》中对我国档案馆类型的分类,我国档案馆主要可分为各级国家档案馆、专业档案馆(含专门档案馆、部门档案馆)和企事业档案馆三大类。

9.3.1 国家档案馆

我国国家档案馆一般可分为历史档案馆和综合性档案馆两类。历史档案馆包括中国第一历史档案馆(主要保存明、清中央机构的档案)和中国第二历史档案馆(主要保存民国时期各个政权中央机构的档案)。综合档案馆一般分别隶属于各级党和政府,收集保管党和国家在各方面管理活动中形成的档案。综合档案馆是统一保管党和政府机关档案的管理部门,它既是党的机构,又是国家的机构。根据《档案法》和有关文件的规定,我国档案馆是党和国家的科学文化事业机构,是永久保管档案的基地,是科学研究等各方面利用档案史料的中心。

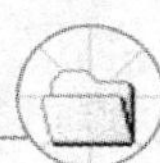

9.3.2 专业档案馆

1．专业档案馆的发展

专业档案馆是指国家专门管理某一方面或某一特殊专业和技术活动中形成的档案而设置的档案馆。它的具体含义既可以体现在其专业职能上，也可以体现在馆藏档案载体的特殊内容和形式上。从我国已有专业档案馆的设置形式来看，有全国性专业档案馆、地方性专业档案馆和某一专业系统建立的专业档案馆。

最早建立的专业档案馆是1952年成立的集中管理全国地质档案资料的地质资料馆。1958年9月，中国电影资料馆成立；同年，测绘资料馆成立。此后，从20世纪60年代至80年代，先后建立了机械工业部档案馆、铁道部档案馆、外交部档案馆、测绘档案馆、气象档案馆、交通部档案馆、邮电部档案馆、中国人民解放军档案馆、中国照片档案馆等一系列的专业档案馆，分别集中统一管理本系统或本部门的档案。有些专业档案馆同时还负责对本系统的基层档案工作进行指导、监督和检查。

专业档案具有专业技术性强、数量庞大等特点，这决定了有必要对专业活动中形成的档案进行集中统一管理。但伴随着我国政治经济体制改革的展开和深入，专业档案馆的设置也有所调整。

2．专业档案馆的类型

我国专业档案馆的类型多样，设置标准也较复杂，现择其概要进行介绍。

（1）特殊载体档案馆

目前，我国已经建立了照片档案馆、电影资料馆等特殊载体档案馆。由于音像档案等特殊载体档案是以化学材料和磁性材料为载体的，其理化性质与纸质档案有着明显不同，因而对其保管也有特殊要求，有必要设立专业档案管理部门。但随着我国一些档案管理机构保管条件的改善，在现有档案馆中设置专门档案库房也不失为一种可行办法。

（2）城市建设档案馆

城市建设档案是指在城市规划、建设及其管理工作中形成的应当归档保存的文字、图表、声像等各种载体的文件材料。它是城市规划、建设及其管理工作的真实记录，是城市建设和发展的重要依据。根据国家的要求，我国20万以上人口的大、中城市应建立城市建设档案馆。它是我国科技专业档案馆中筹建较早、近几年发展较快的一种专业档案馆类型，是集地域特征与专业特征于一身的专业档案馆。

根据《全国档案馆设置原则和布局方案》的有关规定，城市建设档案馆被列入各级国家档案馆下的专业档案馆序列，它是为社会提供城建档案的利用和咨询服务的科技文化事业单位。

(3) 部门档案馆

部门档案馆是指在某一专业系统内，为保管某类专门档案而设置的档案馆类型，这种类型的档案馆是专业档案馆中情况最为复杂的一种。外交部档案馆、公安部档案馆、铁道部档案馆、交通部档案馆等多可归入此类。这类档案馆中的一部分在设置时既考虑到了专业特色，又考虑到了地域特色。从其主体来看，一般可以将其看做是公共性质的档案机构。有的部门档案馆不仅是一个保管档案的业务机构，同时它还负责对本系统基层单位的档案进行指导、监督和检查。

9.3.3 企业档案馆

企业档案馆是20世纪80年代中后期出现的一种档案馆类型。目前，我国已建立了近300个企业档案馆，《全国档案馆设置原则与布局方案》也将大型企业档案馆纳入了档案馆馆网规划。

1. 企业档案馆的含义、特点和职能

(1) 企业档案馆的含义

企业档案馆是收藏和管理本企业档案的档案馆。这主要是从功用上对企业档案馆进行的概括。这一定义主要包含三个方面的内容：企业档案馆具有档案馆的一般属性；企业档案馆收藏和管理本企业档案；企业档案馆主要是服务本企业。

由于企业档案馆是企业的有机组成部分，作为企业的内部组织机构，它必须服从和服务于企业的中心工作，必须为企业的决策和管理服务。企业档案馆的服务方向和服务范围主要是面向企业，同时还要面向社会。

(2) 企业档案馆的特点

企业档案馆具有综合性的特点。企业档案馆是保存本企业档案的基地。在企业管理工作中形成的档案种类繁多，既有党政工团文书档案、科技档案、会计档案，又有经营管理档案、生产技术管理档案等，其馆藏内容具有综合性。企业档案馆还具有专业性特点。企业档案构成中，科技档案所占比重极大，企业档案馆主要围绕专业性突出的科技档案开展工作。同时，根据企业类型的不同，企业档案的专业性特色也相互区别。

企业档案馆综合性与专业性并存的特点，决定了企业档案馆既不同于国家综合档案馆，又不同于专业档案馆。它在档案收集范围、服务方向和工作方法等方面

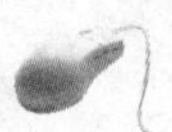

都有一定的独到之处。

（3）企业档案馆的职能

企业档案馆作为企业内部机构，它的主要职能包括以下几个方面：首先，企业档案馆作为全国档案馆网络体系中的一员，要存储保存好企业档案，作为企业档案信息的利用中心，向本企业和社会各方面提供服务，并根据有关规定定期或不定期向国家档案馆移交对国家和地方具有重要意义的档案。其次，负责本企业档案的收集、整理、鉴定、保管和统计工作。企业档案馆为了实现档案信息服务于企业管理的目的，应对档案信息进行管理，并建立完善的档案检索体系，努力实现档案管理的现代化。第三，编研档案信息，开发档案信息资源。企业档案馆的服务对象主要是对内，同时兼顾对外。为此，企业档案馆应该针对企业管理活动的变化，有选择地编研档案信息，为企业管理活动的顺利展开提供服务。第四，企业档案馆还应该编辑公布企业档案史料，以满足社会各方面的需要。第五，宣传教育职能。通过举办档案展览，宣传企业生产、经营和科学技术发展等方面的情况，从而增强企业管理者和社会的档案意识。

2. 企业档案馆的设立

国家档案局1996年发布的《企业档案馆申报登记办法》规定了建立企业档案馆的条件及相应标准，这对于规范我国国有企业档案馆的建立具有十分重要的作用。一般看来，企业档案馆的设置应具备以下几个条件：

第一，设置档案馆的企业必须是大型以上企业和企业集团，特别是那些资本密集、技术密集、生产过程联系紧密，对专业化分工协作和规模经济要求较高的企业，以及特殊行业、国家垄断性行业的大型以上企业。随着以公有制为主体，多种所有制经济共同发展的基本经济制度在我国的确立，除国有企业以外，集体企业、个体企业、私营企业、联营企业、股份制企业、中外合资合作经营企业、外商投资企业等各种类型的企业将同时并存。对上述国有企业以外的企业是否设立企业档案馆应由各企业视其具体情况而定。

第二，企业档案馆的设置必须考虑到企业档案工作的基础状况。只有档案综合管理水平较高、企业档案工作制度与网络较为健全和有一定档案信息开发能力的企业才具备建立企业档案馆的条件。

第三，企业档案馆在机构设置上应是企业的内部机构，经费由企业自行解决。

第四，企业档案馆在设置时可以考虑实现档案、图书、情报资料的一体化管理，从而实现信息资源的综合开发利用，这也有利于提高企业信息管理的效率。

此外，与企业档案馆在设置方法上十分相近的还有事业单位档案馆。目前在我国出现的事业单位档案馆主要是高等学校档案馆。事业单位档案馆与企业档案馆的建设一样,都是我国政治经济体制改革和档案馆网络建设发展的结果。虽然事业单位档案馆与企业档案馆在设置上存在一些不同特点,但从其基本性质与基本职能上看,两者有很多相似之处。

9.3.4 档案室

档案室是各机关(包括团体、学校、工厂、企业、事业单位等)统一保存和管理本机关档案的内部机构,是整个机关的组成部分,是属于机关管理和研究咨询性质的专业机构。党、政、军等机关单位的档案室又是机关的机要部门之一。从全国档案工作来说,档案室是国家档案工作组织体系中最普遍、最基层的业务机构。

我国档案室数量大、分布广、类型复杂,主要有以下类型:

1. 普通档案室

普通档案室通常也称机关档案室、文书档案室,它主要是负责管理机关的党、政、工、团文书档案。这种档案室在全国数量最多,设置最为普遍。党政机关、团体、学校等单位的档案室都属于这类。

2. 科技档案室

科技档案室科技档案室是指保管科技档案(一般也管理科技资料)的专门档案机构。在工厂、设计院、科学技术研究院等单位一般都设有科技档案室。科技档案室主要是为本单位生产和科研服务,同时,在确保国家技术信息秘密的前提下,也应及时组织科技档案情报的交流,对外实行有偿服务,为技术转让提供档案资料。

3. 音像档案室

音像档案室即保存影片、照片、录音带等特殊载体的档案室。电影公司或制片厂、新闻摄影部门、广播事业部门等单位一般都设有这种档案室。其他各类机关也会在日常工作中形成一些照片、录音带等特殊载体的档案,但由于数量十分有限,因此,一般不专设这种档案室,而是由普通档案室统一管理。

4. 人事档案室

这种档案室的设置较为普遍。由于人事档案自身的特殊性,它一般与其他各类档案分开管理,这就有必要专门设立人事档案管理的部门。它通常依附于机关内人事管理部门或组织部门,有的也称干部或职工档案室。

5. 综合档案室

这是机关建立的综合性档案管理机构,它统一管理本机关形成的各种普通档案、专门档案和特殊载体档案。随着机关档案综合管理的发展、综合档案室本身在投入上的加大与信息开发利用上所具有的优势,近年来,综合档案室的数量迅速增加,普及率大大提高。

6. 联合档案室

同一地区,特别是同一市镇内的一些机关联合起来设立一个档案机构,负责保存和管理这些机关形成的档案,这种机构通常就是联合档案室,或称为档案服务中心。有的地方还建立了介于机关和档案馆之间的过渡性的档案管理机构——"文件中心"。

7. 档案信息中心

一些大型企业单位正在试行档案、图书、情报的一体化管理,它是在原有图书机构、档案机构或情报机构的基础上设立的统一的信息管理实体机构。这种组织形式便于建立计算机管理系统,实行现代化管理,同时也有利于实现对信息资源的联合开发利用。

9.4 病案室

9.4.1 病案的作用

病案是医院经营的原始记录,记录着诊断、治疗及收费等一切医疗过程。病案资料不仅是医疗、教学、科研的重要资源,也是发生医疗纠纷时进行技术鉴定的重要依据。病案作为法律文书,其重要性在医疗纠纷、医疗保险、商业保险、科学研究等诸多事物中得到充分体现,成为患者在医院所有医疗行为最重要的见证。因为其重要性,无论是患者对医疗产生疑问时,还是医疗保险部门、商业保险公司支付费用时,均要以病历为依据。

随着参加医疗保险和商业保险人员的增加,以及人们法律意识的增强,病案作为患者在医院诊疗过程的原始记录和凭证越来越受到人们的重视。

9.4.2 病案室的服务

医院病案室是收集全院病案的地方。当病人出院时,记录整个医疗过程的病

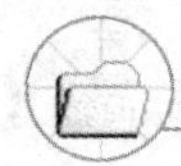

案就送到了病案室进行整理、归档。一般来说，病案室提供如下几种服务：

1. 病案收集服务

病案收集服务主要有两种形式：一是上送，即由科室或收费处将出院病案上送到病案室；二是下收，即由病案室工作人员到科室或收费处将出院病案回收。不管采用哪种形式，病案室工作人员都应主动了解情况，征求有关人员意见，针对具体情况，及时采取有力措施，使出院病案能及时归档，以便利用。

2. 流通阅览服务

流通阅览是整个病案室工作水平的集中体现，是病案室的利用能否达到最佳程度的关键所在。因此，要重视做好流通阅览的服务工作，积极创造条件，增加或延长开放时阅，开展在一定范围内的预约、借阅或送病案上门等服务。对外借的病案要及时催还，对确有特殊用途的，灵活掌握，适当照顾，努力为用户利用病案提供方便，促进病案的流通。

3. 咨询解答服务

对单位或个人在工作中遇到的一些疑难问题，病案室工作人员要运用所掌握的知识，认真予以解答，主动帮助解决疑问，提供良好服务。

4. 病案复印服务

对用户所需病案中的有关资料，应主动提供复印服务，根据具体情况和有关规定，该摘录的摘录，该帮助复印的复印。

5. 检索查询服务

检索查询可以使病案室的病案资料得到充分的揭示和利用，节省用户查找利用病案的时间，避免或减少在科研工作中的重复劳动，提高医院医疗科研水平。尤其是联网检索作用更明显，可以对专门用户、重点科室的科研攻关项目提供定题服务、跟踪服务，有针对性地进行主动服务。

6. 病案宣传服务

采取多种形式宣传病案，提供服务。医院经常有新的病种、病例以及新的诊疗技术的实施，对此，病案室工作人员会注意收集整理，及时宣传报道，让广大用户及时了解病案的最新信息和动态。因为医院的病案用户最为关心的是新的诊疗技术在临床的应用，新病例、病种及疑难病症救治的经验，对具有这些特殊情况的病案，只有及时快速地报道，才能充分发挥其作用。

7. 病案管理服务

对归档的病案要科学管理，才能更好地提供服务：一是及时整理装订；二是准确排序上架；三是及时抽出备用；四是做好病案流动标示；五是库房要合理布局，有

关标志要清晰醒目,以便查找。

8. 其他服务

开展报告会、演讲会、展示会等,介绍情况,传播知识,扩大影响,以及参加查房、临床讨论和其他有关会议,了解情况,提供信息,搞好服务。

思 考 题

1. 信息服务机构包含哪些?
2. 图书馆如何开展信息服务?
3. 情报研究所、图书馆、档案馆开展的信息服务有何不同?

10 医学信息分析及医学科研选题

10.1 信息分析概述

信息的分析研究是信息工作的重要组成部分，是信息活动中的一种创造性劳动，信息分析有时是情报研究的同义词，是一种对信息定向选择和科学分析的研究活动，指按特定的需要有目的地对信息进行深度加工的过程。信息加工的过程就是对信息进行鉴别、评价、筛选、揭示、整序、分析、提炼、组织、综合研究，使信息从无序到有序的过程。给信息重新定位的过程也是创造新信息系统的过程，赋予信息新价值的过程。通过信息分析，可以达到去伪存真、净化信息环境、排除信息干扰的目的，同时也可以集合信息，加速信息交流。

信息分析的目的主要是为决策服务。它既可为战略决策服务，也可为战术技术发展服务，既可为科研服务，也可为生产、教育或其他事业服务，而且越来越成为国家经济发展决策的一个重要依据。总的说来，当前信息分析研究的主要任务包括：科技发展的动态信息研究；专业、学科或单项和综合技术的综合分析研究；科技和经济发展决策的信息研究；市场信息研究。

信息分析的种类很多，根据不同的标准划分，信息分析可以分为不同的类型。比如，从分析的内容划分，信息分析可以分为科学信息研究、技术情报研究、经济和市场信息研究；从研究内容的时间划分，主要分为历史研究（发展历程、经验教训等）、现状研究（当前水平、最新动态、基本差距、基础数据等）和未来研究（发展趋势、发展战略等）；从课题类别划分，分为科学与技术政策情报研究、水平动向研究、经验教训研究、战术技术情报研究、专业学科或专门技术发展趋势研究、工程项目的动议性情报研究、市场供求与产品结构研究、技术经济情报研究、科技管理科学化经验情报研究等。

10.2 信息分析步骤

一个完整的信息分析与研究过程,大致包括选题、制订分析研究计划、收集信息、信息的鉴别与整理、信息分析与研究、撰写分析与研究报告等几个步骤。

1. 选题

选题是信息分析研究的第一步,既关系到信息分析的方向,也关系到信息分析研究的结果,是决定课题成败的关键。课题的来源一般有四个方面:上级下达的指令性课题;科学研究中需要解决的问题;生产实践中出现的需要解决的问题;信息研究工作者自选的课题。

选题要注意以下几个问题:

(1) 对国家的有关科学技术、经济和国防建设方针政策应有较深的领会,依据这些方针政策来确定课题。

(2) 要多做实际调查,在深入了解有关领域的国内外发展状况和用户的实际需要的基础上选定课题。

(3) 选题除注意客观需要外,还要充分注意完成选题的条件和实际可能性。

(4) 要注意掌握时机。时机对选题很重要,决策者冥思苦想而难以决定的、大家普遍关注或普遍忽视的问题都是信息分析的好课题。

课题初步确定后,应请熟悉业务的领导和专家审核。

2. 制订分析研究计划

课题确定后,分析研究工作正式开始前的一项重要工作就是制订信息研究计划。课题越复杂,研究计划越要周密、详尽。

一个大型信息分析研究计划至少应该包括以下内容:

(1) 选题的目的、基本内容和要求;

(2) 拟定详细的调研大纲;

(3) 预计信息分析研究成果的报告形式;

(4) 参加调研人员的具体分工;

(5) 拟定调研各阶段任务的完成时间和实施步骤;

(6) 完成整个调研工作所需的条件、费用以及研究成果的出版、交流等事项。

3. 收集信息

信息收集是信息分析与研究工作中十分重要的一个基础环节。收集和掌握全面的、扎实的有关研究课题的信息，是展开信息分析的根本依据。

研究素材主要来源于两个方面：文献资料和社会实际。因此，信息收集的基本途径是文献检索和社会调查。文献检索主要是通过手工或计算机检索印刷型和非印刷型文献。印刷型文献包括期刊、图书、学位论文、会议文献、专利文献、标准文献、产品样本等；非印刷型文献包括各种数据库、影片、磁带、录像带、实物样品等。收集文献资料的基本要求是完整性、准确性和有效性。完整性是指全面收集，有关重要文献都要尽可能查到；准确性是指所反映的事实和所提的论点要符合客观实际，避免片面性；有效性是指要有的放矢，所收集的信息要与课题研究的目的相吻合。

社会调查也是信息分析过程中的一个重要环节，社会调查的方法包括实地调查、会议调查、访问咨询、问卷调查、抽样调查等。

4. 信息的鉴别与整理

通过各种方式收集来的信息大都是杂散无序的，难以作为分析研究直接利用的素材，必须经过选择、鉴别和整理，并以便于研究的形式表达和存储起来。信息的鉴别主要是判断、鉴别所获得的信息的质量，通常从以下几个角度来判断：可靠性判断，主要指信息的真实性；先进性判断，主要指信息的新颖性；实用性判断，主要指信息对用户适用的程度。

信息经过初步的鉴别和筛选后，就进入整理阶段。信息整理分为形式整理和内容整理。形式整理即对信息加以剪贴摘录，按学科体系归类。信息经外部整理后，还要进行内容整理。内容整理是对经初步整理的素材进行再处理，做进一步的筛选，如数据的汇总、论点的归纳、情况的综合、图表的编制等工作。

5. 信息分析与研究

对收集到的资料进行消化、整序后，就应着手对所掌握的素材进行分析加工、综合研究以至对信息进行再创造。本阶段是信息分析与研究工作的中心环节，其任务就是针对选题的目的，对大量经过鉴别与整理的资料进行细微的分析思考、演绎推理、归纳综合，从中找出新的理论、知识、经验规律，得出结论，提出建议或方案等。

信息的分析研究和再创造并无统一的规章可循，应该根据不同课题的目的要求和掌握的有关国内外情况，采取不同的分析和研究方法。传统的情报研究多用定性方法，但现在定量分析方法的应用也在不断增多，有时还需将两者结合起来运用。

6. 撰写分析与研究报告

信息分析与研究成果的表现形式多种多样，最有代表性的是研究报告。因

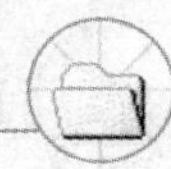

此，撰写研究报告是整个信息研究工作的最后一道工序，也是重要的一个环节。信息分析与研究报告撰写得好坏，直接关系到信息分析和研究成果的交流和利用。

10.3 信息分析基本方法

信息分析的方法很多，随着科学技术的发展和分析研究工作的扩展，还在不断地增多，但归纳起来，主要有定性分析和定量分析两种。

定性分析是传统情报研究的主要方法，是在逻辑分析、判断推理的基础上发展起来的。定性分析是运用比较、分类、类比、分析和综合、归纳与演绎等逻辑学手段进行情报研究，得出研究对象本质特征的方法。属于这一类的常用方法有综合分析法、比较分析法、相关分析法、典型分析法（枚举法）和专家调查法。

定量分析是运用数学方法对研究对象的本质特征进行量化描述与分析的方法，因为量化描述主要通过数学模型来实现，所以定量分析也可以说是利用数学模型进行信息分析与研究的方法。其核心技术是数学模型的建立、求解和对模型解的评价判定。属于这一类的常用方法有趋势外推法、回归分析法、时间序列法和文献计量学法。

定性分析和定量分析是情报研究的两个方面，具体方法的运用要视具体研究内容而定，有时还需将两者结合起来。

下面介绍几种常用的基本方法：

1．比较法

比较法是确定事物之间差异点和共同点的逻辑方法，是分析、综合、推理和研究的基础。因此，比较法是信息分析中最常用、最基本的一种定性分析方法，可以分为纵向和横向两种方法。

纵向比较法是通过对同一事物在不同时期的状况，如数量、质量、性能、参数、速度、效益等特征进行对比，认识事物的过去和现在，从而分析其发展趋势。由于这是同一事物在时间上的对比，所以又称为动态比较。

横向比较法是对不同区域，如国家、地区或部门的同类事物进行对比，又称静态比较，属于同类事物在空间上的对比。横向比较可以提出区域间、部门间或同类事物间的差距，判别优劣。

在信息分析与研究中，经常用于比较的对象有科学研究水平的对比，工业技术

水平的对比，科研发展条件的对比，某一学科或技术的发展历史、现状的对比，技术方案的对比，市场销售情况的对比等。

例如，利用比较法分析近十年来发达国家或地区与我国的移动电话人均拥有量。通过比较，一方面可以确定我国电信业的当前水平以及与发达国家的差距；另一方面可以反映我国电信业的发展进程与速度，并预测未来的发展方向。

通过比较方法获得的信息分析结果可以用文字、数字、表格或图形加以描述。

2. 相关法

事物之间或者事物内部各个组成成分之间经常存在某种关系，比如现象与本质、原因与结果、目标与途径、事物与条件等关系，通过分析这些关系，可以从一种或几种已知的事物来判断或推知未知的事物，这就是相关法。相关分析法涉及研究对象的质和量两个方面，因此它包含定性分析和定量分析两项内容。这种分析方法的特点是由此及彼、由表及里，应用非常广泛，尤其适用于军事技术、专利及其他难得到的技术情况的研究。

例如，利用相关法分析专利文献发表数量，预测技术的发展阶段。在各类文献中，专利文献是显示科学技术发展的最敏感的指标。如果对有关某项技术的专利文献进行全面的调查统计，并按照时间顺序画出专利文献量的变化曲线，那么这条曲线一般能够准确地反映出该项技术的兴起、发展、全盛和衰落。

3. 综合法

综合法又称综合归纳法，它把与研究对象有关的情况、数据、素材进行归纳与综合，把事物的各个部分、各个方面和各种因素联系起来考虑，从错综复杂的现象中探索他们之间的相互关系，以达到从整体的角度通观事物发展的全貌和全过程，获得新的认识、新的结论的目的，是一种常用的定性分析方法。

在信息分析研究中，经常应用综合法。例如，产品信息分析总是先调查国内外同类产品材质、结构、性能，收集并分析各项技术参数，然后对各家的优点进行综合，把技术的先进性同本企业技术水平、能源、材料、设备能力、人员状况、市场销售潜力以及企业管理水平等各方面综合起来，最后提出对新产品开发或技术改造的具体建议。

4. 文献计量法

文献计量法是以文献为对象，以数学和统计学为手段，用量的概念表述科学现象的一种宏观研究方法，也是情报学中特有的研究方法。构成文献计量学核心的几个规律是文献增长率、文献老化率、文献离散定律、文献引用定律、论文作者分布定律，在文献计量过程中可依据这些经验规律分析研究被研究对象的定量特征。

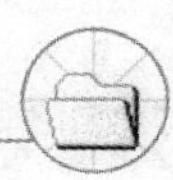

例如,利用文献增长定律可以帮助掌握某项技术发展的动态过程和所达到的水平;研究文献老化定律可以帮助判断某项技术的发展速度、适用时间以及可能被淘汰的年限;运用文献离散定律及其等级排列技术和分析方法,可进行学科幅度比较,判断有关学科领域范围的大小及发展的成熟程度;利用文献引用定律可研究学科的分类和发展问题等。

5. 专家调查法

又称专家评估法。是以专家作为索取信息的对象,依靠专家的知识和经验,由专家对问题作出判断、评估和预测的一种方法。实质是在缺乏足够统计数据和原始资料的情况下对定性问题作定量估价的方法,还能反映出政策和社会影响等因素。专家调查法应用很广泛,特别对一些超出技术和经济范围的问题,涉及到生态环境、公众舆论以及政治、社会等因素起主导作用的问题,只有依靠专家来作出判断。常用的有专家个人调查法、专家会议调查法(专家集体法)、头脑风暴法、德尔菲法、交叉影响法等。这里只介绍德尔菲法。

德尔菲法又称规定程序专家调查法,是专家会议法的一种发展。此法为美国兰德公司首先采用,现在已被广泛应用。它是由调查组织者拟定调查表,按规定程序,以匿名方式通过几轮函询征求专家意见,经过多次反复使专家意见逐渐集中,最后获得有统计意义的专家集体判断的结果,使定性问题用定量化来描述。参加评估和预测的专家互不接触,只与调查组织者通过函件发生联系,回答调查表中提出的问题。组织者根据反馈,不断汇总修正,提出下一轮征询这种匿名交换意见的方式可消除权威的影响,从而增大结论的可靠性。通过统计分析,可对各种前景和各种可能性作出概率的估计,可为决策者提供多方案决策选择。

10.4 医学科研选题

医学科研是在专业理论的指导下,围绕人类身心健康,对尚未研究或尚未深入研究的事物进行探讨,旨在揭示事物矛盾的内部联系与客观规律,为医疗防治工作提供依据,正确地回答和解决所提出的新观点、新技术。

10.4.1 医学科研方法的分类及特点

现代医学研究沿自然科学分为基础医学、临床医学、预防医学和卫生事业管理学研究,而实施这些研究的方法可概括为调查研究和实验研究两大类。

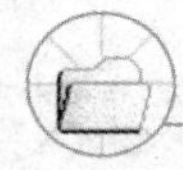

1. 调查研究及其特点

调查研究是指研究者对调查对象不施加任何干预,被动地观察自然条件及不同暴露情况下某现象的实际发生情况及其相关特征。调查研究的特点是:研究因素是客观存在的,只能对研究对象作被动观察;非研究因素同时也是客观存在的,不能采用随机分配的方法来平衡混杂因素对调查结果的影响,这是区别于实验研究的最重要的特征;只能在资料的分析中借助标准化法、分层分析以及多因素统计分析等方法对混杂因素加以调整。调查研究根据时间可分为:现状调查(横断面调查)、回顾性调查和前瞻性调查。

2. 实验研究及其特点

实验研究指研究者根据研究目的主动加以干预措施,并观察总结其结果,回答研究假设所提出的问题。即将一组随机抽取的实验对象随机分配到各处理组,观察比较不同处理因素的效应结果。实验研究的特点是:研究者能人为地设置研究因素;研究对象接受何种处理是由随机分配而定的,因此各处理组间具有较好的均衡性,使非处理因素对研究因素的影响相同,来评价处理因素的作用。实验研究能够更有效地控制误差,并能使多种实验因素包括在少次数的实验中。

在实际工作中,调查研究和实验研究经常结合应用、相互补充。

10.4.2 医学科研选题

科研选题是指在研究项目范围内选择本项研究课题的过程,立题是经论证后对本选择课题的确定,科研选题和立题提出了确定本项研究所要解决的科学问题,其中包含科学创新探索。

1. 选题原则

科研选题时应以能否产生物质财富和精神财富为主要标准,必须坚持科学性、创新性、可行性、效益性的指导原则。科学性是指选题必须要有科学依据,首先应以医学理论等专业知识为指导来选择科研课题。创新性就是要求研究的结果有所创新,有所发明,是前人未获得过的成就,所选课题应当是当前社会需要解决的主要问题,如对某些严重危害人民健康的疾病致病机制和防治方法的研究。可行性是指设计课题时应考虑实际情况,如人力、物力(设备、经费等方面)、情报等是否可保证科研的按期进行。效益性是指科研投资与预期成果的综合效应是否相当,其衡量标准是有无医学指导意义、临床使用价值、社会效应和经济效应。

2. 选题方法

首先应进行预调查研究,借助和综合前人或前期发明创造,确定研究方向和内

容，并从现实条件出发，选择难度大小适宜的科研课题。为了对研究领域的科技成果进行综合，必须进行预调查研究，了解进展现状，才不至于走弯路。预调查研究的方法主要有三种：查阅文献——查阅文献是贯穿研究全过程的一项重要工作，尤其在选题时必须集中一定时间进行文献检索，准确及时地把握与研究领域理论、实验技术有关的科技成果现状及研究动态；计算机检索——由于现代计算机的发展和广泛应用，直接从计算机检索文献是最快速、便捷、准确的检索方法；市场信息咨询——某些研究如中西药制剂的研制往往还要进行市场前景调查或预测、专家咨询等。

3. 选择课题

科研课题的最终选择是选题的核心。预调查研究是前期工作，为研究者提供了大量的可参阅资料，利于其应用专业理论和知识选定具体的科研课题。确定选题时应注意：从临床和社会实践的积累中选择有价值的课题研究；从常见病、多发病、疑难病着手，选择适于研究的课题；从药理、药效学试验研究方法中选题。课题来源有指令性课题、指导性课题和自选课题。为了科学研究工作的顺利进行或申报课题，必须有一个完整、科学的研究设计方案。

10.4.3 医学科研中的调查设计与实验设计

在进行医学研究工作前，必须结合专业，周密设计和制定研究计划、方案，这是研究工作的先导和依据，是调查结果准确可靠的保证，是研究工作顺利进行和统计分析数据结果的先决条件。科研设计依据研究的类型分为调查设计和实验设计，均包括专业设计和统计学设计，两者紧密结合、相辅相成。

专业设计是运用专业理论知识和技术来进行设计，主要是为了解决研究结果的有用性和独创性。从专业理论角度来选定具体的科研课题，提出假说，围绕检验假设，制订技术路线和实验方案。专业设计的正确与否是科研成败的决定因素。

统计学是研究数据资料收集、整理、分析、推断假说的科学，是研究不可缺少的重要手段。统计学设计是运用数理统计学理论和方法来进行设计，包括资料的收集、整理、分析全过程的统计学设想和科学安排。它保证了样本的代表性和样本间的可比性，以最少的调查、实验观察例数进行高效率的统计分析，得出相对最准确的结果和可靠的结论，故统计学设计是科研结果可靠性和经济性的保证。

1. 调查研究设计

统计工作的基本步骤为统计设计、收集资料、整理资料、分析资料。调查设计是抽象思维，它与调查实践是反向的关系。依据调查实践中统计工作的步骤，收集资料要用调查表来实现,调查表由调查项目组成,分析资料要用分析表,由分析指标组成,统计研究分析是要通过指标来回答研究目的(研究假说)。而统计设计的要点是将研究目的转化为分析指标并拟出分析表,再将分析指标转化为调查项目,并拟出调查表,故重点是调查表、分析表、抽样方法设计。同样,实验设计同于调查设计的思维过程。调查设计的基本原则和内容有:

(1) 制定收集资料的调查计划

这在整个设计中占主要地位,应解决的问题是:第一,明确调查目的及其指标。从统计学角度可将调查目的分为两种:了解参数(总体的指标)用以描述总体特征,如某地居民某病患病率、死亡率;探索变量之间的关系用以探索病因,如是否患糖尿病与体重指数的关系。调查目的要通过具体指标来说明,它是选定指标的依据,而调查指标是调查目的的具体体现。选定指标的原则是:指标要精选,尽量选用客观性强、灵敏度高和精确性好的定量指标(指标还要转化为调查项目)。第二,确定调查对象和观察单位,先要明确总体的同质范围,在确定的总体的同质范围内组成的调查对象的每个个体即为观察单位。第三,确定调查方法。调查方法主要有:普查,理论上只有普查才能获得总体参数,也没有抽样误差,但非抽样误差大;抽样调查,是医学科研中最为常用的方法,通常采用随机抽样的方法使样本对总体有较好的代表性,常用的基本抽样方法有单纯随机抽样、系统抽样、整群抽样、分层抽样;典型调查(也称案例调查),确定样本含量即观察单位例数的多少,样本含量是设计中的一个重要组成部分,原则是在保证一定精度和检验效能的前提下,确定最少的观察单位数。必须根据资料的性质,在选定抽样方法的前提下,借助适当的公式进行样本含量的估计,或研究者可根据需要和可能来确定一个适合的样本含量。第四,确定调查项目和调查表或问卷,根据调查指标确定对每个观察单位的调查项目,以调查项目为主要内容设计调查表(问卷)。

(2) 制定、整理、分析计划

包括数据的计算机录入与整理;设计分析表和资料的分组;汇总方法;组织计划。

2. 实验研究设计

实验设计的特点之一就是研究者根据研究目的人为设置处理因素,即提出研究假设。其思维过程同调查设计要点一样,是要将研究目的转化为分析指标,再将分析指标转化为实验项目,制定出计划和方案。其基本步骤为:在研究题目确定以后,应当根据研究目的确定研究假设;研究假设建立后,应当抓住实验中的三大基本要素,明确研究范围。首先明确受试对象所组成的研究总体;确立处理因素,人

为施加的特定实验措施;明确观察指标;控制误差和偏倚。实验研究设计要注意以下两个方面:

(1) 实验设计的三大要素

科研实验设计的基本要素包括处理因素、受试对象和试验效应。如何正确选择三大要素是科研实验专业设计的关键问题。

处理因素:指根据研究目的人为施加于受试对象的特定实验措施。一般应注意抓住实验研究中的主要因素,找出非处理因素,处理因素必须标准化。

受试对象(研究对象):受试对象的选择十分重要,对实验结果有着极为重要的影响。首先明确受试对象所组成的研究总体。受试对象的疾病应诊断明确(依照国内或国际统一的诊断标准)。受试对象必须同时满足两个基本条件:必须对处理因素敏感;反应必须稳定。研究者规定的对进入实验的研究对象的标准称作适宜选入标准,用来确定研究总体,此标准又可分为纳入标准和排除标准。用这些标准选择适宜本次实验的对象(并用条文明确规定成为书面形式,让所有参与研究的医务人员都知道,在总结研究成果或撰写论文时也应说明本次研究的纳入标准和排除标准)。

试验效应:主要指处理因素作用于实验对象的反应,这种效应将通过实验中的观察指标显示出来。指标的选择要求有:客观性较强,灵敏度较高,测定值的精确性较强。

(2) 实验设计的三大基本原则

对照、随机与重复是实验设计中的三大原则,这是任何实验都应当高度注意和遵循的。对照原则是实验设计的首要原则,是比较的基础;随机化原则是提高组间均衡性的一个重要手段;重复原则是保证实验结果可靠的另一基本方法,是统计推断可靠的前提。

思 考 题

1. 信息分析的作用、意义如何?
2. 如何开展信息分析?其方法、步骤包含哪几个方面?
3. 如何开展医学科研?

11 医学情报调研

11.1 医学情报调研概述

11.1.1 医学情报调研的基本概念

医学情报调研是指应医学工作者的要求，在广泛收集医学信息资料和实际调查的基础上，采用一定的科学方法对收集来的资料进行分析对比、推理判断、综合，结合逻辑思维，掌握内部变化的规律与周围事物的联系，了解其过去、现状与预测未来发展趋势，或提出解决问题的建议和措施等。

11.1.2 医学情报调研的作用

1. 为科学研究服务，促进科学发展

(1) 避免科研工作的重复劳动，少走弯路。可以节省人力、物力、财力，加快科研进程，提高科技人员和管理人员的工作质量和效率。

(2) 对医学部门各学科科研相关的新技术、新工艺、新材料进行情报调研，使其成果用于教学和临床诊疗工作。

(3) 为科研服务，为科研人员选择和申报科研课题立项提供调研服务，为进行中的科研课题提供系统资料。了解学科专业范围、国外研究动态、学术水平、科研队伍及科研进展，借鉴国外科技情报经验，找出规律性的东西，研究出新成果。

(4) 特别针对医药企业用户的需求，为其查询产品、成果或专利的研究及市场状况，分析相关行业的现状及发展趋势，为企业的决策提供参考。

2. 为生产建设服务，加快经济建设步伐

情报是一种重要的资源，是构成生产力最活跃的因素。善于开发、利用这种资源，就能有效地促进经济和社会的发展。

3. 为领导做决策、制订规划和计划提供科学依据

情报机构通过广泛的情报调研活动，搜集并编写了大量的专题研究报告，反映国内外科技发展水平、动向，为领导决策、编制发展规划和计划提供科学依据，对推动科技、经济的发展起参谋作用，为上级领导及有关业务领导部门决策提供咨询服务，为制订教学、科研、医疗政策规划确定发展方向服务。

11.1.3 医学情报调研的基本程序

1. 确定选题

选题是医学情报调研的首要工作，它对医学情报调研成果的质量有着至关重要的影响。开展科学研究，首先是从提出问题、选择题目开始的。任何一项科学研究都是紧紧围绕某一具体课题而有目的地进行。因此，科研课题是贯穿于全部科研工作的主体思想，是指导科研工作各项设计安排的主线。实践证明，课题选得好，可以事半功倍；如果选题不当，就有可能使研究工作半途而废。

一般来说，医学情报调研的课题来源于3个方面：一是上级领导部门下达的指令性任务或从规定的某个选题范围中挑选；二是有关用户部门或人员委托的情报调研项目；三是情报调研人员自选的课题。

在情报调研选题过程中要遵循以下几条原则：

(1) 创新性

创新性是科学研究的灵魂，具有创新性的课题必须是前人或他人未曾研究过；或虽曾研究但尚未解决，尚待进一步探索、补充、修改；或虽已解决但又出现了新问题，需要在原有基础上开拓新领域，解决新问题；或随着社会的不断发展和进步，原有技术、方法和产品已不能满足新的需求，尚待进一步提高水平。

(2) 科学性

科学性是指选题要做到有根有据，不能主观臆造，凭空想像。必须要充分了解国内外研究现状，掌握动态行情，要有足够的信息量，要切合实际。坚持迷信的不选，违反科学理论的不选，不切合实际的不选，低水平重复的不选。只有遵循科学性要点，才能保证科研方向和路线正确无误。只有充分了解、掌握国内外动态行情和发展趋势，才能找到课题的起点。只有知道别人在研究什么，才能避免重复。只有脚踏实地，切合实际，才能有所收获。

(3) 需要性

需要性是选题的前提。没有需要性和应用价值的课题也就没有意义。所谓需要性，主要是指社会生产实际的需要，社会发展和生活实际的需要，学科自身发展

的需要。对于医学科学研究的选题，首先应立足于人们防病治病、保持身体健康的需要，着眼于疾病的诊断、治疗、预防、康复和保健，探索先进的检测诊断方法、有效的预防治疗方法。另外，选题尤其是基础理论性课题的选择，应满足于医学各学科自身发展的需要，着眼于学科之间的交叉渗透、分化综合和新兴学科的形成，不断深入研究层次，努力揭示新现象、新规律，以求获得新突破、新进展。

(4) 可行性

选题必须注意可行性，也就是说，必须具备一定的研究条件。研究条件包括两个方面：一是主观条件，指课题提出者和合作者的学识水平、业务技术操作能力、积累的科研工作经验、课题组的人员组成、合作的积极性、能用于该课题的工作时间、领导的支持等；二是客观条件，指仪器设备、动物、药品、材料、经费、床位、场所等。任何一项课题的开展都离不开一定的人、财、物、时间、场所等条件，即使课题选得再好，如果不具备必要的研究条件，也不可能顺利进行。

(5) 经济性和效益性

经济性主要是指研究成本和将来成果推广应用时的投入大小。效益性主要是指预计成果的学术价值、社会效益和经济效益。总的原则是：尽可能做到投入少，成本低，见效快，收效大。

2. 制定调研计划

根据选定的课题制定相应的调研计划，以保证研究工作的顺利进行。计划内容一般包括以下几点：

(1) 调研目的

首先要明确课题调研目的，说明课题的背景和意义、使用对象和预期成果。

(2) 调研大纲

要掌握有关课题的国内外状况、发展趋势；情报研究资料的搜集范围、深度、来源和搜集方式；课题的性质、内容、范围和方法。

(3) 组织分工

根据参研人员的特点，合理安排任务，通过人员选配，组织一个课题组，使调研人员明确自己的职责和相互关系。

(4) 调研时间与实施步骤

计划应规定实现计划目标、完成课题的步骤和时间进程。预先估计每一个阶段所用的时间和任务完成情况，以便对照实施。

(5) 预计成果形式

根据课题使用对象的类型和要求，设计成果形式，如论证报告、查新报告、分阶

段报告等。

3. 搜集和积累资料

医学情报调研主要的研究对象是医学文献资源，首先要针对课题，通过各种方法和途径搜集情报资料。搜集的资料要进行积累，加以鉴别、筛选，才能加以应用。

4. 分析研究资料

分析研究是情报调研中最关键的阶段，包含分析和综合两个过程。分析是对资料进行深入细致的考察、推敲和判断，从中找出所提供的新知识、新观点、新理论、新经验。综合是指运用逻辑和数理方法对分析得出的信息加以全面的概括和归纳，从中找出事物的共性和特征，必要时，调研人员可在此基础上提出自己的观点、建议和方案，也可以进行预测。

5. 编写调研报告

情报调研的成果必须以书面的形式加以表达和反映，形成适合用户需要的调研报告。实际包括两部分工作：一是把必要的数据、推理和运算，研究的结论、建议、方案等形成文字；二是把它们提交给用户。调研报告要求主题明确、分析深入、数据可靠、文字精练。

11.2 资料的搜集、鉴别与整理

情报调研是以充分占有丰富资料为基础和前提的，这些资料的数量和质量，在很大程度上决定着研究报告的质量和水平。因此，资料的搜集、鉴别与整理工作是情报调研中的一项重要工作。

11.2.1 情报调研的资料来源

情报调研的资料分散在多种情报源之中。按照自身性质和自然形态，可以把情报源划分为文献型和非文献型两大类。

1. 文献型情报源

文献是记录有知识信息的一切载体，人类有史以来创造和获得的绝大部分知识和经验都记录和保存在文献之中，它也是最主要的情报调研资料来源。随着记录手段和存储技术的发展，文献的物质形式日益多样化，有印刷型、缩微型、机读型等。

对于医学工作者来说，所谓“十大情报源”是人们在进行科研及技术工作时使

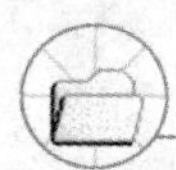

用频率比较高的十种情报来源的总称,也是最主要的十种科技文献。

(1) 科技期刊:又称连续性出版物,是一种定期或不定期连续出版的文献载体,它一般有同样的名称,按一定时间编定卷号,每一卷又分若干期。科技期刊出版周期短,因而发表论文速度快;科技期刊种类多,因而能反映各个领域的成果和水平。查阅科技期刊,对于了解第一手资料、掌握进展情况、开阔思路最有参考价值。其类型有:Acta(学报),Journals(杂志),Annuals(纪事),Bulletin(通报),Transactions(汇刊),Proceedings(会刊),Review(评论),Advances In(进展),Communication(通讯),Letters(通讯),News(新闻),Data(资料)等。

(2) 科技图书:是对某专门知识或某学科进行系统的论述或概括的一种情报来源。科技图书包括专著、论文集、教科书、百科全书以及字典、词典和手册等。一般来说,科技图书的出版周期较长,对新成就、新观点、新技术等的介绍不如科技期刊来得快。

(3) 科技报告:是报道(记录)研究和开发调查工作的成果或进展情况的一种文献类型,一般都编有号码以供识别。

(4) 会议文献:是指学术会议文献,它往往反映出科学技术的发展趋势,其特点是与最新成果的间隔时间短,但其内容与期刊相比可能不太成熟。会议类型大致可分为国际会议、全国性会议及地区会议等。会议和会议文献常用的主要名称有 Conference(大会),Meeting(小型会议),Symposium(讨论会),Proceeding(会议录),Paper(单篇论文),Transaction(会刊)等。

(5) 专利文献:在实行专利制度的国家,凡是本国或外国的个人和企业有了创造发明,都可以根据专利法的规定,向本国或外国专利局提出申请,经审查合格,批准授予在一定年限内享有创造发明成果的权利,并在法律上受到保护,这种受到法律保护的技术专有权利叫做专利。专利与产业活动密切相关,因而其实用性非常强。根据专利的技术水平和应用情况,其类型有 Invention(发明),Utility Patent(实用新型)和 Design Patent(外观设计)等。

(6) 标准文献:经过公认权威当局批准的标准化工作成果,可以采用文件形式或规定基本单位(物理常数)这两种形式固定下来,以文件形式出现的标准化工作成果就是标准文献。

(7) 学位论文:是高等学校本科生、研究生在评定学士、硕士、博士等学位时提交的论文。因为它是经过一定审查的原始研究成果,一般都带有独创性和学术性,所以也有一定的参考价值。学位论文一般不单独出版,质量比较高的论文多发表在有关专业的期刊上。

(8) 产品资料:一般是指产品样本,即产品说明书。好的产品说明书含有丰富的内容,包括产品介绍、产品特点、产品专利号等多种对生产有用的信息。

(9) 技术档案:是指在生产建设中和科技部门的技术活动中形成的、有一定的工程对象的技术文件的总称。

(10) 科技报纸:在报纸上刊载的科技文献,主要是指关于科技方面的新闻报道。

2. 非文献型情报源

非文献型情报源包括实物、口头和有关机构、团体等。尽管只有10%左右的资料来源于非文献情报源,但是由于非文献情报源信息的交流与传播的方式与文献情报源明显不同,其信息以及信息的获取也就有着与文献情报源不同的特点,因而在科研、生产中对非文献情报源的开发和利用就有着文献情报源无法代替的价值和重要作用。

(1) 实物情报源

实物情报源是指各种反映先进科技水平的人造实物,它们与文献一样,凝聚着人类的思想、知识和智慧,同样是知识的载体。实物情报源有如下特点:

1) 综合性:实物反映了多种技术情报,将材料、结构、功能、工作原理、工艺、外型等方面的情报集于一身。

2) 可靠性:实物都是由人研制、试验、培植或生产出来的,有些已经应用于社会生产和日常生活中。因此,实物所负载的情报比较可靠和实用。

3) 直观性:实物看得见、摸得着,外形和颜色一目了然,结构和性能可通过分析得知,可根据实物样品直接仿制或吸收其优点加以创新。

4) 隐蔽性:实物中附属的知识和技术是隐蔽和潜伏的,要从中提炼出情报有一定的难度,有时设计者和制造者为了防止技术诀窍被别人获得,往往会采取一些保护性措施,使得有些关键性技术情报不易被分析出来。

5) 管理不便:一般来说,实物的体积和重量都比文献大,因而保管实物也较之保管文献更麻烦。

(2) 口头情报源

口头情报源是指存在于人脑的记忆中,通过人们交谈、讨论、报告会等方式进行交流传播的各种情报来源。其特点是:

1) 内容新颖。人们交流的内容中有80%是有关最近发生或将要发生的事情,因此口头情报源提供的常常是有关科研、生产和管理等方面的最新情报。在科研、生产中,许多新的东西在未进入正式通道之前往往以直接传递交流的方式加以传播和交流，如样品、展览、书信交流、学术会议等。因此，通过直接传递交流往往最能够获得有关问题的最新信息。

2）信息传递快。口头情报源具有最短的情报传递时间，人们通过交流可以获取最新的情报和知识。信息直接传递交流的迅速性表现在两个方面：一是传递交流的速度快，这是因为正式通道采用的一些方法都需要整理加工，而诸如面谈、会议等却能即时传递各种信息、成果甚至一些根本没有定型的思考；二是信息的获取省去了通过文献情报源获取情报信息所必需的情报检索途径，如分析情报、选择检索方法、确定检索途径等。

3）信息的不稳定性、原始性。存在于人脑中的信息一般为一种认识、学术思想、概念、观点、论点等。人脑由于不停地进行思维活动，也就不断地产生和酝酿新的思想、观点和认识，从而使得这些思想、观点以及认识处于一种不稳定状态；而新的思想、观点和认识等在未实现任何形式的交流和传播之前，始终处于一种原始的状态。

4）信息获取针对性强。要获取所需信息，由于文献及信息的分散性，通过文献情报源查找很不方便。但如果进行直接传递交流活动，由于这种活动中信息的传递交流常常具有目的性，事先会有充足的准备，因此在信息获取方面容易得多。另外，参与直接传递交流的一方一般都清楚存储于对象中的信息内容和范围，因而这种获取同时也就具有很高、很强的选择性和针对性。

5）能够迅速反馈。在口头交流时，情报人员可以立即询问，澄清交流中所存在的问题，进一步认真讨论，而不必推测、考证或留下疑难。

11.2.2　情报资料的搜集

对于医学情报调研来说，信息来源广泛，资料种类众多，这决定了搜集这些资料的方法和途径也是多种多样的。常用的搜集方法有：检索法、浏览法、询问法、观察法、索取法和采购法等。搜集的途径有：文献收集、参观考察、参加会议、问卷调查、观察实验等。其中最主要的是文献资料的搜集，本节重点介绍医学情报调研中的文献资料搜集。

1. 确定核心资源

(1) 核心期刊

核心期刊是指专业学科范围内刊载文献数量最多，引文率、文摘率、利用率较高，文献寿命较长的重要期刊。其特点是信息密度大、质量高，能反映学科发展水平，为专家学者所重视。科研人员如果结合本学科专业的特点，精选、掌握本专业

学科的核心期刊,就能用较少的时间和精力,掌握重要的高质量信息。各专业人员应该了解本专业的核心期刊,将它作为文献阅读和检索的首选。

对于核心期刊的确定,主要是由一些权威的专业组织,利用经典的布拉德福载文率法和加菲尔德引文分析法,定期发布各学科的核心期刊。比如,美国科学情报所(ISI)利用《科学引文索引》中期刊论文的引用和被引用数据,编制期刊引文报告,每年一期,列出科学领域内的核心期刊。国内由北京大学图书馆和北京高校图书馆期刊工作研究会主持,分别于 1996 年推出《中文核心期刊目录总览(第二版)》,2000 年推出《中文核心期刊目录总览(第三版)》,2004 年推出《中文核心期刊目录总览(第四版)》。

在核心期刊资料搜索过程中,要注意综合性医学期刊和专科期刊的合理分配和使用。一般来说,在医学领域中学术价值高、指导意义大的文章大多发表在综合性医学杂志上。从另一方面看,研究人员不管从事多么专业化的研究,也需要了解医学领域内其他学科的重大进展,这样有利于开阔视野,便于解决处理研究中的综合性复杂问题。而专科期刊具有专业性强、相关文献密度大的特点,单位时间内可以从中获得更多的资料。因此,研究人员在利用核心期刊时,要确定好那些既能满足专业化要求,又具有较高学术价值的核心期刊。

(2) 专业网站

随着现代信息技术的高速发展,Internet 上的医学专业网站也越来越多,它们以海量信息和快速检索成为医学资料搜索的重要途径。对于专业网站上的信息,一般可以从以下几方面来确定。

1) 专业学会、医学院校、科研机构的网站:这些都是医学专业重要网站,通常有本专业的出版物、新闻、会议信息、专业工具和学科发展动态等信息发布,同时具有更新快、专业性强的特点。

2) 网上搜索引擎:利用搜索引擎可以搜索到与专业相关的网页,比如雅虎按专业进行网站分类,Google 专门提供学术网页搜索等。

3) 专业论坛:许多专业人员都会在网上专业论坛交流研究情况,经常关注医学专业论坛可以获得不少第一手资料和信息,同时也可以在其他专业人员帮助下,发现新的重要网站。

(3) 专业数据库

许多专业数据库收录了大量的专业期刊、会议记录、汇编等丰富的资料,现在也成为文献搜集的重要来源。

2. 注意检索方法

检索是搜集文献资料最主要的方法，它能从众多的文献中查找出与调研课题有关的素材。在检索中可以采用如下方法：

（1）查找二次、三次文献

查找相关资料应该从二次文献和三次文献查起，然后再查找一次文献。这里的一次文献指原始文献，如报纸、图书、期刊、会议文献、科技报告、档案材料等。二次文献是将分散的一次文献加以整理、组织，使之成为系统的文献，以便快速、有效地查找和利用，如书目、索引、检索性文摘等，二次文献是第二手资料。三次文献是在二次文献的基础上，通过对一次文献内容的整理分析编写出来的，包括自己观点在内的资料，如专题综述、评述、年度总结、进程报告等。

（2）利用参考文献，进行回溯检索

通过检索工具查出与课题专业密切相关的文献后，再利用这些文献所附的参考文献目录为线索，逐一追踪查找。利用这一方法查找到的文献系统性强，内容与课题要求密切相关，可以使用户对课题研究的基础、发展、关键问题和经典文献有一个连贯、系统的了解。这一方法对调研工作的深入开展起着关键作用。使用这种方法要注意：最好选择述评和专著类的高质量文献，它们所附的参考文献多而全、准而精，相当于一个专题索引，从中选择切题的资料进行追溯会提高检索效果。

3. 注重与专业人员的交流

在文献资料搜集过程中，与专业人员的交流也是个重要的方法。交流有利于获取许多来自于专业人员的第一手资料，比如实验记录、会议资料、临床数据、病案统计等。另外，通过交流可以使自己的调研和他人的科研进行碰撞，产生创新的火花。

11.2.3 资料的鉴别与整理

1. 资料的鉴别

鉴别资料就是对搜集来的原始资料进行质量的评价和核实，对材料进行一番筛选、取舍，寻找出课题所需要的材料。资料的质量将直接关系到最终调研报告的质量，关系到分析研究结果的准确性和预测结论的可信度。在具体操作上，可从可靠性、先进性和适用性三个方面来鉴别资料的质量与价值。

（1）可靠性判断

可靠性是指资料的真实、完整与准确程度。考察资料的可靠性具体可以从以下几方面着手。

1）从资料提供者的身份判断。著名的专家学者、高层管理人员、专业人员，高等院校、科研机构、学术团体、行业协会、国际组织、各级各类政府部门、行业主管机关等发布的文献可靠性大。同时，由著名出版社和杂志社编辑出版的文献也比较可靠。

2）从资料的类型判断。专业书刊比科普读物论述严密、系统和可靠；会议文献和学位论文比较新颖、科学，但不够系统、完整；作为科技活动原始记录的技术图纸、实验报告可信度高，具有一定法律效力的标准文献比专利文献可信度高；政府部门颁布的法规、文件比较可靠；百科全书、年鉴、词典等工具书虽不及时，但资料翔实，完整可靠。

3）根据外界对资料的反应判断。引用率和文摘率高的文献已经应用于实际工作中的理论与技术，通过或获得某一级别鉴定和奖励的科研成果都具有较高的可信度。

4）从资料的内容判断。通过确定资料内容是否观点鲜明、论据充分、论证严密、逻辑性强、表述清楚，数学运算是否准确，图表是否规范、准确，判断其可靠性。

5）对比。通过把资料本身的论点和论据相比较，把正在阅读的资料和已经确认可靠的资料相比较，把宣传性广告和产品目录相比较等，可以确定资料正误和优劣。通过对比学术界的不同观点，可以发现资料的不足之处，甚至错误之处。

（2）先进性判断

先进性在时间上主要表现为资料内容的新颖；在空间上表现为在一定范围、某一地区领先，超前于同类型资料。判断资料是否先进可以从以下几方面着手。

1）从资料的外部特征判断。首先从资料产生的时间顺序上判断，最近发表的文献比较新颖；其次从文献类型上看，实验报告、科技报告、期刊论文和专利文献较新颖、先进。

2）从资料的内容特征判断。与同类型文献对比，判断是否对原有理论和技术有所改进，是否提高了技术参数、改进了结构、增强了性能，是否扩大了应用领域。

3）从资料产生的社会背景判断。一般来说，某地区、某单位或某些专业人士在所擅长的学科专业内产生的信息比较先进；结合本地、本单位优势进行的研究、开发比较先进；较长历史时期形成的传统技术和项目比较先进。

（3）适用性判断

适用性是指资料对情报调研活动的可利用程度。资料是否适用在很大程度上受到情报调研报告的用户条件和身份等多方面因素影响。可以依据资料的来源背景、条件是否与利用者实际用途相近以及与医学科研发展是否处于相近水平进行

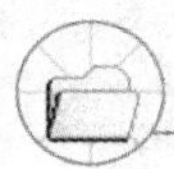

鉴别。一般认为,在社会政治、经济和科技发展水平上处于同一层次、同一发展阶段的国家和地区,其智力资源和人员素质大体相同,往往可以相互借鉴彼此的技术。一些受自然条件制约的科技成果,则往往要求地理环境、自然资源或气候条件基本相似才能相互借鉴。

2. 资料的整理

资料的整理就是将所获取的信息资料分门别类地加以归纳,使原来分散的、个别的、局部的、无系统的信息资料,变成能说明事物的过程或整体,显示其变化的轨迹或状态,论证其道理或指出其规律的系统的信息资料。一般而言,资料的整理分为确定标识、组织排序、改编重组等三个步骤。

(1) 确定标识

经过鉴别选择的信息要进行加工整理,以便使人们在需要时能够通过各种方便的形式查找、利用,而区别信息主要是依据它们在外表和内容两方面的不同特征。信息外表特征包括名称、类型、表现形式、生产者、产地、日期、编号等;信息内容特征是指信息所涉及的中心事物和学科属性等。对信息外表或内容特征进行描述的各种结果统称为数据项。

1) 数据项的确定。数据项是描述信息外表特征或内容性质,如题名、作者、出版、主题、学科、号码等的各项著录事项,也是构成数据库记录的最小单位和基础。任何一个数据项都可能成为未来的信息检索入口。因此,数据项的选取恰当与否,不仅关系到能否准确地代表所描述信息,而且影响到数据库的功能和检索效果。选取数据项时一般应遵循完整、标准、方便和灵活等原则。

2) 信息外表特征的加工。按照一定的标准,对存在于一定物理载体上的信息的外表特征和物质形态进行描述加工的过程称为著录。在这一过程中,若干数据项按照一定的逻辑以一定的格式形成款目,众多款目再依一定规则排列即成为信息加工的最终产品——目录、题录、文献索引或数据库等。

对于文献信息来说,无论是印刷载体,还是缩微、音像、机读载体,国内外均有许多信息加工条例和标准对各类数据项的选取和描述分别作了规定和说明,只不过由于载体差异而要对其载体形态特征作出特别的描述。选定的数据项须按规定顺序组织起来形成款目。款目记录格式因信息类型、加工方式和载体不同而异。

对于非文献型信息,如口头信息和实物信息等,有两种加工方法。一种方法是将口头信息和实物信息转化为文献型信息,如录音带、录像带、磁盘、光盘、照片、图片、幻灯片、投影片、电影片、缩微胶卷和平片等,然后按规定格式进行加工;另一种方法是直接描述事物的名称、外形、内容、性能、生产者及产生时间、地点等,按规定

格式记录下来，形成数据库之类的信息产品。

3）信息内容特征的加工。信息内容特征的加工是指在对信息内容进行分析的基础上，根据一定规则给信息的内容属性以标识，并作出描述的过程。这一过程通常称为信息标引。

信息标引是通过分析信息的主题概念、款目记录、内容性质等标引对象的特征，赋予它们能够揭示有关特征的简明代码或语词标识，从而为信息揭示、组织和检索提供依据的信息加工方法。根据标引过程中所给出的标识形态和性质的不同，信息标引通常可分为以学科分类代码作为信息标引的分类标引（分类法）和以主题语符号作为信息标识的主题标引（主题法）两大类。

（2）组织排序

对每个信息的各种内外特征进行描述并确定其标识之后，必须按一定规则和方法把所有信息记录组织排列成一个有序的整体，才能为人们获取所需信息提供方便。根据用户的信息需要和信息查询习惯，常用的信息组织与排序方法主要有：

1）分类组织法。分类组织法是依照类别特征组织排列信息概念、信息记录和信息实体的方法，按类别分析事物符合人类的认识习惯，因此该法是一种普遍使用的信息组织方法，包括分类目录、分类索引、分类词典、分类广告、分类统计报表等。对信息实施分类组织，需要对每一个组织排列对象的类别特征进行分析，赋予它们分类代码或其他形式的类别标识，然后再按照类别的不同或分类代码的次序排列起来。

2）主题组织法。主题组织法是按照信息概念、信息记录和信息实体的主题特征来组织排列信息的方法。该法给人们提供了一种直接面向具体对象、事实或概念的信息查询途径。在大规模、系统化的信息整理活动中，往往以详细揭示和有序排列主题概念为主要特征，因而需要以主题标引为基础。主题组织法主要用于各种信息检索工具或检索系统记录单元的组织，如主题目录、主题文档、书后主题索引等。

3）字顺组织法。字顺组织法是按照揭示信息概念、信息记录和信息实体有关特征所使用的语词符号的音序或形序来组织、排列信息的方法。这是一种完全采用语词符号的发音与结构特征作为排序依据的方法，故而操作简单，应用广泛。各种字典、词典、名录、题名目录等大多采用字顺组织法。但是用这种方法组织信息概念时，排序结果只能显示表达信息概念的语词符号在音、形方面的联系和差异，很少或基本上不能反映信息内容之间的联系。

4）时空组织法。时空组织法是按照信息概念、信息记录和信息实体产生、存

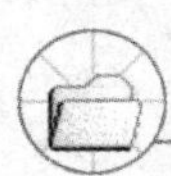

在的时间、空间特征或其内容所涉及的时间、空间特征来组织排列信息的方法。任何事物都是在特定的时间与空间中产生、存在、运动着的，因此，时空组织法可用于对任何信息概念、信息记录和信息实体的组织排序。其结果，或者是按时间顺序把有关信息排列成一定的次序，如年鉴、大事记、历史年表等；或者是按空间位置把相关信息组织在一起，如国家、地区、城市、乡镇等；或者是交替运用时空特征以形成多层次的信息集合，如地方志等。

5）超文本组织法。超文本（Hypertext）是一种非线性的信息组织方法，它的基本结构由结点（Node）和链（Link）组成。结点用于存储各种信息，链则用于表示各结点（即各知识单元）之间的关联。通常的文本信息是用字符串来表达，以线性方式顺序进行组织的。这种组织方式并不完全符合人们的思维习惯，因为人类的思维很少是线性的，多数是联想式、跳跃式的，是在多角度、多层次上同时展开的过程。利用迅速发展的计算机信息处理技术，把文本信息可产生联想的内容（通常称为知识单元或结点）以非线性的方式组合在一起，即通过建立各结点间的超文本链接（Hypertext Link），构成相关信息的语义网络，就可以实现超文本的信息组织方式，并且随着多媒体技术的发展，人们还可将文字、图形、声音和影像等多种媒体形式的信息集成在一起，由计算机实现交互控制和综合利用，超文本的信息组织方法也将逐步走向超媒体（Hypermedia）的信息组织方法。

（3）改编重组

由于当今社会信息数量庞大，内容繁杂，具有较高使用价值的信息往往淹没于低质量的信息海洋之中而无法发挥作用。即使经过信息选择和整理，相关信息的数量仍然过大，以至于超过人们的吸收利用能力。为此，对整理活动要进一步深化工作层次，对原始信息进行汇编、摘录、分析、综合等内容浓缩性加工，即根据用户需要汇集分散的信息，进行深层次加工处理，提取有关信息并适当改编和重新组合，形成各种精约化的优质信息产品。这就是信息改编与重组工作。

按加工深度不同，信息改编与重组的方法主要有汇编法、摘要法和综述法。

1）汇编法。汇编是选取原始信息中的篇章、事实或数据等进行有机排列而形成的，如剪报资料、文献选编、年鉴名录、数据手册、音像剪辑等。运用汇编法，基本上不需要对信息内容进行复杂的分析和浓缩，只要抽取有关的信息片断按一定方法编排加工，就可以方便及时地汇集某一专题或专业的资料。

2）摘要法。摘要是对原始信息内容进行浓缩加工，即摘取其中的主要事实和数据而形成的二次信息产品。因其所摘内容大多来自于文字记录下来的信息，故又称文摘。按加工目的，可分为报道性文摘、指示性文摘和报道/指示性文摘。摘

要法是在信息加工过程中对原始信息主要内容进行简明扼要地摘录，以便更全面、更深入地揭示原始信息的方法。面向个人用途的摘要编写可以采取自己喜欢的方式；为信息检索系统而编写的摘要则必须按照一定的标准编写。

3）综述法。综述是对某一课题某一时期内的大量有关资料进行分析、归纳、综合而成的具有高度浓缩性、简明性和研究性的信息产品。综述要以大量原始信息记录和实地调查为基础编写而成，其编写程序与论文写作有类似之处。首先从收集、整理、消化吸收大量信息入手，然后进行筛选、分析、压缩，把其中有价值的内容综合组织成有条理的一篇文章或报告。有了综述，用户就可以对某一问题的现状、动态、趋势等有基本的、概括的了解。

3. 资料的积累

随着医学学科领域的分化和融合，新的医学信息不断形成，呈动态发展的趋势。加强对医学信息的积累，有利于医务工作者对知识的加工、存储和利用。

(1) 资料积累的形式

依据划分标准的不同，资料积累的形式也有所不同。从整个积累过程的完成时间上看，有日常性的长期积累和突击性的短期积累两种；从对搜集来的素材的保管方式来说，又有个人性的积累和公共性的积累之分。

1）日常积累。日常积累指科学研究人员根据所负责的业务工作范围长期地进行经常性的点滴积累工作，也指科学研究机构的专职资料管理人员根据本单位的方针任务进行的日常资料收集和积累工作。日常积累就是要在日常的工作和生活中注意培养关注专业研究范围的信息的兴趣和习惯，把接触到的各种有关素材都留存下来。日常积累与素材的使用之间往往有一定的时间差。

2）突击积累。突击积累指在限定期限内突击完成素材积累工作。这种积累形式往往是为了完成某一紧急的调研任务而做的专门性积累工作，其积累目的十分明确、具体，积累任务一经完成，素材立即投入研究使用。为了保证在规定的时间内积累起足以完成调研课题任务的必要素材，突击积累常常要求课题组全体人员或多人共同进行。

3）个人积累。个人积累指科学研究人员根据自己的业务分工、专业范围和兴趣爱好，个人长期进行不懈的素材积累活动，所积累的素材也由自己保管。个人积累的素材涉及的范围往往较广，内容也很宽泛。有经验的研究人员大多既结合其分工专业又不拘泥于分工范围，对与研究方向直接或间接有关的素材都予以保存。这种较宽广的积累范围对于提高研究报告的质量、发现新的研究课题、拓宽研究领域等都十分有益。

4）公共积累。公共积累指科学研究机构的专职资料人员和研究课题组的成员集体共同进行的一种系统性素材积累形式。公共积累一般侧重于积累通用的有关国家、地区、行业、机构或专业领域的基础性资料和难以得到的数据。出于某些需要长期跟踪监测的重大战略性课题的素材积累和为某一紧急性的调研任务进行的突击性积累也属公共积累的范畴。公共积累的范围不宜太窄，且要相对稳定，保持连续性，按统一的格式对素材进行系统分类归档，由专人负责汇总、管理，供大家共同使用。

上述几种形式中，日常积累是基础，个人积累是每个科研人员的基本职责。

(2) 资料积累的方法

常用的积累方法有以下几种：

1）摘录（摘译）。摘录（摘译）就是真实地摘要记录（翻译）原文中的重要数据、观点和精要内容，并标明出处，以备引证。它可用来处理那些情报密度不大，不必积累全文内容的资料。有时候，摘录（摘译）也用来积累不允许或不方便复印、剪贴处理的文字资料。

2）剪贴。报纸、电讯稿和其他参考资料经常登载各类重要的政策性信息、新科技信息、市场预测信息等。但这类资料从整体上说来内容庞杂、数量众多，如果不将那些重要的信息分离出来，不论是存储管理，还是查找使用都相当困难。剪贴是没有长期完整保存这类资料的科学研究单位从中分离重要信息的主要方法。将有用的资料从报纸、刊物上剪下来，或用复印机复印下来，再进行剪贴。把应剪贴的资料分类贴在笔记本、活页纸或卡片上，通过剪贴得到的素材必须按统一规格分类装订、统一管理，否则，规格大小不一，既容易破损散失，查找也不便。这种方法的优点是可以节省抄写的时间。

无论是用卡片收集资料，还是摘录资料、剪贴资料，都必须注明出处。如果是著作，则要注明作者、书名、出版单位、发行年月；如果是报纸，则要注明作者、篇名、版次、报纸名称、发行日期；如果是杂志，则要注明作者、篇名、杂志名称、卷（期）号、页码等。

3）复印。一般信息密度大、重要素材多的文字资料和不便于摘录的图谱、表格等，可以采取复印的办法积累，某些重要而难得的资料、大部头的资料还可以进行缩微复印。

4）追记。采用当面询问、电话询问和参观考察等办法搜集信息时，因现场条件的限制，有时无法现场作文字记录，也不便录音录像。在这种情况下，为了积累素材，应在事后将所见所闻之要点和数据及时回忆记录成书面文字。追记之中遇

到有不清楚的情况，还要找当时同在现场的人员核定，无法核定的应注明“不准确”，以便今后再进一步核准。

5）拷贝。通过各种搜集方法和搜集途径得到的音像资料和计算机可读型资料，可以采用拷贝、套录、复制等办法加以积累保存。

(3) 资料积累的载体

积累的载体实际上就是记录信息的载体，主要的载体形态有：

1）卡片。卡片是目前最常用的信息积累载体，它的优点是体积小、规格统一、编排灵活、分检方便。卡片按其记载的不同内容分为三类：一是题录卡，它主要是记载某一文献的题目、著作者、出处（如期刊论文的所属刊名、年、卷、期、起讫页数）、出版单位、出版时间、收藏单位及索取号等，可用来指引查找和获取原始文献情报；二是文摘卡，用于摘录原始文献情报源的理论、方法、结论及重要公式、数据等；三是工具卡，主要用来记载常用数据、单位换算、中外文名词对照、机构缩写、人名地名、新学科与专业词汇的释义等。此外，还可建立其他内容的专门性卡片，如与实物型情报源相对应的物品种类卡、物品管理卡等。卡片的不足是容量有限，记录不下文字较多的素材。使用卡片搜集资料，易于分类、易于保存、易于查找，并且可分可合，可随时另行组合。卡片可以自己做，也可以到文化用品商店购买。一个问题通常写在一张卡片上，内容太多时也可以写在几张卡片上，当然，在搜集资料的过程中，要不要做卡片，可根据各人习惯，不必有死板规定。

2）活页。活页纸具有卡片的灵活性，分检也十分方便，而且文字容量大又便于携带，适用于对原始文献的摘录、口头交流与实地参观考察的追记、会议记录的整理等。活页的主要缺陷是不够坚挺、容易破损。

3）笔记本。笔记本作为信息积累的载体，其优点是记载文字容量可变化，携带方便，适用于访问、参观、参加会议等现场记录情况，也常用于摘录原始文献中的重要数据、观点及内容精要和记载自己的研究心得、体会等。阅读书报杂志或进行调查研究时，要随身携带笔和纸，随时记下所需资料的内容或有关的感想体会、理论观点等。在做笔记时，最好空出纸面面积的三分之一，以供记录下对有关摘录内容的理解、评价和体会。笔记本的缺点是记载的内容多，从中查找和提取信息就变得较困难，有必要在笔记本前面或后面选留几页作个目次。笔记本作为积累素材的载体不宜多用，尤其是在公共积累素材中不宜多用。

4）音像制品。作为积累素材的音像制品主要是录音带、录像带、照片、电影拷贝等，它们在积累口头型及实物型信息和通过访问、参观、考察、参加会议等形式现场搜集积累素材方面有独特优势，能真实地记录许多无法用文字准确反映和描述

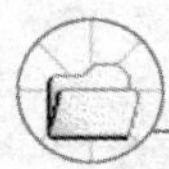

的情况或现象。

5）磁盘、光盘。电子计算机可读的磁盘、光盘、磁带等作为积累信息的新型载体日益显示出巨大的优势。其特点是存储密度高；存取速度快；一次输入，可以多种角度查找和多种方式输出，并且能同时存储图、文、声、像多种形态的素材。磁盘、光盘的缺点是存储和提取素材都必须借助于机器设备，积累、提取素材的费用较高。

4. 个人知识管理

个人知识管理（Personal Knowledge Management，简称 PKM）是一种新的知识管理的理念和方法，能将个人拥有的各种资料、信息变成更具价值的知识，最终利于自己的工作、生活。通过对个人知识的管理，人们可以养成良好的学习习惯，增强信息素养，完善自己的专业知识体系，提高自己的能力和竞争力，为实现个人价值和可持续发展打下坚实基础。

（1）个人知识管理的概念

个人可以管理的知识不仅是指书本和文献中的有形内容，更是指信息，即原始材料中组织和系统化的数据。个人知识管理的重点在于对隐性知识的管理，实现显性知识和隐性知识的共享，提高学习能力、应变能力和创新能力。

个人知识管理的内容可以概括为检索信息的技巧、评估信息的技巧、组织信息的技巧、分析信息的技巧、表达信息的技巧、保证信息安全的技巧和信息协同的技巧等七种知识管理方法，实际上是处理日常工作中“知识维度”的一系列连续的动作和操作，并可以根据需要相互结合，选择使用。

个人知识管理的实质在于帮助个人提升工作效率，整合自己的信息资源，提高个人的竞争力。通过实施 PKM，个人可以在短时间内处理大量的信息，快速有效地获取所需知识，提高工作效率和自身能力。

（2）个人知识管理的工具

在目前的技术条件下，个人知识管理可以充分利用各种随手可得的主流软硬件工具，结合使用其他辅助小工具。例如，微软 Office，MS Outlook，Lotus Notes，QQ，MSN 等常用软件，以及概念地图、心智地图、网络日志（Weblog）和维基百科（Wiki）等辅助小工具。硬件有手机、笔记型计算机、PDA 等个人数字工具。

（3）个人知识管理系统架构

基于简单有效和经济实用的原则，个人知识管理系统的构架包括两个部分：三维信息网络和知识系统。

1）三维信息网络架构。获取大量的有用信息是进行个人知识管理的基础。

信息网络代表了收集信息的能力、数据的多少与品质的好坏，成为决定知识产出品质的第一影响因素。一般而言，PKM 应该建立至少 3 个方面的信息网络，即人际网络、媒体网络和互联网络。

2）个人的知识系统架构。收集数据只是知识管理的第一步，接下来还要建立起知识系统架构。知识系统架构，简单说就是储藏知识的架构。知识架构的系统化有助于对收集到的数据进行有效储存和快速索取。

11.3 情报分析研究和预测

情报分析研究与预测是情报调研活动过程中最为关键的一环，要求通过情报调研人员的理性思维，对搜集、积累的资料进行再整理、深加工，即将零散的、表面的和感性的资料进行逻辑加工，揭示它们内在的、本质的联系，得出建设性的意见、建议和结论。

11.3.1 综合和融合

1．综合加工

综合加工是进行情报分析研究与预测的一种基本形式，它把通过各种渠道获取的资料集中起来，以一些零散的资料作为线索，利用其他方面的补充资料来帮助鉴别、理解，并综合拼接成完整的情报“画面”。各种不同角度、不同深度，甚至不同准确度的分散资料一旦进行了综合加工，就能使之条理化、系统化，概括出相对完整、准确的情报分析研究与预测的结论。

2．融合加工

融合加工是情报分析研究与预测的另一种基本形式，它是通过广泛分析研究与研究对象性质相同或相近的事物的情况，吸收各方的精华，将它们融为一体进行加工，使之产生质的飞跃，得出更新颖、更科学的情报。

适用于综合和融合加工的研究方法有综合、比较、相关分析等，综合和融合加工常应用于水平动向情报研究、技术情报研究和开发新产品的情报研究等方面。

11.3.2 提炼和推论

1．提炼加工

提炼加工是情报分析研究与预测的一种重要形式，常用的提炼加工有共性提炼、特性提炼和典型提炼三种。

(1) 共性提炼

共性提炼是指从反映同一事物,但不同时间、不同空间或不同性质的资料中,寻找相同的特点、步骤、方法和规律。共性提炼常用的方法是概括、比较、求同思维等,它多应用于有关技术政策和科学管理等领域的情报研究活动。

(2) 特性提炼

特性提炼是指从反映同一事物并具有大致相同状况的资料中,从时间、空间或性质等角度寻找不同的特点、步骤、方法和规律。特性提炼常用的研究方法有比较、分析、图示、求异思维等,它多用于有关市场、工艺设备、产品开发、发展规划等方面的情报研究。

(3) 典型提炼

典型提炼是指从反映同一事物,但时间、空间、性质和状态等方面存在某种差异的资料中,选择出一种或少数几种与目标事物具有类似特点和条件,并可用以借鉴的情报。典型提炼所用的研究方法是调查、比较和枚举等,它多用于关于产业发展政策、科技政策、经验教训和技术等方面的情报研究活动。

2. 推论加工

推论加工也是常用的情报分析研究与预测的形式,它有预测性推论和判断性推论之分。

(1) 预测性推论

预测性推论是根据事物过去和现在的状况推测其未来的发展前景和趋势。预测性推论常用的研究方法有趋势外推、情报模型、相关分析、回归分析、专家调查等。

(2) 判断性推论

判断性推论是在同一时间条件下,根据已知事物来判断未知事物。判断性推论常用的方法有相关分析、形态结构分析、内插分析等,常应用于关于技术、竞争和市场分析等领域的情报研究活动。

11.3.3 情报研究方法

情报分析研究是一种科学劳动。在情报研究工作中选择、创立和确立有效的、科学的方法是非常重要的。方法选择得当能使研究报告更具有说服力。情报研究方法可分为定性研究方法和定量研究方法,有时也将定性研究方法和定量研究方法交互在一起使用。

1．对比分析法

对比分析法实质上是一种比较的方法。比较是对两种或两种以上的不同事物或同一事物的不同方面进行对比、区分，以识别它们之间的差异、特点和去向的一种辩证逻辑方法。通过比较来揭示对象之间的异同，是人类认识客观事物最基本的方法。

对比分析法适用的对象有：科学研究水平的对比；工业技术水平的对比；科技发展条件的对比；某一学科或技术的发展历史、现状的对比；技术方案的对比；市场销售情况的对比。

对比分析的表达式包括：列成表格、绘制图表、文字描述。对比分析应注意的问题是：抓住主要矛盾，防止片面性，避免表面化。

2．分析综合法

分析就是把某一事件的整体分解成多个部分，把复杂的事物分解为各个要素，并对这些部分或要素进行研究和认识，找出其中的主要因素及其关系的一种逻辑方法。分析主要有以下几个方面：

一是定向分析，根据时间和空间的不同，又可分为：历史分析，即根据某一事件的发展历史和发展过程，分析各历史阶段的因果关系或矛盾关系，以及这些因素和关系的性质在课题中的地位和作用；地区分析，即对不同国家或地区反映的同一课题进行对比分析，排除其中无差距或差距小的问题，抓住主要矛盾。

二是因果分析，又可分为内因分析、条件分析和典型分析。

三是层次分析，根据事物的本体分成若干层次，进行一层一层的分析研究。

综合就是在分析的基础上，把与事件有关的众多片面、分散的各种要素进行归纳、整理，把各部分要素联系起来考虑，从错综复杂的现象中，探索要素间的关系，去通观事物发展的全貌和全过程，从而获得新的结论的一种逻辑方法。综合主要有以下几个方面：

一是简单综合，是对某些对象进行研究，发现其中相同之处或不同之处，然后进行综合归纳的一种逻辑思维方法。实际上是从整体到部分再到整体的过程。

二是提炼综合，是把个别的、分散的、局部的情况结合在一起，从中提炼出能产生同一现象的感性、共性原因或特殊原因，从而提出新的认识、新的概念或新的结论的一种逻辑思维方法。

三是系统综合，是从系统的观点出发，对专题进行大范围的综合研究。

3．专家咨询法

专家咨询法就是以专家作为索取信息的对象，依靠专家的知识和经验，由专家通过调查研究,对问题作出判断、评估和预测的一种方法。该法采用函询调查,对与预测问题有关领域的专家分别提出问题,而后将他们回答的意见综合、整理、归纳、匿名反馈给各位专家,再次征求意见,然后再加以综合、反馈。这样经过多次循环,最后得到一个比较一致且可靠的意见。

其中,德尔菲法是最重要的一种方法。所谓德尔菲分析方法,是按一定程序向有关领域的专家进行调查,通过专家判断和定性、定量的综合分析,经几次反复,最后得出预测结果。其中特别重要的是调查表的制订,调查表的优劣将决定调查意见的准确性。所以,制订调查表要注意以下几点:对德尔菲法作出简要说明;问题要集中;避免组合时间;用词要确切;调查表要简化;要限制问题的数量。

4. 相关分析法

相关分析法本质上是利用事物之间内在的或现象上的联系,从一种或几种已知事物来判断未知事物的方法。该方法特别适用于市场情报、军事技术、专利技术等情报的分析研究。它包括因果分析法和类比分析法。

5. 统计分析法

统计分析法有三种:平均数统计、指数统计和动态统计(发展水平、增长量、发展速度、增长速度)。

6. 数据分析法

数据与文字相比,具有更准确、更精练、更具体、更雄辩的特点。它可以反映事物的本来面貌,揭示自然界固有的客观规律,可以用来检验实践、评价过去、权衡利弊、预测未来。通常分为:插值法——研究由已知数据构成的特定函数的变化规律,在其内涵或外延基础上取某函数的近似值,以取代无法求得的实际数据的方法;回归法——是一种处理已知数据以寻求这些数据的演变规律,从而推出未来的一种数理统计方法;Meta 分析法——一种结合文献计量学方法,综合分析已有的研究成果(如有关某一药物的疗效、某种病因的研究等)或设计新的研究课题方案的一种文献分析方法。

7. 趋势外推法

这种方法是根据已知推测未知,根据当前预测未来的一种重要方法。外推法可以研究专业技术情报,也可以研究经济和市场情报。趋势外推法应注意:要注意接受辩证规律的指导;要随时注意外在因素变化的影响;要注意预测精度。一般来说,时间短、范围小,预测就精确,反之亦然。

8. 系统分析法

系统分析法就是从系统的观点出发,始终着重从整体与部分之间、整体与外部

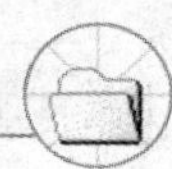

环境之间的相互关联、相互作用、相互制约的关系中，综合地、精确地考察对象，以达到最佳地处理问题的一种方法。系统分析法有3个显著特点：整体性，即把整体作为研究对象，从整体的各个部分去揭示问题的特征和运动的规律；综合性，这可以从两方面去看，一方面把整体看成综合体，另一方面，把任一对象的成分、结构、功能、相互联系方式等方面进行综合系统考察；最佳化，主要是使部分功能和目标服从系统总体的最佳目标。

9. 文献计量学研究法

文献计量学（Bibliometrics）是以文献为主要研究对象，以科学文献产生及增长规律、老化规律、布尔德福等三大定律，以及文献统计法、引文法为研究内容的科学。

引文分析是文献计量学的重要组成部分。它是根据文献间存在的相互引证关系和特点，运用统计学及数学、逻辑思维等方法，对文献的引用和被引用现象进行分析，用来评价期刊和论文的质量、科研机构或著者的学术水平及预测某学科的发展趋势的一种定量学方法。引文分析法的作用主要有：通过引文分析来确定核心期刊；分析科学文献的著者群及其形成规模、分布以及随时间的变迁状况；预测科学发展的热点及其科研发展结构等。

10. 计算机辅助系统

按目前的发展，计算机辅助系统可分为预测系统、情报专家系统、情报研究仿真系统。其发展历程分为三个阶段：

（1）前期阶段：该阶段引进情报研究定量方法，主要以数字模拟为主。

（2）理论研究和应用阶段：情报研究工作前途在于计算机化，但必须建立在数字模拟基础上，判断以系统工程、计算机技术等现代化技术建立辅助系统的可能性。

（3）情报研究智能模拟的发展阶段：该阶段刚刚起步，情报界专家普遍认为应将人工智能，主要是专家系统技术引入情报研究自动化领域，用计算机模拟人的思维过程，并应利用专家系统技术对数据库已有情报加以利用。

11.3.4 情报调研报告

情报研究人员通过分析研究而形成总结、结论、建议和意见等，经过具体文字表达后就形成情报调研报告，它作为情报调研的成果形式直接提供给用户参考使用。

根据情报调研活动的任务和服务对象的不同，情报调研报告有不同的类别之分，归纳起来大致有：

1. 情况反映类

情况反映类也称消息类,类似于一般的科技新闻、动态消息。它通过对大量国内外信息的挑选、鉴别,提炼出其中最为重要的、影响深远的情报,以快速简洁的方式报道给用户,具有很强的针对性和推荐性。这类报告的内容主要是报道国内外科学技术和国民经济发展状况及某一学科、某一专业方面出现的新进展、新方向,一般有快报和动态两种。

2. 系统资料类

系统资料类是情报调研部门在日常积累和全面调研的基础上,综合汇总有关某些学科、专业、产品、方法或机构的情况而形成的一种资料汇编性材料。它以资料丰富、全面、系统、准确见长,用户据此可以方便、清楚地了解有关方面的基本概况、发展水平和动向,以及国内外、单位内外的差距。它主要有年鉴、手册、指南、人名录和数据库等类型。

3. 综合报告类

综合报告类是围绕某一课题,在一定的时空范围内,全面系统地搜集信息、资料,然后对收集和积累的资料进行系统整理、分析研究、得出结论而撰写的一种情报调研报告。根据课题提出的要求和分析研究的深度,可分为综述、述评、专题报告和学科总结等几类。其中,综述是医学情报调研工作中最常见的报告形式。关于医学综述、医学文摘的写作将在12章作详细阐述。

11.4 医学科技查新工作

科技查新是情报调研工作的一种常见类型。它是通过科技文献检索和对比分析,对科技项目的新颖程度作出判断的信息咨询活动和文献查证工作。科技查新的程序和方法主要包括:项目分析,确定查新要点;文献筛检,判定密切相关文献;文献对比分析;综合分析,进行新颖性评价;作出查新结论,提出查新认证书面报告。科技查新离不开文献检索,查新要求高水平检索,而文献检索代替不了查新。医学科技查新的类型主要有科研立项查新、科技成果查新和专利申报查新等。

11.4.1 科技查新的性质和重要性

查新是指通过手工检索和计算机检索等手段,运用综合分析和对比方法,为评价科研立项、成果、专利、发明等的新颖性、先进性和实用性提供文献依据的一种信

息咨询服务形式。

卫生部关于医药卫生科技项目查新咨询的规定中指出,查新工作是医学情报人员以高水平文献检索为基础,经反复深入筛析、鉴别、确定密切相关文献,运用多种方法进行国内外对比分析,为卫生部科研立题、成果评审等科技活动的新颖性评价提供科学依据的情报咨询服务。它与一般文献检索不同,不以提供可能相关文献目录为目的,而是以提供新颖性评价为宗旨。

科技部发布的《科技查新规范》对查新的定义是:查新是科技查新的简称,是指查新机构根据查新委托人提供的需要查证其新颖性的科学技术内容,按照本规范操作,并作出结论。它是依照有关政策法规和规定程序,根据委托项目的内容实质,通过密切相关文献的筛定及其与项目内容的对比分析和综合分析,对项目的新颖性提出评价报告的指令性规范化科技情报文献分析认证工作。

对科技项目新颖性进行文献认证,为科技项目的评审提供客观的文献依据,与专利的"新颖性、创造性和实用性"审查的不同之处在于,它是指令性、规范化的科学评估和咨询活动;以文献调查分析为基础的专题调研工作;运用多学科知识和技能的复杂脑力劳动;以缜密思维和分析判断为主的科研活动。对于主管部门来说,科技查新工作是委托情报机构进行的重要科技管理职能,是科技项目评定中具有鉴证性的文献认证,是提高科研课题和成果质量的重要保证,是科技项目评审科学化和规范化的重要措施,是科研高水平、高起点、高质量的保证。

对于查新单位来说,科技查新工作是受命或依法完成的情报分析咨询活动,是科技情报工作核心任务和发展趋势之一,是以密切相关的文献检定、情报对比分析和新颖性评价为特点,而不同于一般的文献检索。科技查新的基础是密切相关文献检索筛定,核心是国内外情报对比分析和综合分析,关键是对科技项目新颖性的评价与结论。

11.4.2 科技查新的基本原则

科技查新应当坚持实事求是、客观公正的原则,保证查新活动的独立性和查新结果的准确性。查新委托人在处理查新委托事务过程中,查新机构在从事查新活动中,查新咨询专家在提供查新咨询服务过程中,应当遵循以下基本原则:

1. 自愿原则

查新委托人有权选择查新机构,查新机构有权接受或者拒绝查新委托。查新机构有权选择查新咨询专家,专家有权接受或者拒绝担任查新咨询专家。只有在双方自愿和合法的基础上,双方的聘请关系才能真正确立。

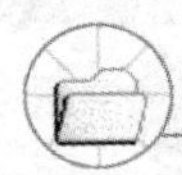

2. 依法查新原则

依法查新是开展查新业务的一项重要原则。从事查新的机构应当是具有查新业务资质的信息咨询机构。查新单位要遵循《科技查新机构管理办法》和《科技查新规范》的相关规定开展查新工作。

3. 独立、客观、公正原则

(1) 独立原则。查新机构、查新员、查新审核员、查新咨询专家应当是与查新项目无利害关系的第三者。查新机构、查新咨询专家从事的具体查新、查新咨询活动不受任何行政部门控制,也不受其他机关、社会团体、企业、个人、查新委托人等的非法干预。查新咨询专家提供查新咨询意见时不受查新机构的非法干预。如果查新机构、查新咨询专家认为其独立性受到损害,则可以拒绝进行查新、查新咨询,或中止相应的查新、查新咨询活动,或在查新报告、查新咨询专家意见表中声明。

(2) 客观原则。查新机构应当依据文献,客观地为查新委托人完成查新事务。查新报告中的任何分析、技术特点描述、每一个结论,都应当以文献为依据,符合实际,不包含任何个人偏见。

(3) 公正原则。查新机构在处理查新事务的过程中,应当站在公正的立场上,在遵照《科技查新机构管理办法》和《科技查新规范》的前提下,公正地为查新委托人完成查新事务。查新机构不可因收取查新费用而偏袒或者迁就查新委托人,查新咨询专家也不能因收取查新咨询费用而迁就查新机构。

11.4.3 科技查新咨询与一般文献检索的区别

科技查新虽然离不开检索,但查新中的检索与一般文献检索却有着质的不同,而查新工作更与一般文献检索有着根本的区别。很多人混淆了这两种概念,把查新混同于一般检索,或将其停留在一般检索的水平上,这是造成查新咨询水平低下的重要原因。

一般文献检索,针对项目需要,仅提供文献线索,必要时提供文献,对项目内容一般不作分析和评价。对可能相关的文献侧重于查全,而不管最终是否有以及有多少文献与所查项目相关或密切相关。

科技查新咨询,是将文献检索和情报调研相结合的情报研究工作,它以文献为基础,以文献检索和情报调研为手段,以检出结果为依据,通过综合分析,对查新项目的新颖性进行情报学审查,写出有依据、有分析、有对比、有结论的查新报告。因此查新有较严格的年限、范围和程序规定,有查全尤其是查准的严格要求,要求给出明确的结论,查新结论具有鉴证性。这些都是文献检索所不具备的。

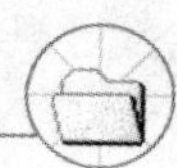

二者的关系是:查新咨询离不开文献检索;查新咨询要求高水平检索;文献检索代替不了查新。

11.4.4 医学科技查新的类型和特点

1. 科研立项查新

科研立项是科学研究的基础,只有把握好立项研究,对研究项目的先进性、新颖性、实用性等特征进行科学的评估,才能保证科学研究的质量和水平。科研立项查新的目的是为主管科研立项的专家和领导提供客观的文献信息依据,能真实地反映这些科研项目在国内外的研究现状和进展情况,以避免科研项目的重复,避免人力资源和物力资源的浪费,从而将有限的科研经费用到急需研究的项目上。同时也使科研人员可以在开题之前比较全面地研究文献信息,达到优化科研项目的总体设计、缩短科研周期、少走弯路以及快出成果的目的。科研立项查新要求科研人员提供科研立项申请书,包括全面、充分的科研背景材料、明确的研究目标和具体的研究内容等。

2. 科技成果查新

科技成果查新是指申请科技成果鉴定之前,需要查证科技成果的创新性,为成果评审专家提供该成果相关的事实依据,目的在于帮助专家客观、公正地评价研究成果,减少评审失误,保证成果的质量,增强科学的严肃性,实事求是地反映科研水平。科技成果查新是申报科技成果奖励的必备条件,是成果鉴定和评审的重要依据和基础。成果查新需要对成果进行全面系统的文献检索,证实其具有新颖性。检索的文献范围广,文献类型多,要求查找出与申报成果最密切相关的对比文献,并以此证明所申报的成果名符其实。因此,要求科技成果查新的委托人提供科技成果申报书的各项内容,包括本项成果的主要研究内容、关键技术方法、主要技术指标、主要特点和技术创新等;还需要提供已经在国内外发表的论著、专利证书、科研合作单位及其知识产权关系的证明材料等。科技成果查新一般同时要求提供论著被引用的证明。

3. 专利申报查新

专利申报查新与成果查新是有差异的,我国专利的新颖性是混合性的,要求国内外未公知,国内未公用,检索时间限制是申请月或优先权日之前 15 ~ 20 年。而成果查新可以有国外新颖性、国内新颖性、地区或行业内新颖性等特征和区分。成果查新的文献检索时间限制也因课题、学科差异而有所不同,科技部规定要求检索文献的时间至少 15 年。按照世界专利合作条约的规定,专利查新最低文献量均为

英、美、法、德、日、俄、意及PCT,EPT等七国及两组织的专利说明书和169种核心期刊。而科技成果查新的文献检索范围应当包括图书、期刊、研究报告、专利、产品样本、会议资料、标本等。

专利分为发明专利、实用新型专利和外观设计专利三种,其侧重点是不同的。发明是指对产品、方法或其改进提出的新的技术方案。实用新型是指对产品的形状、构造提出的实用的技术方案。外观设计是指对产品的形状、图案或其色彩做出新的设计方案。因此,要求专利查新委托人提供具体类型的专利申请的全部资料,查新机构根据专利类型进行相关内容和相应范围的检索并出具查新证明。

11.4.5 科技查新的程序和方法

1. 查新受理

(1) 查新机构应当在获准的专业范围内受理查新业务。根据《科技查新机构管理办法》和《科技查新规范》的有关规定,查新机构应判断待查新项目是否属于查新范围,判断待查新项目所属专业是否属于本查新站查新业务的受理范围,超出查新机构受理的专业范围或缺少必要的数据库或者文献资源的不予受理。

(2) 确定查新员和审核员。

(3) 在准备接受查新委托项目时,查新人员必须首先认真了解项目的实质内容,弄清项目的特点、创造点或该项目与同类研究的不同之处,以交谈为主。查新委托人不能明确列示查新题目下各个查新点,或查新委托人不能出具与查新内容相关的技术资料的,查新机构可以拒绝查新委托。

(4) 若接受查新委托,应请委托人认真填写《查新课题委托单》,同时查新机构应当与查新委托人订立查新合同。

(5) 与用户商定提交查新报告的时间,一般情况下,国内查新10天,国外查新20天。

2. 文献检索

(1) 检索准备。查新员认真、仔细地分析查新项目的资料、查新委托人提出的查新点与查新要求;了解查新项目的科学技术特点;明确检索目的。根据检索目的确定主题内容的特定程度和学科范围的专指程度,使主题概念能准确地反映查新项目的核心内容。确定检索文献的类型和检索的专业范围、时间范围。制定周密、科学而具有良好操作性的检索策略。进行项目(课题)分析,确定查新咨询要点:要求透彻理解项目内容和准确分解查新咨询要点;通过与用户讨论、反复研读全部项目材料和查阅参考资料,透彻地理解和把握项目的关键内容,准确地分解查新咨

询要点。

(2) 检索年限。检索文献的年限应当以查新项目所属专业的发展情况和查新目的为依据,一般应从查新委托之日前推10年以上,对于查新合同中另有约定的,按约定执行。

(3) 检索方法和途径的选择。根据查新项目所属专业的特点、检索要求和检索条件,确定检索方法和检索途径。以机检方法为主,手检方法为辅。除利用检索工具书和数据库外,必要时还需补充查找与查新项目内容相关的现刊,以防漏检。此外,还应当注意利用相关工具书,如手册、年鉴等。

(4) 联机检索策略的确定。需进行联机检索时,应在制定检索策略之前,摸清有关文献的分布情况,然后选择相应的数据库。对被选中的数据库,应尽可能地摸清其编排方式和主题词选择等规范。切忌凭空想像和仅凭经验上机。在联机检索中,应注意以下几点:

1) 正确选用主题词和编写检索策略。查新人员要与用户认真交换意见,充分理解客体的实质内容和用户委托要求,以便确定检索词和检索策略,选用检索词要慎重,注意选用国外惯用的技术用语,对用户提供的词要认真复核,注意对课题隐含概念的提取,也可以用光盘数据库来核对。编制检索策略要注意各个数据库的特点,必要时可编制多个方案,经用户同意后再上机检索。

2) 凡是能用分类号检索的,在用主题词等检索的同时,应用分类号检索,以使检索相对集中,不易漏检。

3) 机检结果为零的课题应慎重处理。正常情况下,一方面应再次审核所用检索词和策略是否正确;另一方面,采用分式检索,取消有关专指性很强的检索词,再次上机,直至查到有关文献。

(5) 检索结果的检验和调整。要求按照查新要点,全面、准确、科学地选择和组配检索用词,制定正确的检索策略,进行文献筛检,判定密切相关文献。在文献检索实际工作中,常常会发现检索结果不理想,还需要进行检验和调整。检验和调整有以下几种方式:

1) 增加新的相关数据库检索。

2) 从主题词途径检出的文献用分类检索途径来检索。

3) 从数据库设置的其他字段检验主题词检索结果。

4) 扩大、缩小检索范围。当检出的记录文献太少时,应当扩大检索范围;当检出的记录文献过多时,应当优化检索策略,缩小检索范围。

(6) 文献对比分析,逐点逐项进行比较。在认真阅读、领会密切相关文献和把

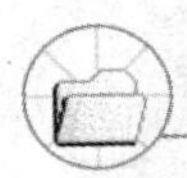

握整体、突出要点的基础上，对照查新要点，按照各种内容和技术要素，逐项进行对比分析。在对查新要点逐个对比分析的基础上，再从整体上进行综合分析，对整个项目的新颖性作出评价：整体、部分或其组合是否有过文献报道；新颖性及新颖性程度如何为科技立项和成果鉴定提供新颖性评价依据。根据逐项对比分析，对每个查新咨询要点作出新颖性评价，以及是否有人做过、做到何种程度；或对已有研究有重要改进，包括对整个工艺过程众多环节中某一或某些环节有重要改进，再根据综合对比分析，对项目作出新颖性评价。

3. 出具查新报告

查新报告是查新机构用书面形式就查新事务及其结论向查新委托人所作的正式陈述。查新机构应当在查新合同约定的时间内向查新委托人出具查新报告。

(1) 查新报告应当采用科学技术部规定的格式，内容要符合查新合同的要求，提交的时间和方式符合查新合同双方的约定。

(2) 查新报告应当采用描述性写法，使用规范化术语，文字、符号、计量单位应当符合国家现行标准和规范要求。查新报告中的任何分析、科学技术特点描述、每一个结论，都应以客观事实和文献为依据，完全符合实际，不包含任何个人偏见。

(3) 查新结论应当客观、公正、准确、清晰地反映查新项目的真实情况，不得误导。查新员应当根据查新项目的科学技术要点，将检索结果分为密切相关文献和一般相关文献。通过对检索结果与查新项目的科学技术要点的比较分析，给出对查新项目新颖性的判断结论。

(4) 查新结论得出后，由查新员填写查新报告。

(5) 审核员根据《科技查新规范》、相关文献与查新项目的科学技术要点的比较结果，对查新程序和查新报告进行审核。

(6) 有效的查新报告应当具有查新员和审核员的签字，加盖查新机构的科技查新专用章，同时对查新报告的每一页进行跨页盖章。

(7) 查新报告应当包括经查新员、审核员签字的声明。声明的内容可以参考以下内容进行撰写：报告中陈述的事实是真实和准确的；按照科技查新规范进行查新、文献分析和审核，并作出上述查新结论；获取的报酬与本报告中的分析、意见和结论无关，也与本报告的使用无关。

(8) 完成查新报告后，按合同规定的时间、方式和份数向查新委托人提交查新报告及其附件。

4. 文件归档与数据库登录

查新员按照档案管理部门的要求，及时将查新项目的资料、查新合同、查新报

告及其附件、查新咨询专家的意见、查新员和审核员的工作记录等存档，及时将查新报告登录到国家查新工作数据库。

查新机构应当做好查新档案的管理工作。查新档案大体上分为文书档案和项目档案两大类。

文书档案包括上级下发给查新机构的各种有关查新的办法、规定、规范、细则等，查新机构制定的各种有关查新的规章制度，查新机构的年检材料和查新工作总结，查新项目登记簿，查新咨询专家数据库和有关业绩材料，以及查新人员在工作中所获成果、发表的著作和论文等有关资料。

项目档案包括查新合同、查新报告、查新项目的主要科学技术资料，查新咨询专家的书面咨询意见，查新人员的工作记录等。

查新档案应当立卷保管，文书档案按年度归档，项目档案按项目立卷。查新档案的保管须有固定场所和专用保密文件柜，并由专人负责管理。用计算机进行档案管理，每个项目的科技查新报告应当登录到国家查新工作数据库。

每一个查新项目的相关材料应当由该项目的查新员负责收集、整理、归档。查新完成之后，所有关于该项目的材料应当及时移交档案保管人员，档案保管人员应当建立档案登记簿，按照要求逐一清点验收、登记，并需经双方签字。

文书档案应当长期保管，项目档案一般保管五年，逾期档案可予以销毁。销毁档案须经所在单位主管领导批准，并建立销毁登记。

收集委托人反馈意见并存档。

11.4.6 医学科技项目的新颖性评价与查新结论

科技查新只对查新项目的新颖性作出评价，一般查新结论包括文献数量或程度描述、对比分析、作出新颖性评价三部分内容。医学科技查新项目的新颖性评价结论有以下几种表达方式。

1. 有明显的创新点

科技项目中有明显的研究对象、研究方法、研究设计、研究结果这四个方面创新点中的一个或几个，就可以比较正确地作出新颖性评价结论。

2. 创新点不突出

创新点不突出时，即研究对象、研究方法、研究设计、研究结果或预期结果基本相同的情况下，针对不同的情况作出具体分析，得出新颖性评价结论。

(1) 要分析评价研究结果公开发表的时间或通过技术鉴定、获奖时间上的差别。这种查新结论应以最先发表或最早通告的研究结果、最早通过鉴定或最早获

奖的成果为主要分析评价依据,作出与他人的报道结果相同或相似的肯定或否定的结论。

(2) 完成的病例数、分组观察等存在差异。这种情况常见于大规模的流行病学调查、人群普查、手术观察、检验指标等项目。如果完成的病例数更多,且分组观察等更仔细,那么得出结论的可信度更高,更具有代表性,可重复性更强,其学术价值就更高。在作查新结论时应当特别强调说明。

(3) 科研完成单位存在地区上的差异。由于研究对象,如人种、身体状况、自然环境、生活条件和习惯、实验条件、产生的效果等在不同地区可能有不同的表现,所以同一研究项目可能得出不同的研究结果。通过检索到的文献,可以从地区范围进行对比分析,作出正确的查新结论。

11.4.7 科技查新对委托人的要求

查新委托人是指提出查新需求的自然人、法人或者其他组织。科技人员向科技查新机构提交查新委托书时需要了解清楚的是如何进行查新委托,需要提交哪些资料,填写查新委托书需要注意哪些事项等。

1. 明确查新目的和要求

查新委托人必须明确查新的目的,包括科研项目立项申请、科技成果鉴定评奖、申报专利、发表论著、评定技术职称等;要提出文献检索的范围和年限,包括限于检索国内文献或检索国内外文献;是否检索专利文献、科技报告、技术标准等特种文献资料。检索年限要求按科技部的规定至少检索近 15 年的文献,也可以根据研究项目的内容和科技管理部门的要求确定检索年限。

2. 委托需要提交的资料

查新委托人应当据实、完整地向查新机构提供查新所必需的下列资料。

(1) 查新项目的科学技术资料

查新委托人必须向查新机构提交全面的科技项目或科技成果申报材料、详细的专利申请书、科技产品样本资料、主要论著全文资料和详细的论著目录。必须认真填写查新委托书上的每项内容,特别是主要研究内容、关键技术方法和主要技术指标以及本项目的主要技术特点、理论或技术创新点。要求提供全面准确和足够的中英文关键词。

(2) 查新检索所需资料

查新委托人应当尽可能提供下列资料,以供查新人员在检索时参考:

1) 参考检索词,包括中英文对照的查新关键词(含规范词、同义词、缩写词、相

关词)、分类号、专利号、化学物质登记号等。关键词应当从查新项目所在专业的文献常用词中选择。

2) 国内外同类科学技术和相关科学技术的背景材料。

3) 参考文献:列出与查新项目密切相关的国内外文献(含著者、题目、刊名、年、卷、期、页)和技术性能指标数据。

(3) 查新机构认为查新所必需的其他资料

比如,查新委托单位或课题负责人应当向查新机构说明本研究项目的知识产权关系,特别是协作研究的项目,如有必要应当提供有关机关的证明材料。

11.4.8 医学查新工作常用数据库

1. 核心数据库

医学索引(Index Medicus/Medline);美国生物学文摘(BA);美国化学文摘(CA);世界专利索引数据库(WPI);科学引文索引(SCI);工程索引(El);生物科学数据库(Biological Sciences);英国剑桥科学文摘(Cambridge Scientific Abstracts);生物技术和生物工程文摘(Biotechology and Bioengineering Abstracts);应用科技全文数据库(AT);Dialog 数据库;清华同方的中国期刊网;维普中文科技期刊全文数据库;中国专利数据库;万方数据资源系统的中国学术会议论文库;万方数据资源系统的中国科技成果数据库。

2. 辅助数据库

中国化工文献数据库;万方数据资源系统的学位论文数据库;万方数据资源系统的企业与产品数据库;欧洲专利局网站;美国专利与商标局网站;博硕士学位论文数据库(PQDD);科学会议录(ISI Proceedings);Kluwer Online 数据库;Springer 数据库;EBSCO 数据库;Elsevier SDOS 数据库;Wiley 期刊全文数据库;北京文献服务处联机数据库;各种网上信息源。

思 考 题

1. 何为医学情报调研?其作用、程序如何?
2. 如何进行情报分析与预测?
3. 科技查新咨询与一般文献检索有何异同点?

12 医学论文写作

科学论文是科研工作者对科学领域的现象进行研究,记录探索未知过程和取得科学研究成果的基本形式。科学论文反映科研工作的水平和价值,是推动科学发展的主要信息源。

医学科学论文是对医学实践活动的总结,有别于其他科学论文。医学科学论文关系着人类的健康与生存,这决定了医学论文在写作方法与格式上具有独特之处。因此,学习、掌握与应用撰写医学科研论文的原则和方法,对于写出高质量和高水平的学术论文具有十分重要的意义。本章概述了医学论文的特点、类型、体裁及评估原则,阐述医学论文的基本格式和规范要求,并介绍了撰写医学论文的步骤及医学文献综述和述评的撰写方法。

12.1 医学科学论文概述

科学论文是科研成果的总结。它记载着人们探索真理的过程,反映科研工作的水平和价值,是科学工作者之间进行学术交流的文字记录。

医学的任务在于认识疾病,掌握疾病发生、发展的过程和规律,寻找防治疾病的有效措施,增进人类的健康。医学科学论文是以一定的科学理论为指导,把医学科学工作者在科研、医疗、预防、教学、护理等工作实践中所获取的第一手资料,经过分析、归纳等思维劳动,用文字撰写而成的文章。撰写论文是科研工作的重要组成部分。它既总结研究成果,又综述研究过程;既起促进作用,又有启示作用。如果只做科学研究,而不撰写论文,则其科学成果无从体现,无法进行推广和交流,也就丧失了科学研究的意义和作用。

医学科学论文是医学文献的重要组成部分,是进一步开展医学研究、学术讨论及帮助读者提高业务技术水平的有力工具,也是掌握、了解医学科学进展的主要信息来源,为医学科学知识的积累、交流、传播、继承和创新提供条件和依据。

12.1.1 医学科学论文的形成过程

医学论文作为科学论文的一种,其形成过程是对医学研究基本的描述、概括和反映。医学研究的基本程序是:

1. 问题的提出

问题的提出往往来源于一个有待解决的问题。在医学实践中,常会遇到一些现有理论不能解决或与通常的认识发生矛盾或不相吻合的问题或事实,科研工作者经过认真的思考分析,会产生一个初始意念,这就是提出问题的过程。

2. 假说的形成

建立假说是科学研究的一个重要步骤。它是依据医学科学理论、个人的实践体会,并在总结现有认识的基础上,对所要研究的问题提出初步的、带有推测性和假定性的理论解释,运用概念和推理等思维形式对未知的医学现象或规律做出假定性证明,对临床或实验结果确定假定性的目标和指标。

3. 假说的验证

假说的验证就是通过实践验证假说的正确性。实践是发展假说的根本动力,实践证明是正确的就可以得出科学结论,进一步可能上升为理论。这就需要科学工作者用求实、严谨的科学态度,在观察和实验中详细记录各种资料、数据,检验假说要善于透过现象看本质,排除偶然,以得出科学的结论。

4. 结论的得出

在对观察和实验中取得的数据资料分析综合、加工整理的基础上,通过论证和推理,回答所建立的假说是否正确,从而对所研究的问题得出科学的结论,并从深度和广度上对所得结果进行讨论,以深化认识。这是科学研究中的决定性步骤。

5. 撰写成科学论文

撰写论文是科研工作的最后一步,是研究工作的书面总结。只有将在观察和实验中获得的有价值的结果进行分析综合,并用论文的形式在一定的医学专业书刊或会刊、网站中发表,才能体现研究工作的价值。

12.1.2 医学科学论文的特点

医学科学论文的特点也就是撰写医学论文时要遵循的基本原则。

1. 科学性

科学性是指医学论文结构合理,科研设计严谨周密,实验方法正确可靠,数据结果记录准确无误,忠于事实,并运用科学的原理进行富有逻辑的论证,得出科学的结论,实验结果要经得起任何推敲和实践检验。因此,科学性的根本要求就是在研究和写作中,要具备严肃和实事求是的科学态度和科学精神,正确反映客观事物并揭示其规律。对于超前的思维和研究成果,最好解释清楚,让更多的人理解,切忌使用不规范的语言。

2. 创造性

创造性是衡量医学论文价值的根本标准,是科学研究的"灵魂"和"生命"。医学科学研究的使命,就是要在总结前人成果的基础上,有所创新,有所突破。而作为反映医学科研成果的医学论文,其主要任务是交流医学上的新成就、新发现,阐述新理论、新学说,探讨新方法、新技术。也就是说,它必须反映出当代医学科学的先进水平,或一种方法的改进,或一种理论的延伸、补充和完善,或交叉学科间的应用,或是已有课题的分支。总之,要有不同于前人、不同于别人的创新之处,而绝不能只是反复模仿别人已经取得的成果。

3. 实用性

实用性是指医学论文的实用价值。撰写医学论文是为了解决医学实践和医学研究中的实际问题。医学论文与一般生命科学的论文不完全相同,如基因学说、分子生物学、免疫学、人类学、生态学等是大生物学范畴,即一般的生命科学,而医学论文是一般生命科学论文的一个分支,即应用基础、临床应用方面的分支,医学论文与人的健康、生命息息相关,因而有它的特殊性。医学论文要对社会和人类有一定的推广应用价值,要能增长人们的医学知识,并能解决预防和治疗疾病的实际问题。

4. 规范性

医学论文在长期的科研、医疗、教学等实践活动中,已经形成了较为固定的基本要求和格式,而且随着国际交流的增多,医学论文的写作要求逐渐和国际趋向一致,因此,医学论文的写作具有较强的规范性。早在 1979 年,"国际医学期刊编辑委员会"(即温哥华小组)就公布了《生物医学期刊投稿的统一要求》第 1 版,统称温哥华格式(Vancouver Style),到 1992 年,该组织公布了温哥华格式的第 4 版。目前,国内的生物医学期刊大多也采用这种格式。

12.1.3 医学科学论文的类型

医学科学论文种类繁多,形式多样。根据医学科学论文内容、形式和目的的不同,有以下几种分类方法。

1. 按论文的专业性质分

(1) 基础医学研究论文:主要是对医学中的一些基础理论问题进行分析阐述,

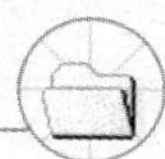

从而揭示其基本规律的论文,其研究手段以实验室研究和现场研究为主,包括生理、生化、病理、药理等基础医学各个学科的论文。基础医学论文的数量和质量是衡量一个国家医学研究理论水平的重要依据。

(2) 应用医学研究论文:主要包括临床医学研究论文和预防医学研究论文两个大类。其中占比重最大的是临床医学研究论文,包括病例报告、病例分析、病案讨论、临床经验体会、临床总结报告、新技术、新方法报道等。

2. 按论文的研究手段分

(1) 调查性研究课题

调查是医学研究中的一种常用手段,其特点是研究人员在对研究对象不施加任何干预的情况下取得科学资料。采用调查性研究最多的是基础医学和预防医学。人体各种生理数据正常参考值范围的确定都是通过大量调查获得的。在流行病学研究中,广泛采用调查方法来掌握疾病的流行特征和规律,探讨病因。调查性研究可分为以下几种:

1) 现况调查:也称横断面调查。一般是指现时条件下人群中发生的某种情况的调查。现况调查可分为普查和抽样调查,如人口普查、某地某种慢性病患病率的抽样调查等。

2) 回顾性调查:一般是指事先未经设计,当某事件发生以后所进行的调查,并从调查的结果来分析事物发生的原因。例如,科研人员在1988年春上海甲型病毒性肝炎大流行后进行了回顾性调查,结果表明导致甲型病毒性肝炎暴发的原因是人们进食了未煮熟的毛蚶。

3) 前瞻性调查:根据一定的研究目的,事先经过严密的设计,控制某一因素,经一段时间的观察后取得结果并分析其发生的原因。前瞻性调查在病因研究方面有较大作用。例如,为探讨工业粉尘和支气管哮喘发病率的关系,可事先对接触和不接触粉尘的两组对象进行登记,并规定调查的具体指标、诊断标准。经过一段时间后,统计分析两组对象支气管哮喘的发病率。

4) 追踪调查:对调查对象进行较长时间的追踪观察。例如,为了了解肿瘤病人手术后的5年生存率,需要进行5年或更长时间的追踪调查。

(2) 观察性研究课题

观察性研究的特点是将研究对象加以部分控制,并施加一定的处理因素,这种研究在临床医学研究中应用最为广泛,如新的诊断治疗技术的研究,新疾病临床表现特点的研究等。观察性研究不仅是医学科学认识的重要源泉,也是检验医学理论的标准。

观察性研究中所得到的结果是否具有科学价值，关键是观察方法是否具备客观性。临床医学观察研究中应注意选择观察对象，即病例选择的典型性和客观性，以保证观察结果的可靠性。

(3) 实验性研究课题

实验性研究是科研人员根据一定的研究目的，运用一定的研究手段，在人为控制或模拟自然现象的条件下，使疾病过程以纯粹的、典型的形式表现出来，暴露出它在一般条件下无法暴露的特征，以便研究并探索疾病的本质及其规律。实验研究方法的运用，是人类在探索未知世界过程中方法学上质的飞跃，是现代医学发展的一个重要标志。

由于实验研究中研究者可以人为地设置处理因素，并控制混杂因素的干扰，使实验结果更客观可靠，更具可比性，因而实验研究广泛应用于医学各个领域。实验研究中要贯彻随机、对照、均衡和重复的原则。实验研究根据实验对象的不同又可分为临床试验和动物试验。临床试验常用于研究新药或新疗法的疗效等，但由于以人为受试对象，一般都是在较小范围内进行，而且某些因素很难严格控制。动物试验则不同，整个实验过程可以完全在实验者的控制之下，可以从纯生理状态下观察到疾病过程和药物的效应，因此其应用更为广泛。

(4) 总结经验性研究课题

研究者在自己工作的基础上，着重对某一问题进行探讨、商権、争议以及对新问题、新技术、新方法的技术总结。它既包含研究者个人的材料，也包含他人的材料。这类研究一般事先没有周密的科研设计，但对解决实际问题很有帮助。

(5) 整理资料性研究课题

主要以综述、教科书等形式，在对现有文献资料进行综合的基础上，对某一领域的研究水平、动态等进行分析、描述。这是医学研究的一个重要形式。

3. 按论文的功用分

(1) 一般学术论文

一般学术论文论述创新性的研究成果、理论性的突破或技术方法的革新等。这类论文一般在学术刊物上发表或学术会议上交流，以公布科研成果，交流学术信息，获得社会认可，并发挥社会效益。

(2) 学位论文

为申请授予学位而撰写的用于答辩或评审的论文称为学位论文，能够表明作者从事科学研究取得的成果或独立从事科学研究的能力。根据申请学位的不同层次，学位论文可分为学士论文、硕士论文和博士论文三种。

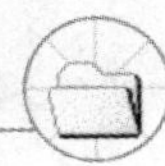

4．按研究性质分

医学科学论文按研究性质又可分为探索性研究论文和发展性研究论文。

12.1.4 医学科学论文的体裁

医学科学论文的体裁是由论文的内容决定的，不同的内容选用不同的体裁。医学论文的体裁主要有：

1．论著（Original Article）

论著也称原始论文，是最主要的一种体裁，也是医学期刊的核心部分。论著一般通过科学的实验设计，选择合适的观察研究对象，进行严密的观察，收集、记录、整理数据资料，并对结果进行归纳总结，得出正确的结论。

2．综述（Review）

综述是以某一领域的某一专题为中心，对已公开发表的文献资料进行综合评述。这种论文一般综合性强，能反映该领域的新技术、新进展和新动态，并附有大量参考文献，使读者能在短时间内了解该领域的研究概貌、存在问题及今后的展望等。

3．研究简报（Brief Report）

研究简报是研究性论文的简要报道。通常是作者对论文全文的考虑还不成熟，查找资料不够完备，目的是争取时间，尽快公布阶段性研究成果。有时是期刊编辑根据版面要求将论文改为简报，篇幅一般较短。

4．病例报告（Case Report）

通常是一例或数例报告，以少见病、罕见病、疑难重病或新疾病为主要报告对象，也包括一些常见病、多发病的特殊临床表现、诊断或治疗方法，对读者的临床实践工作有指导价值，一般篇幅较短。

5．学术讨论（Academic Discussion）

学术讨论是针对学术上还不很成熟、还没有形成系统理论依据的研究专题，就其现阶段的研究成果作探讨性的论述，以引起同行对这一专题的重视和进一步的研究。

6．临床病例讨论（Clinical Case Conference）

临床病例讨论是将临床上的疑难重症或较复杂的病例，对其诊断和治疗等问题进行集体讨论，记录讨论过程，并把重要内容简要地整理成文稿，使读者对该疾病的诊断、治疗等有明确、系统和深刻的认识。

7．评论（Comment）

评论一般是作者、读者或编者对期刊中的某一论文或某一专题的思想性、学术性等进行评论，提出评论者的见解、主张和意见，使原著的逻辑性、学术性和理论性更趋完善。

8. 编辑述评(Editorial)

编辑评述是专业期刊根据近期某一领域的研究热点,由编辑部组织该领域的权威人士或专家撰写。

医学科学论文的体裁除上述几种外,还有文摘、信稿、译文等。

12.1.5 医学科学论文的评估原则

1. 内容的独创性

医学研究的最大特点在于创新,评价论文价值的根本标准是论文的先进性、创造性,也就是要考察医学论文是否有新发现、新理论或应用了新方法、新技术。

2. 资料的正确性

论文中的数据、资料和结果报告要客观、真实、可靠,要忠于事实,不能夸大或虚构数据资料。另外,文章所引用的参考文献也必须准确无误。

3. 结果的确证性

医学论文要根据观察和实验研究中的真实数据资料得出结果,而且要经得起反复验证。结论的得出要有充分可靠的证据,使人信服。

4. 成果的实用性

论文要理论联系实际,经得起实践检验,注意其使用价值和社会效益,要具有广泛的实用性。

5. 文章的可读性

论文要通顺简练、简明扼要、层次分明,论点论据要符合逻辑。文章的叙述应力求做到严谨、准确、朴实、简明,语言规范,便于阅读。

12.2 医学科学论文的基本格式和规范要求

医学科学论文类别不同,其写作的具体要求也各不相同。下面主要介绍论文的基本格式和规范要求。

1. 标题(Title)

标题也称篇名、题目、题名,是对论文内容的高度概括。读者阅读和检索文献首先接触到的就是标题。标题写得好坏,效果截然不同。一般来说,医学科学论文的标题是在论文完成之后,在统观全文的基础上提炼出来的。要写好论文标题,必

须考虑以下四个方面：

(1) 标题要准确精练，要抓住研究内容的中心，运用正确的术语，简明扼要地表达全文的实质内容，揭示论文的精髓。尽量做到用最少的文字提供最多的信息内容。

(2) 标题要醒目、生动、新颖，以吸引读者的阅读兴趣。

(3) 标题要符合编制文献目录、索引的习惯和要求，一般长度不超过20个字，尽量不设副标题，如有需要，用破折号分开。

(4) 标题中要避免使用未公开、未公用的缩略语，题目中的数字10及10以下用汉字，11以上用阿拉伯数字（但约定俗成的词语如“十二指肠”例外），避免使用化学分子式和结构式等。

2. 作者署名（Signature）

作者项一般列于标题之下，署名既体现了文责自负的要求，也说明成果的归属，而且为论文发表后读者咨询、商榷及索取有关资料提供保证。作者署名必须严肃认真，实事求是，必须符合署名的条件。作者署名的条件是：论文学术内容的构思者和科研设计者；研究中数据的收集者和现象的观察者；论文资料的分析和解释者；论文的写作、修改和审定者；论文的答辩者。署名时，集体成果按贡献大小先后排名，个人成果署个人姓名。对研究工作或论文写作中给予帮助的可在“致谢”项中说明。

3. 摘要（Abstract）

摘要是论文的重要组成部分，目的是使读者大致了解论文的内容，以确定是否需要阅读全文，同时也便于医学情报人员作文摘或索引。摘要的内容包括本课题的研究目的、意义，研究的主要内容和采用的方法，取得的成果及其价值，阐明结论，使读者了解本文的概念、论点、准确数据和基本理论。摘要的文字要简明扼要，准确精练，内容要独立完整，字数要控制在250～500字左右。同时，摘要要忠实于原文，一般不举例证，不加评论，也不与其他研究工作相对比。

4. 主题词（Subject Heading）

主题词是论文信息的高度概括和论文主旨的集中反映，是从论文中选取出来的、最能反映论文内容特征的规范化的词和词组。标引主题词便于进行二次文献加工、整理，同时保证读者在机检和手检时能从多个检索入口查到这篇论文。

主题词和关键词的不同之处在于，前者是规范化的，一般受词表所控制。论文主题词要尽量选用美国医学索引（Index Medicus）的主题词表（Medical Subject Headings，简称MeSH）中主题词的中译名。一些新技术、新方法及新的名词术语，MeSH中尚未收录，且在MeSH中没有上位词或相近词可以表达，可以用关键词代

替。中医药学方面的论文可选用中医药学主题词表中的主题词。一篇论文一般选用3~8个主题词，要选择最能反映论文内容特征的词或词组，而且要尽量采用专指性较强的词。

5. 引言（Introduction）

引言又称前言、导言、绪论，是论文的开头，扼要点破论文的主题、目的和总纲，一般包括以下内容：

（1）提出课题的背景情况及起点。

（2）课题的性质、范围及其重要性，突出研究目的和要解决的问题。

（3）国内外研究的简况及其最新进展。

引言中既要防止自吹自擂，也要防止过度谦虚。除非确有必要或确有把握，不可轻易使用"国内外首创"、"首次报道"、"前人未有研究"、"文献未见记载"等词句。篇幅一般在200~300字。

6. 材料和方法（Materials and Methods）

材料和方法是论文的一个重要内容，主要说明实验和观察所使用的材料、方法、研究过程、测试方法。写材料是要为后来的结果分析做伏笔，要求真实、具体、可信，以便读者重复验证和估计其可靠性。若研究对象是病人或正常人，应用"对象和方法"。主要内容包括：

（1）详细描述实验方法、仪器及实验步骤，以便他人重复实验。列出建立方法（包括统计方法）所用的参考文献。对人们所熟悉的方法只作简要描述，提供参考文献。对新的或有实质性改进的方法，要具体描述，并说明采用的理由。通用仪器只说明名称、生产单位、型号，新颖的设备要说明性能、特点、精密度和使用方法等。

（2）清楚说明观察对象或实验对象（患者或实验对象，包括对照组）的选择标准与特征，如动物包括名称、种系、分级、性别、体重等。临床资料包括病例的数量、性别、年龄等，还包括各项检查的诊断标准、分型标准和疗效标准等。诊断、分型、疗效判定标准过于简单粗糙会导致结果的可信度下降。

（3）准确说明使用的全部药物和化学试剂的名称、生产单位、批号、纯度、出厂日期、剂量及给药途径。

7. 结果（Result）

结果是论文所报道的中心内容，主要陈述实验和观察得到的事实结果，反映了论文水平的高低及价值。结果的撰写应注意：

（1）实验结果和临床观察结果都应有对照，以消除非处理因素的影响，使实验结果更客观、准确、可靠。

(2) 如实、具体、准确地描述结果，并进行统计学处理。对不符合主观设想的数据和结果，应做客观的分析和报道。不但要详述正面的结果，也要详述反面的结果。有时后者更为重要，如药物的副作用、手术的并发症，常有很大的临床指导意义。实验的矛盾现象常是深入研究的新起点。

(3) 主要是摆事实，不必分析、评论、评价。注意用统计图表、实物和照片等帮助陈述事实结果。统计表要少而精，重点突出，栏目清楚，数字准确，使读者一目了然。图的设计应正确、合理，使其直接表达研究结果和作者的科学思想，便于显示变化的特征和规律性。图表的内容应注意不要与正文重复。

8. 讨论(Discussion)

讨论是医学论文的重要组成部分，是对实验结果进行广泛深入的分析综合，从感性认识提高到理性认识。因此，讨论是根据结果提供的事实探讨主题的一种研究方式。讨论部分的内容包括：

(1) 对实验结果进行分析、判断，估计结果的正确性，评价其意义，从感性认识提高到理性认识。不要赘述在前言和结果中已叙述的数据及资料。

(2) 与前人的工作联系起来，分析国内外同类研究的进展及本研究所处的水平，比较其异同，揭示其因果关系或提出自己的观点和建议。

(3) 提出结果的理论意义、应用价值、社会效益和经济效益。

(4) 实验过程有何经验教训、尚待解决的问题及今后进一步的研究方向。

讨论的写作要实事求是，不要用尚未成熟和未经实践证明的理论作为论证的依据，避免以引用他人资料为据作出不当的结论或不成熟的论断，更要避免主观臆断。引用文献要注明出处，避免与自己的结果混为一谈。

9. 结论(Conclusion)

结论也称小结(Summary)，是全文的概括和总结。结论应能概括研究工作的主要内容和结果，并把讨论分析得出的结果，以简明扼要的论点表达出来。

结论部分的写作要求同研究目的保持一致，与前面提出的问题前后呼应。要客观、科学、准确、精练地使用文字，避免笼统及过宽、过窄的断言。讨论中引用的他人材料只作为旁证，不能作为结论或结论的主要依据。

10. 致谢(Acknowledgements)

致谢部分主要是对本课题的工作和论文写作中给予过指导和帮助的单位和个人表示感谢，一般自成一段。

11. 参考文献(References)

参考文献是医学论文的一个必要组成部分。引用参考文献反映了作者对前人科研工作的尊重,也反映了科研工作的继承性,同时也为读者提供了更详细的资料来源。参考文献也是图书情报部门进行文献计量学的重要依据。引用的参考文献一定要自己亲自阅读过,而且是与本研究有关的文献,引用务必正确,且主要应是近5年的文献。不应引用只阅览过文摘的论文。

对于参考文献的格式,目前国内外生物医学期刊都趋向使用"温哥华格式"或近似的格式,如国内的《文后参考文献著录规则》。

(1) 期刊论文的参考文献格式: 作者(有三位作者时,将其姓名均写上,之间用逗号隔开;三位作者以上,只写前三位作者,后加等). 文题[文献类型]. 刊名(外文缩写按 Index Medicus 格式),年,卷(期):起页~迄页.

(2) 图书的参考文献格式: 作者(主编). 书名[M]. 卷. 版次(第1版不标注). 出版地:出版者,年:起页~迄页. 或: 作者. 题目//责任者. 书名[M]. 版次. 出版地:出版者,年:起页~迄页.

12. 附录(Appendix)

附录部分的内容主要包括:

(1) 由于篇幅的限制,没有在正文中列出的实验中获得的大量第一手资料,又有旁证价值的内容。

(2) 论文完成后,发现有新材料或遗漏材料等需要补充的内容。

13. 英文摘要和英文主题词(English Abstract and Subject Headings)

为更好地开展国际学术交流,大多数国内生物医学期刊都要求论文附有英文摘要,包括英文篇名、作者及工作单位、摘要内容等。摘要中需说明研究目的、基本步骤和主要发现、主要结论,要着重描述该研究中新的、重要的发现。英文主题词的要求与中文主题词相对应。

以上是一篇完整的医学论文的基本格式和要求,目前国内外生物医学期刊论文均采用被称为 IMRD 的基本结构形式,即引言(Introduction)、方法(Methods)、结果(Result)和讨论(Discussion)四大部分。

12.3 医学科学论文的撰写方法和步骤

撰写医学科学论文是一项有计划、有步骤的活动。为使文章达到在专业学术会议上宣读或在专业期刊中公开发表的要求,除了内容本身的科学性、创造性之外,写作的方法、技巧也是不可忽视的问题。完成一篇医学论文通常要经过提炼主

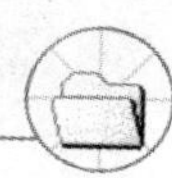

题、选择材料、制定提纲、撰写初稿、修改完稿等基本过程。

1. 提炼主题

论文的主题就是文章的中心问题，是作者说明事物、阐述道理所表现出来的基本思想和观点。首先要注意的是，论文的主题必须与研究开始时所确定的主题基本一致。否则，所积累的研究资料就不能有效地利用。当然，论文的主题也可以根据实际研究和分析结果而加以校正、补充和深化。其次，主题要集中。多中心、大而空的主题容易分散注意力，造成分析不透彻，观点不成熟，材料不充分。再次，主题要深刻，只有深刻才能深入揭示事物的本质。

2. 选择材料

选择的材料必须与文章的观点、主题相对应。因为医学论文需要用充分的事实材料说明问题，所以在选材时要坚持客观性和全面性，切忌主观片面。选择材料总的原则是：去伪存真，去粗取细，由表及里，用最有力的材料来论证主题和表现主题。

3. 制定提纲

写作提纲是论文的“骨架”和雏形，是著者在撰稿之前，对文章的结构、层次做的精心设计。研究者把文章的构思过程贯穿到文稿写作中，常可避免走弯路。写作提纲一般应由粗到细，即先拟定粗提纲，把文章的几大部分定下来，然后再列出各部分所包含的详细提纲。提纲的粗细反映了作者对写作内容思考的深度。提纲越细，说明思考得越深、越具体，动笔写作时越顺手。

4. 撰写初稿

拟定了提纲后，最好能集中一定的时间、精力撰写初稿，使文章一气呵成，尽量使用所有的材料，把论文的中心思想充分表达出来。完成的初稿可以请导师、同行、专家过目，收集各方面的意见进行修改，以提高论文的质量。

5. 修改完稿

（1）篇幅的修改。各种期刊和学术会议对论文篇幅的长短都有规定。在撰写初稿时常疏于考虑篇幅问题，因而在修改时必须使文章符合规定。学位论文则要求内容完整，论证严密，有一定的分量，可洋洋数万言。

（2）结构的修改。只有整体结构完整，各部分布局合理，才能思路清晰，层次分明，说理透彻，合乎逻辑。尤其要注意各部分的内容是否安排合理。文稿中常出现将结果、讨论写入引言，方法、结果写入讨论，或讨论写入方法、结果等情况，需加以调整、归并。

（3）语言文字的修改。科学论文一般采用平铺直叙，要求语句准确精练，句法完整严密,必须使用本专业公认的科学术语,符合现代语言规范,不宜采用俗语、口语,不随意使用夸张的手法和奇特的比喻,也不使用抒情和渲染的描写。行文要活泼、形象、朴实而不呆板。此外,数字用法、计算单位等都应符合国家规定的稿约要求。

(4) 图表和数据的修改。精简多余的图表,并使图表的设计合理清楚,与正文配合恰当,文字、图、表三者的内容不应重复,而以文字为主。要核实所用的数据以及统计学处理结果,否则可能会因一个数码、一个小数点的误差而影响论文的科学性和准确性。

(5) 题目的修改。在论文初稿形成后,对原始题目应结合实际,反复推敲和修改,使之能概括全文,成为全文的点睛之笔。

(6) 定稿誊清。一篇誊写整洁和格式准确的文稿,给审稿人良好的印象,也给排印提供有利条件。撰写时要按所投期刊的要求,用非红色稿纸(20×20,每页400字格)工整、清楚书写,或用计算机文字处理和打印。最后,再一次检查全文,核对无误,才算完成论文的撰写过程。

12.4 医学综述的写作

医学综述是指在查阅医学某一专题的大量信息资料的基础上,经过分析研究而形成的综合性情报调研报告。它可以使读者用较少的时间和精力对当前医学某分支学科或重要专题的最新资料、发展历史、当前状况和发展趋势等有一个完整、系统的认识。综述报告一般只是如实地反映情况,而不提出调研者自己的观点和建议。

12.4.1 医学综述的特点和功能

1. 医学综述的特点

(1) 覆盖面宽。综述的边缘界线虽然和一般论著一样被限定在某一专题领域内,但要比一般论著宽泛得多,因为它对纵深度要求不高,只要求全面、客观、科学、准确地覆盖这个专题的整体研究状况,把最新的医学信息和科研动态及时传递给读者。体现这些特点的前提是相关文献群控制的程度如何,如果相关文献群控制比较全面,就有了全面概括该专题的条件,否则只能是以点代面、以偏概全。所以在控制相关文献群时,既要突出重点,又要照顾一般;既要重视核心报刊的核心文

献,又不能忽视一般报刊;同时,还要辅之以相关专著和非正式出版的信息资料。

(2)浓缩度高。综述的语言文字不同于原文献。它要求将原文献中较长的论述用最精练的语言表述出来,做到对原文献语言文字的高度浓缩。综述是在浓缩加工的基础上进行优化组合,把浓缩加工的资料进行再研究,分类归纳、排除重复、突出重点、层层推进,使杂乱无章的资料变得脉络清晰、观点明确、论证严密、论据充分,使读者通过这种高度浓缩和优化组合的综述文献,能一目了然地看到所论专题研究的演变过程及现状,如代表人物是谁,主要观点是什么,其热点、重点在哪里,还有什么空白点或难点需要突破,其研究的发展趋势和走向是什么,等等。

(3)概括性强。综述的表述一般要用概括性的、结论性的语言反映出新观点、新结论、新论据。对原生文献中大量的论证分析过程、经典引语等一般性资料应略去。

(4)信息量大。综述是由作者以最简短的文字把大量信息浓缩而成,它既有反映历史、现状和发展趋势的纵向描述,又有与研究机构、科学家的成果和水平作横向比较的描述,从中可反映出尚待解决的问题。

(5)知识的再创造。综述要最大限度地概括和反映所论专题的最新科研成果,包括有创新的观点、有重要价值的新资料或新问世的重要论著等,它不是作者的科研成果的再创作,而是对前人发表的文献资料进行选择、分析综合,从中提炼重要的学术观点。一篇好的综述能指导读者确定研究课题的突破口,启迪同行创立科研方向的新思路,因此它是一种知识的再创造。

2. 医学综述的功能

现代科学技术的迅速发展及学科之间的相互渗透,新的科技文献的大量增加,使任何一个科学工作者,甚至多年从事某一专业的学者也很难掌握其专业领域的全部文献。除了语种及文献获得渠道等限制外,精力和时间的耗费也较大。因此,把一定时期内某一领域或专题的文献有意识地收集起来,从中获取信息并利用这些信息对问题进行综合、分析和评论,最后加工整理成综述提供给科研人员,使他们能从中获得动态、进展等新知识以作为科研工作的借鉴、指导或教学的参考,无疑会受到科研人员的重视和欢迎。综述的主要功能包括以下几方面:

(1)医学综述跟踪了解迅速发展的学科或领域的最新进展。综述的材料来自于其引用的参考文献,一般来说,其参考文献应包括该学科尽可能多的一次文献。因此,提供相关学科的最新发展状况,是综述写作的主要目的之一。

(2)帮助解决学术争端。综述提炼、归纳、综合了某一课题的大量一次文献,系统阐明该课题研究现状和存在的问题,因此在一定程度上可以解释学术上的不同意见。

(3) 提示未来研究的发展方向。综述可以帮助人们了解某学科或领域中已取得的成绩,以及在哪些方面还未展开研究,从而提示该学科或领域中的空白,也就是未来的研究方向。

(4) 协助教学。如前所述,综述反映某学科或领域的历史发展、现状、未来趋势,所以,通过阅读综述,人们可以在最短的时间内用最少的精力对某学科有所了解。因此,在教学中使用综述可达到事半功倍的效果。

(5) 检索功能。综述集中控制相关文献群,同时为读者或用户提供全部或大部分相关文献群的分布状态信息,是循环检索的基础。综述是一种在分析、比较、整理、归纳一定时空范围内有关特定课题研究的全部(或大部分)情报的基础上,简明地论述其中最重要的部分,并标明引文出处的情报研究报告。一般认为,每30~50篇论文出现以后,就相应地要产生一篇综述。可见,一篇综述集中类聚了几十篇相关文献,它通过文末标引的文献出处,给读者或用户提供了有关这些文献的分布状态信息,便于进一步溯检。

12.4.2 医学综述的种类

1. 按加工深度分类

(1) 概述性综述。对有关文献的论点及内容进行客观的、概述性摘录,不涉及撰写者的观点。

(2) 文摘性综述。对原始文献中所探讨的问题进行综合描写,又被称为综合文摘。内容虽较概述性综述明确,但对所含的情报信息不加分析评论。因此,文摘性综述仅是中级综述。

(3) 评论性综述。把原始文献中论及的内容加以归类、浓缩、综合、分析,并可结合自己的工作实际提出自己的见解甚至作出结论。这类综述要求高,难度大,除了占有资料外还必须熟识有关内容,只有这样才能够做到全面分析,提出有论证的评论和建议。真正起到三次文献作用的综述应以此作为标准。

2. 按内容和安排分类

(1) 动态性综述。就某一专题,按年代与学科发展的历史阶段进行描述,由远及近地进行综合分析,从而反映专题的研究过程和进展。

(2) 成就性综述。就某一方面、某一项目的新成就、新技术、新进展、新观点进行叙述,内容安排不受时间顺序限制。这类综述具有较强的实用性,对当前的工作有一定的指导意义。

(3) 争鸣性综述。系统地总结出几种学术观点,由作者认真地加以分类,按不

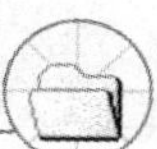

同观点安排材料，分别叙述。这类综述重点在于争鸣，时间顺序和具体成果不是主要的要求，但所引用的材料一定要严格，并要用原文的事实和观点，尽量少用作者自己的分析。

12.4.3 医学综述的格式

目前医学综述的格式并没有一个正式的规定，但综观众多的综述文献，不难看出它已逐渐形成了某种“约定”格式：一般由题名、作者、正文和参考文献组成，其中正文部分又由前言、主体和总结组成。

1. 题名

医学综述的题名一般采用提示主题内容的方法，使人一目了然。设立标题尽量不要超过20个字，言简意赅地概括全文的内容。注意主题与内容相贴切，保持题目与内容的一致性及协调性。

2. 作者

署名是为了对综述负责，也表明作者对该综述拥有著作权，因此作者署名及顺序先后应以作者为该综述的完工所付出的劳动及贡献而定。

3. 正文

(1) 前言(引言)。该部分应提供背景资料，即历史、背景和现状、有关概念和定义、存在问题、写作目的和记述范围等。如属争论性课题，要指明争论的焦点。字数以100～300字为宜。

(2) 主体。该部分是综述的核心，主要包括论据和论证。通过提出问题、分析问题，综合文献中提出的各种观点和事实，比较各种学术观点及其论据，从不同角度阐明中心内容，给读者提供考虑问题的依据。正文是科技综述的主体和重点，具体包括五个要素：一是开门见山提问题；二是介绍历史发展状况，纵向描述历史发展，表明当前达到的水平；三是现状分析或评价，进行横向对比分析；四是趋向预测；五是改进建议，简要揭示新的方案和设想。字数以3 000～4 000字为宜。

(3) 总结。总结也称结语或小结，把主体部分作扼要小结，并提出还存在的问题和今后的研究方向或展望。这部分是带有总结性的，字句应当恰如其分，尤其是对有争论的学术观点，更要在叙述时留有余地，如有必要，也可提出作者观点和建议，以100～200字为宜。总之，总结用来说明作者的综合结论或补充正文的不足，起画龙点睛的作用。

4. 参考文献

该部分附有的参考文献按一定的次序排列，具有检索文献的功能。由于现在

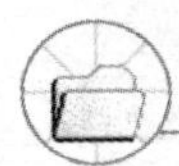

的综述多为“现状综述”,所以引用文献要新,一般要求70%的参考文献应是3年内发表的。由于参考文献除了表明综述中的资料有可靠的来源,并表示对被引证的学者的尊重外,还为读者深入了解或探讨某些问题提供有关文献的线索,因此引用文献必须核对无误。列出的参考文献要著录准确,一般按国家标准《文后参考文献著录规则》、国际“温哥华格式”,或者按照各种期刊杂志要求的著录格式。未发表的资料或私人通讯可在文中引用处注明,不再列入参考文献。

12.4.4 医学综述主体部分的写法

医学综述主体部分的写作有以下几种。

(1) 列举法:它是将所综述的内容按其具体情况归纳成若干条目,一般有学术观点列举、方法学列举、地域性列举等。

(2) 阶段法:它是按历史沿革分段叙述,可将某个专题在不同时期的特点归纳成几个发展阶段,对其历史演变、目前状况、趋向预测作纵向描述,从而勾画出某一专题的来龙去脉和发展轨迹。

(3) 层次法:将综述内容按其内在的规律分设若干个层次,每个层次可设置分级标题,各层次之间有密切的内在联系。

(4) 分析法:有中心分析法,即将综述内容归纳成几点进行重点分析;有列表分析法,即将要分析的问题归纳成表格,逐表分析。

(5) 对比法:就某一专题在国际和国内的各个方面,如各派观点、各家之言、各种方法、各自成就等加以描述和比较。通过横向对比,即可以分辨出各种观点、见解、方法、成果的优劣利弊。

当然,在具体写作过程中,可以综合采用各种方法来表述综述的内容。

12.4.5 医学综述的写作步骤

1. 选题

(1) 选题原则:和情报调研选题类似,综述的选题是否恰当决定了综述情报价值的大小,因此在选题时应该注意选题的新颖性,应考虑其学术价值和实用价值,选题界线要清楚,范围宜小。

(2) 选题技巧:对于综述写作者而言,选题具有一定的技巧。

1) 选题切勿好高骛远,见异思迁,不切合实际。应根据自己的能力和实际具备的研究条件实事求是地选择课题。最好一开始先从小题目或比较简单容易的做起。由小到大,由易到难,这样既积累了经验,获得成功的概率也比较大。

2）可以在临床实际中选择课题。在临床实际中，仍有着大量的未知数和需要进一步探索的问题，亦有着大量不断出现的新问题，学会抓住这些问题和现象，进行分析，追根求源，就能找出有价值且适合于自己的研究课题。

3）还可以从学科交叉的边缘区和空白区选择课题。随着医学科学技术的飞速发展，一方面学科高度分化，分支学科愈来愈多；另一方面，学科高度综合，一门学科往往又包含着众多学科。高度分化与高度综合的结果，必然产生相互交叉和相互渗透。如研究心脑血管病，需要观察测量血液流变情况，这就与力学产生了交叉。再如研究性病，就要寻找其病因和发病机制，这就与社会科学、心理行为科学发生了交叉。在这些学科的边缘区、交叉处有着大量的研究课题。

4）可以从学术争论中选择课题。对于同一现象、同一问题，会存在不同观点、不同认识，甚至产生激烈的争论，这是科学发展中常有的事情。如对某一疾病的发病机制可能会有各种各样的解释，对临床某一症状会有各种不同的看法，争论时各自都有一定的事实根据和理由。因此，抓住这样的问题，了解这种争论的历史、现状及争论的焦点，乃是发现问题的重要途径。

5）从书本上记载的难题中选择课题。研究课题来自实际，然而不少课题亦来自书本。人们经常会在自己的著作中记载所没解决的问题或尚未定论的东西。如白癜风的发病机制目前仍不太清楚，因而在介绍白癜风的有关著作中，作者便列出了各家学说和见解，如自身免疫学说、神经化学学说、黑色细胞自身破坏学说、微量元素代谢障碍学说等。因此，我们可以从这些问题中选择适合自己的研究课题。

6）运用借鉴移植的方法建立自己的课题。随着科学技术的迅速发展，各学科之间的相互渗透和交叉日益明显。即使看起来不相邻、不相近的学科，其中的思想、观点和方法也会给人以启迪。借鉴与移植是科学研究的重要方法，它是把应用于某种疾病、某学科、某专业甚至某领域的先进的方法技术等移植过来，应用于另一种疾病、学科、专业或领域，为己所用，故又称横向借鉴移植。它有着广泛的用途，而且较易成功。因此，借鉴相关学科和相关领域的新成果、新技术、新方法，进行移植应用，已成为科研选题的一个重要方面。

7）抓住研究工作中的反常现象开展新的研究课题。在研究工作中，有时可能会出现一些反常现象，这种反常现象可能会引出一连串的问题，而这一连串的问题往往是新的突破口。

2. 搜集资料

丰富的文献资料是撰写综述的物质基础，因此，收集和阅读资料成为撰写综述必不可少的关键性一步。资料的搜集要尽可能做到全、准、新。一般说来，文献以近三五年的为主。

3. 整理分析综合资料

资料的整理加工就是对所搜取的资料进行筛选和归纳。在搜取与主题内容有关的文献资料时,可利用其文摘成品,也可浏览每篇文献的重要段落,了解其基本内容,对它的情报价值作出判断,从而初步确定可用文献和必用文献。对搜集到的外文文献摘要应先大致浏览一遍,并进行粗略分类,如文献是属于临床病例分析、动物实验研究还是临床人体试验研究,文献侧重于实验方法还是疾病的病因机制的研究等,从而大致判断各类文献可以引用的是观点、方法还是结论。资料的整理加工要求精,因为这是写好综述的基础。整理资料的过程实质上就是辨析资料的过程,需要辨析资料的适用性、全面性、真实性、新颖性和典型性。

4. 拟制提纲

撰写成文前应先拟写提纲。提纲应包括题目、基本论点和内容纲要。提纲要注意层次分明,条理清楚,对重点阐述的问题要列出大小标题。拟制提纲的顺序为:① 先拟标题,或提示论点,或提示课题,要求直接、具体、醒目;② 以论据写出论文基本论点;③ 确定全篇逻辑构成的骨架;④ 写出层次与段落的先后顺序;⑤ 资料、卡片按构思的顺序标上序码备用;⑥ 全面检查,修改提纲。

5. 写成初稿

提纲拟好后可执笔起草,按照提纲形成的文章框架,逐步展开阐述。一般可以采取从已知到未知、从简单到复杂、从概说到分论、从具体到抽象的方法,同时写作时要注意以下几方面:

(1) 内容客观、文献引用正确。作者对动态的掌握和理解非常重要,因为一些研究是有时代性的,一个时期的结论到下一个时期可能已发生变化。

(2) 思路清晰、条理清楚。阐述应有来龙去脉,交代要清楚,前后不相矛盾。

(3) 论点集中,内容贴切相扣。集中阐述文章的主要论点可使读者阅读后能很清楚地抓住主题思想。

6. 修改定稿

初稿完成后作者应定下心来反复阅读,还可请同行或专家审校。初稿的修改可从以下几个方面考虑:

(1) 篇幅和结构的修改。全文的结构是否严谨、合理、完善,标题是否简明、确切,段落、层次是否清楚,综述格式是否规范化。综述一般不宜超过 4 000 字。

(2) 从论点、论据、论证三方面对综述进行检验。

(3) 对语句和文字进行修改润色,要做到语言精练、准确,符合现代汉语规范;

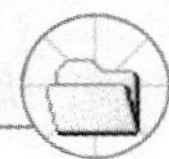

语句逻辑性强;检查有无错别字和使用不准确的标点符号。

(4) 翻译正确,专有名词统一、规范,缩写符号第一次出现应有中文注释和英语全称。

(5) 图和表的运用要有助于增强表达效果。

(6) 引用引文时切不可断章取义,并要加注出处。

12.5 医学文摘的写作

文摘是对原文献主要内容语义上相同、篇幅短小,而又尽可能完备的、不加评论和补充解释的陈述。它是对文献资料去粗取精、浓缩提炼而成的特殊文体,在情报调研的资料整理、分析中具有重要的作用,也是科研人员日常积累资料的常用方法。

12.5.1 文摘的特点

1. 短小精要

短小指篇幅,文摘的字数一般在 300 ~ 500 字。精要指文字和内容,用高度概括的语言反映必不可少的情报信息。

2. 独立完备

文摘虽然是根据原文浓缩而成的,但文摘又能脱离原文独立存在,独立使用。如目前的文摘型数据库就是对脱离原文的文摘收录而成,如中国生物医学文献光盘数据库,Medline 等。

3. 检索、报道并举

由于文摘是对原文献主要内容的描述,每一条文摘实际上是一篇高度浓缩、信息完整的文献,因此,有时读者在不需阅读原文献的情况下,即可真实地了解该文献的内容,明确其基本要点,并可直接引用,从而节省时间;而有时读者可在阅读文摘后才决定是否阅读全文,当需要原文时,由于文摘具有报道性,可通过该文摘的出处注明,掌握其来源和线索,查阅原文献,在获取信息方面能节省大量时间。

12.5.2 文摘的功能

文摘的功能包括:帮助筛选文献,提高检索效率;代替阅读原文,增加研究时间;消除语言障碍,拓宽检索范围;汇集相关研究,掌握最新进展。

12.5.3 文摘的类型

文摘的类型有报道性文摘、指示性文摘和结构式文摘三种。

1. 报道性文摘

报道性文摘是概述原始文献的主要论点,向读者提供原文的定性和定量信息的一种文摘。它概括地叙述文献中所有重要的事实情报,包括研究对象、工作目的、研究方法和条件、主要结果等。

2. 指示性文摘

指示性文摘是将原文的主题范围、目的和方法概略地介绍给读者的文摘。它一般不包含具体的数据、方法、设备、结论等内容。也就是说,指示性文摘只向读者简要、概括地表述论文的论题、研究目的及研究工作的发展、展望,不涉及文献的具体内容、采用的方法和研究结果。

3. 结构式文摘

结构式文摘主要是报道性文摘在形式上结构化后形成的,将报道性文摘的内容以分层次、设小标题的形式代替原来传统的编写形式。结构式文摘一般分为四个层次:目的、方法、结果和结论。结构式文摘是目前国际生物医学刊物通行的形式。

12.5.4 文摘的写作

1. 编写文摘时的步骤

(1) 浏览一次文献

编写文摘之前,先通读原文,了解其主要信息。首先,确定这篇文献的性质,如果是学术性科研论文应该考虑做报道性文摘。如果属于综述性的文献可考虑做指示性文摘。其次,要根据原文的主题内容来确定文摘的内容、形式和长短。从内容上说,一般要求文摘有一定的概括度和一定的报道深度。

(2) 分析文献内容

首先要找出文献中最核心的部分,即新思想、新发现、新方法、新材料等,还要找出有助于说明核心部分的参数和数据,然后才确定哪些内容必须反映,哪些内容可以压缩或省略。在医学文摘中,一般主要对涉及目的、方法、结果和结论(建议)、其他(讨论)等几方面的内容加以摘取。这几方面也叫做文摘的要素。

其中,目的是指研究、研制、调查等的前提、目的和任务,所涉及的主题范围,如

病因、诊断、预后、治疗和预防等某一方面要解决的问题。一般用一句话来说明。如“目的:探讨针刺催产对人体内分泌的影响”。

方法是指论文所用的原理、理论、条件、对象、材料、工艺、结构、手段、装备、程序等。医学文摘中的方法主要有基本课题设计、使用的材料方法、如何分组对照、数据如何取得等。

结果是指实验、研究的结果、数据、被确定的关系、观察的结果、得到的效果等。所用统计学方法如果是针对筛选性或诊断性研究,还要加上敏感性、特异性、准确度的描述。

结论是指对结果的分析、研究、比较、评价、应用、提出的问题、今后的课题方向、假设、启发、建议、预测等。

(3) 总体构思

一般来说,一次文献的基本要素也是构成文摘的基本要素。通过对一次文献的分析、综合后,就可以将分析、综合的结果写成一篇语言简练、语义连贯、逻辑性强的短文。在分析论文时,可以辨别出包含有可以摘入文摘内容的段落,并标出这些段落分别是目的、方法、结果、结论中的哪一个要素。在明确了这几部分段落后,再从每一段落中归纳浓缩出主要信息,并将这些信息融会贯通形成文摘。归纳时主要采用三种方法:浓缩法,对一次文献所含有用信息按其重要性进行不同程度的浓缩;移植法,将一次文献中有用信息密度最高的段落移入文摘内;浓缩—移植法,部分浓缩与部分移植相结合的方法。另外,医学论文中经常用表格、图示来表示结果,编写文摘时要将其归纳为简练、准确的语言表达。

(4) 审核

文摘初稿完成后,还应进行细致的复核,检查所取的内容是否切合题义,所取数据是否准确无误,能否全面反映文章内容,有无曲解原义或断章取义之处,概念表达是否清晰,文字是否通顺流畅,有无冗词冗句,等等。经过甄别复核,文摘方可定稿。

2. 文摘的语言和语体

对文摘在语言和文体上的要求是准确和简明。对一次文献的语义相符性和语义相当性体现准确的要求,文摘的长度和陈述的逻辑顺序标志简明的程度。

3. 摘要写作的自我检测

为避免错误,摘要写完后,可以根据以下几点检查摘要。

(1) 摘要要素是否基本完整,要素详略是否妥当。

(2) 目的是否明确。

(3) 方法是否具备。

(4) 结果与结论是否真实反映出文章的主要内容,数据是否齐备,经统计学处理的数据是否已经写入,是否体现了信息等值原则。

(5) 书写是否合乎语法要求,有无多余的文字。

(6) 有无本学科领域中已成为常识的内容。

(7) 有无反映新内容和作者特别强调的观点。

(8) 名词术语是否规范,是否使用了法定计量单位。

12.5.5 英文文摘的编写

1. 英文摘要的位置和顺序包括以下几种:

(1) 中文摘要之后、正文之前。

(2) 论文的最后。

(3) 论文的最前,即中文题名之前。

(4) 将重要文章的英文摘要汇集在一起,放在当期刊物的最后。

其中(1),(2)两种情况最为常见。因此,作者撰写论文时,应了解有关刊物的编排规定和惯例。同样,在英文摘要各部分之间的排列顺序有 3 种: 英文题名—作者姓名、工作单位—英文摘要正文—英文关键词;英文题名—作者姓名、工作单位—英文关键词—英文摘要正文;英文题名—作者姓名—英文摘要正文—英文关键词—作者工作单位。

2. 英文标题的翻译

英文标题一般是由一个名词或若干并列的名词加上必要的修饰语构成,没有谓语成分。名词短语形式一般应该选择好题名的中心词(名词和动名词为主),在其后置定语构成,再在中心词和后置定语之间加上适当的关联词。

科技论文题名常用的中心词有:影响、作用、变化、比较、试验、进展、应用、关系、鉴定、分析、探讨、研究等。这些词出现频率高,组合应用广,掌握它们较为固定的译法有助于表达和交流。如中文题名中常见的“研究”、“观察”、“调查”、“分析”、“思考”、“探讨”、“探索”、“初步报告”等字样,在崇尚简洁的现代英语科技论文中已不用,因此以不译为宜。但若“分析”、“研究”等词带有限定成分,则应当译出而不宜省去,如“可靠性分析”(Reliability analysis of)、“误差分析”(Error analysis of)、“遗传分析”(Genetic analysis of)、“通径分析”(Path analysis of)、“试验研究”(Experimental study/research on)、“实证研究”(Case study on)、“可行性研究”(Feasibility study)等。

3. 动词时态与语态的应用

在英文医学论文中往往用第三人称的被动语态,而较少用第一人称的主动语态。而且通常不使用"I",在需要表达"我"这一概念时,有四种处理方法。

(1) 用复数第一人称 we。编者、著者第一人称,无论单、复数多用 we。

(2) 用不带动作执行者的被动态。在论文摘要的语意中,可以看出动作执行者是作者本人。

(3) 用 the author 代表 I, the authors 代表 we。应注意,英语习惯不用 the writer 代表 I。

(4) 在摘要中,不仅 the author(s) 可代替第一人称,还可用 this study, this report, this paper, this article 代替第一人称代词。

英文摘要中动词时态包括:

(1) 过去时。在研究过程中所进行的活动,一般都用过去时态;研究目的一般用过去时态。

(2) 过去完成时。在着手研究之前就已进行过的工作或已存在的状态,一般用过去完成时表示;在研究过程中如有两个前后相连的动作,先发生的那个动作往往用过去完成时。

(3) 现在时。写论文或论文发表时的当前情况要用一般现在时表达;介绍本文的内容一般用现在时。这类动词常用的有: report, describe, present, discuss, review, emphasize, stress 等。表示作者的结论一般用现在时。

(4) 现在完成时。表示持续到撰写论文时的行为或状态可用现在完成时。表示在另一现在时动作之前就已完成的动作,而那个现在时动词往往表示不受时间限制的永恒现象。在报道性文体中,往往一开始用一个现在完成时作为先导,接着用一连串的一般过去时,这种现在完成时称为提供过去时间背景的现在完成时。

(5) 将来时。表示以后要做的工作或预期的结果。

思 考 题

1. 医学科学论文包含哪些类型?各类型论文有何特点?
2. 医学科学论文有哪些基本格式和规范要求?
3. 一般来说,医学文摘包含哪些基本内容?
4. 何为参考文献?作为文后参考文献有哪些要求?如何著录参考文献?

参考文献

[1] 刘红光,周金元. 科技信息检索与利用. 南京：东南大学出版社,2004.

[2] 周淑琴. 药学信息检索技术. 北京：化学工业出版社,2006.

[3] 梁战平. 情报研究十年纪实录. 北京：科学技术文献出版社,1992.

[4] 严海. 信息资源开发利用：档案. 武汉：武汉大学出版社,2004.

[5] 王庭槐. 医学信息资源检索与利用. 北京：高等教育出版社,2005.

[6] 范吉莲,张静昌. 医学信息检索与利用. 上海：第二军医大学出版社,2006.

[7] 梁蜀忠,孙金立. 生物医学信息检索. 西安：第四军医大学出版社,2006.

[8] 赵文龙. 医学文献检索. 北京:科学出版社,2004.

[9] 冯惠玲,张辑哲. 档案学概论. 北京:中国人民大学出版社,2001.

[10] 王吉庆. 信息素养论. 上海:上海教育出版社,1999.

[11] 宋明武,杨世松. 信息素质论. 北京:军事科学出版社,2006.

[12] 林运卓,林翠贤. 图书馆利用技能与实务. 广州:暨南大学出版社,2006.

[13] 陈国华. 浅谈资料室的专题情报服务. 高等农业教育,2001(3):86.

[14] 王玉芹,续玉红. 数学时代定题服务的实践与探讨. 农业图书情报学刊,2005(12):72-75.

[15] 陈浩义. 信息服务机构经营决策模式分析. 情报理论与实践,2005(4):388-391.

[16] 甘惠英,王小亮,潘莲欢,等. 谈医院病案室的主动服务工作. 现代医院,2006(12):135.

[17] 张红. 贵州省高校图书馆网络信息资源现状及对策研究. 农业图书情报学刊,2007(1):29-31.

[18] 江志雄,阎利. 医学科研选题技巧. 江苏卫生事业管理,2004(3):30-31.

[19] 张玉娥,高红萍,赵若望,等. 医学科研选题与设计. 包头医学院学报,2003(1):77-79.

[20] 能跃进. 网络环境下虚拟图书馆信息资源组织方法. 中华医学图书情报杂志,2007(1):22-24.